Der Kosmos
Baumführer

Keith Rushforth

Der Kosmos
Baumführer

Die wichtigsten
europäischen Arten
leicht bestimmt

Illustrationen von Gill Tomblin
und Ann Winterbotham

KOSMOS

Aus dem Englischen übersetzt von Nora Fischer

Titel der Originalausgabe: The Easy Tree Guide
erschienen bei Duncan Petersen Publishing Ltd., London
© 2001, Duncan Petersen Publishing Ltd.
© 2001, Keith Rushforth

Umschlaggestaltung von Friedhelm Steinen-Broo, eStudio Calamar, Pau (Spanien),
unter Verwendung eines Dias von Kerstin und Werner Layer sowie einer Zeichnung
aus dem Kosmos-Archiv. Das Bild zeigt einen Berg-Ahorn (*Acer pseudoplatanus*) sowie
eine Gemeine Eibe (*Taxus baccata*).

Die Deutsche Bibliothek – CIP-Einheitsaufnahme

Ein Titelsatz für diese Publikation ist bei der
Deutschen Bibliothek erhältlich

Für die deutschsprachige Ausgabe:
© 2001, Franckh-Kosmos Verlags-GmbH & Co., Stuttgart
Alle Rechte vorbehalten
ISBN 3-440-08509-0
Lektorat: Frauke Bahle, Dr. Sigrun Künkele
Grundlayout: Friedhelm Steinen-Broo,
eStudio Calamar, Pau (Spanien)
Produktion: Siegfried Fischer, Stuttgart
Printed in Italy/Imprimé en Italie
Satz: Typomedia GmbH, Ostfildern
Druck und Bindung: Printer Trento S.r.l., Trento, Italien

Inhalt

Über dieses Buch

VOM WESEN DER BÄUME

Bäume rühren an unsere Emotionen, egal ob wir sie umarmen oder fällen wollen. Sie sind groß, beeindruckend und werden oft älter, als ein Menschenleben dauert. Sie sind Wahrzeichen in der Landschaft und Treffpunkte auf dem Dorfplatz. Sie sorgen für grüne Inseln in unseren Städten und prägen unsere Landschaft. Sie verursachen Probleme, wenn sie Wohnungen beschatten und das Sonnenlicht aussperren, ihre Blätter auf den Boden werfen und solche Plagegeister wie Tauben beherbergen. Sie sind nützlich, nicht allein weil sie uns Holz liefern, sondern auch weil sie für schattige Plätze sorgen, uns in Gärten und Parks mit ihrer Blütenpracht und ihren Früchten erfreuen und vielen Tieren Nahrung und Wohnung bieten. Wir können sie hassen oder lieben, aber nicht ignorieren.

Es gibt in Europa weit mehr Bäume, als in diesem Baumführer vorgestellt werden, aber er berücksichtigt die häufigsten und verbreitetsten Arten in ganz Europa.

BÄUME BESTIMMEN – EINFACH UND LEICHT?

Selbstverständlich! Mit den richtigen Informationen und ein wenig Übung können Bäume richtig und sicher identifiziert werden. Besonders hilfreich ist, dass Bäume das ganze Jahr über Merkmale aufweisen, die eine Bestimmung ermöglichen.

Einzelne Arten sind zwar leichter zu erkennen als andere, doch mit ein wenig Muße und Beobachtungsgabe sind auch schwierigere Fälle zu lösen.

Manchmal treten Schwierigkeiten auf, weil einige Gehölze in ihren charakteristischen Merkmalen sehr stark variieren oder Blätter und Früchte, besonders in Wäldern, außer Reichweite sind. Doch ein Blick auf den Boden auf das abgeworfene Laub vom vergangenen Jahr kann hier Abhilfe schaffen.

Um die Bestimmung möglichst einfach zu gestalten, haben wir in diesem Baumführer auf besondere Details geachtet:

▸ Fotografien stellen das äußere Erscheinungsbild anschaulich und naturgetreu dar. Die arttypische Struktur der Rinde eines jeden Baumes ist in einer kleinen Abbildung auf der rechten Seite noch einmal extra dargestellt.
▸ Die Zeichnungen heben alle wichtigen Bestimmungsmerkmale im Detail hervor. Auf diese Weise wird ein Vergleich der Arten leicht gemacht.
▸ In den Legenden werden, direkt neben Zeichnung und Foto, die wichtigsten Erkennungs- oder auch Unterscheidungsmerkmale beschrieben.
▸ Verwandte oder ähnliche Arten sind direkt zum Vergleich mit Zeichnung abgebildet.
▸ Der Text ist leicht verständlich, da auf wissenschaftliche Terminologie und botanische Fachbegriffe weitgehend verzichtet wurde.
▸ Das Verbreitungsgebiet, der bevorzugte Standort und andere Informationen zur Art werden im Haupttext auf der linken Seite angegeben.

Keith Rushforth, Herbst 2000

In diesem Buch werden die verwendeten botanischen Fachbegriffe einfach und allgemein verständlich erläutert. Im folgenden Glossar sind diese sowie einige weitere wichtige Fachwörter noch einmal zusammengefasst.

Arillus: Samenmantel, spezielle, fruchtigfleischige Hülle eines Samens. Beispiel: Eibe

Bastard: Kreuzung zwischen artverschiedenen Eltern

Blattnerven: Leitgefäßsystem im Blatt zum Transport von Wasser und Nährstoffen

Blattspreite: Blattfläche

eiförmig: wie ein Ei geformt, mit der breitesten Stelle nahe des Blattstiels

eingeschlechtig: Blüten nur weiblich (mit Fruchtknoten) oder nur männlich (mit Staubblättern). Die Mehrzahl der Blüten besitzen weibliche und männliche Fortpflanzungsorgane (= zwittrig)

Fiederblättchen: einzelnes Teilblättchen eines zusammengesetzten Blattes

gefiedert: Blattspreite in kleinere, voneinander getrennte Fiederblättchen unterteilt

gegenständig: Blätter oder Knospen am Trieb paarweise gegenüberstehend

gelappt: Blattfläche durch Einschnitte in mehrere größere, spitze oder runde Anteile unterteilt

geöhrt: Blattspreite am Stielansatz wie Ohren geformt

gezähnt: Blattrand mit kleinen, zahnartigen Spitzen besetzt

handförmig gefingert: mehrere Blattfiedern von einem Punkt ausgehend. Beispiel: Gemeine Rosskastanie

Habitus: Gesamterscheinungsbild einer Pflanze

Heterosiseffekt: stärkerer, vitalerer Wuchs bei aus einer Kreuzung hervorgegangenen Pflanzen

Hochblatt: einfach gestaltete Blätter, oft direkt unter den Blüten oder Früchten sitzend

Hülse: längliche Frucht mit zwei seitlichen Nähten. Beispiel: Hülsenfrüchtler

Jahrestrieb: jährlich zuwachsender Teil am Ende von Zweigen

Kätzchen: männliche oder weibliche Blütenstände aus Einzelblüten ohne auffällige Blütenhülle, oft hängend. Beispiel: Birke

Kapsel: Frucht mit trockenhäutiger Hülle, öffnet sich nach der Reife

kreuzgegenständig: aufeinander folgende Blattpaare am Trieb jeweils im Winkel von 90° zueinander angeordnet

Kurztrieb: stark verkürzter Seitentrieb mit geringem jährlichen Längenzuwachs

Langtrieb: langer Trieb mit starkem jährlichen Längenzuwachs

lanzettlich: wie eine schmale Pfeilspitze geformt

linealisch: schmal und wie ein Lineal geformt

Nadelbündel: zwei bis mehrere Nadeln sitzen vereint am Trieb, oft an der Basis von einer häutigen Scheide umgeben

netznervig: Blattnerven netzartig miteinander verbunden

paarig gefiedert: Anzahl der Fiederblätter geradzahlig, ohne endständige, einzelne Fieder

Pionierart: Erstbesiedler eines Standorts

radial: wie die Speichen eines Rades angeordnet

Rispe: aus vielen Einzelblüten zusammengesetzter, mehrfach verzweigter Blütenstand

Steinfrucht: Frucht, deren Same von einer inneren verholzten und einer äußeren fleischigen Fruchthülle umgeben ist. Beispiel: Kirsche

Stipeln: kleine, unscheinbare Nebenblätter an der Basis des Blattstiels, fallen oft früh ab

Schösslinge: lange Triebe, die von der Stammbasis und den Wurzeln ausgehen

Symbiose: Zusammenschluss verschiedener Organismen zu gegenseitigem Nutzen

Traube: aus vielen Einzelblüten zusammengesetzter, einfach verzweigter Blütenstand

Trieb: jährlich zuwachsender Teil am Ende der Äste und Zweige

unpaarig gefiedert: Anzahl der Fiederblätter ungeradzahlig, mit endständiger einzelner Fieder

verkehrt eiförmig: wie ein Ei geformt, mit der breitesten Stelle oberhalb der Mitte

wechselständig: Blatt oder Knospe nicht paarweise, sondern immer einzeln am Trieb angeordnet

wirtelig: mindestens drei Blätter entspringen an der gleichen Ansatzstelle

zweihäusig: eingeschlechtige männliche und weibliche Blüten auf getrennten Pflanzen

Über Bäume

WAS IST EIN BAUM ?

Diese auf den ersten Blick einfache Frage ist überraschend schwer genau zu beantworten. Ein Baum besitzt einen verholzten Stamm. Einen solchen oder mehrere weisen auch die Strauchgehölze auf. Ein Baum erreicht eine große Höhe. Aber was bedeutet in diesem Zusammenhang groß? In diesem Bestimmungsbuch werden Gehölze, die über 5 m hoch wachsen, als Baum bezeichnet, unter 5 m sind es Sträucher. Die überwiegende Anzahl der in diesem Buch beschriebenen Bäume erreicht eine Höhe von 15 m oder mehr, einzelne können auch unter besonders günstigen Wachstumsbedingungen und Standortverhältnissen bis zu 60 m hoch werden. Einige Gehölze wie der Holunder bilden, in Abhängigkeit von den Lebensbedingungen, entweder einen Baum oder entwickeln sich strauchförmig.

DIE NAMEN DER BÄUME

Bäume besitzen verschiedene Namen. Zum einen haben sie deutsche Namen, die oft lokal sehr unterschiedlich sind. Diese Namen sorgen häufig für Verwirrung oder führen zu Verwechslungen. Die Vogelbeere beispielsweise heißt in einigen Regionen Eberesche. Die Bezeichnung Eberesche ist jedoch irreführend, denn trotz des Namensbestandteils -esche hat sie mit den Eschen – bis auf eine gewisse Ähnlichkeit der Blätter – nichts gemein. Wie alle Organismen haben daher auch Bäume einen wissenschaftlichen Namen, der weltweit Gültigkeit besitzt. Dieser Name setzt sich aus zwei Teilen zusammen, dem Gattungs- und dem Artnamen. Beide sind aus dem Lateinischen oder Griechischen abgeleitet. Der Gattungsname wird vorangestellt, z. B. *Acer* oder *Sorbus*. Diesen Namen tragen alle Bäume, die, ihren Merkmalen entsprechend, dieser Gattung zugeordnet werden. Es folgt die Bezeichnung der Art, z. B. *negundo* für den Eschen-Ahorn oder *aucuparia* für die Eberesche, so dass sich der komplette Name *Acer negundo* und *Sorbus aucuparia* ergibt. Diese so genannte binäre Nomenklatur wurde von C. von Linné 1753 eingeführt. Er brachte die bis dato uneinheitliche Namensgebung der Pflanzen in eine übersichtliche Ordnung. Entsprechend der Regeln für die Namensgebung ist ein Gattungsname nur für einen bestimmten Pflanzentypus zulässig, während eine Bezeichnung für die Art auch in verschiedenen Gattungen verwendet werden kann, z. B. *alba* für *Abies alba* und *Populus alba* oder *nigra* für *Morus nigra*, *Pinus nigra* und *Populus nigra*. Der Artname gibt oft Auskunft über ein typisches Merkmal der Pflanze: *alba* bedeutet weiß, *nigra* schwarz. Obwohl die wissenschaftliche Bezeichnung universell gültig ist, kommt es vor, dass ein Baum verschiedene lateinische Namen besitzt, da sich aus neuen Erkenntnissen eine neue Zuordnung im Pflanzensystem ergibt und er in eine andere Gattung gestellt werden muss. In einem solchen Fall werden alle Namen beibehalten, aber als Synonym „syn." angegeben.

Das botanische Klassifizierungssystem ordnet alle Pflanzen hierarchisch in systematische Einheiten (Taxa) ein. Alle nah verwandten Pflanzen, die auf natürliche Weise frei untereinander kreuzbar sind, d. h. lebensfähige Nachkommen bilden, gehören zu derselben Art. Etwa durch geographische Abgeschiedenheit bilden sich innerhalb einer Art manchmal Gruppen, die besonders eng verwandt sind und sich durch bestimmte Merkmale von anderen Individuen derselben Art abgrenzen. Sie gruppiert man dann zu Unterarten, Varietäten oder Formen.

Entsprechend ihres Verwandtschaftsgrades werden Arten in Gattungen zusammengefasst, Gattungen in Familien (z. B. Weiden und Pappeln in der Familie der Weidengewächse). Über der Familie steht die Ordnung und darüber die Klasse. Es gibt zwei Klassen, die Nacktsamer (Gymnospermen), zu denen die Nadelbäume zählen, und die Bedecktsamer (Angiospermen). Die Bedecktsamer wiederum sind unterteilt in zwei Unterklassen, die Zweikeimblättrigen oder Dikotyledonen (u. a. Gehölze mit sekundärem Dickenwachstum), zu denen die Laubbäume gehören, und die Einkeimblättrigen oder Monokotyledonen (ohne sekundäres Dickenwachstum), zu denen die Palmen gehören.

WIE FINDET MAN EINEN BAUM, DEN MAN NOCH NICHT KENNT?

Wenn Sie einen Zweig oder einige Blätter vor sich haben – von einem Spaziergang mitgebracht –, blättern Sie einfach durch das Buch und vergleichen Sie die Abbildungen und Zeichnungen mit Ihrem Fund. Bei mehr als 270 Seiten erscheint dies als ein sehr mühseliges Unterfangen, aber es ist letztlich doch einfacher als man denkt, denn die Reihenfolge der Arten erleichtert die Suche. Die einzelnen Bäume sind nach ihrer Blattform sortiert.

Hiba-Lebensbaum: kleine, schuppenartige Blätter

Das Buch beginnt mit dem Ginkgo (S. 14) und der Chilenischen Araukarie (S. 16), die sehr spezielle Blattmerkmale aufweisen. Es folgen die Nadelbäume: zuerst diejenigen mit schuppenartigen Blättern (S. 18 – 34), dann solche mit nadelförmigen Blättern (S. 36 – 80) und zum Schluss die Kiefern (S. 82 – 100) mit Nadeln in zwei- bis fünfnadeligen Bündeln.

Himalaja-Zeder: Nadelblätter (unten)

Pinie: Nadelblätter in Bündeln (oben)

Ab S. 106 finden sich dann die Laubbäume. Zuerst werden Arten mit einfachen, d. h. nicht zusammengesetzten Blättern beschrieben (S. 106 – 238). Erlen und Birken mit gezähnten Blättern stehen am Anfang. Manche Blätter sind nicht ganzrandig, sondern erscheinen am Rand gelappt. Bäume mit solchen gelappten Blättern wie der Berg-Ahorn folgen zum Schluss. Verwandte Arten stehen beieinander, wobei Blätter mit kleinen Lappen als erstes berück-

Die Bestimmungsschlüssel

Mit dem Bestimmungsschlüssel für Nadelbäume auf den Seiten 12 – 13 und dem Bestimmungsschlüssel für Laubbäume auf den Seiten 102 – 105 ist das Bestimmen der Bäume ganz einfach.

sichtigt sind, gefolgt von solchen mit großen Lappen.

Diese Anordnung wird manchmal unterbrochen, beispielsweise bei der Silber-Pappel (S. 134), die bei den Pappeln beschrieben wird und nicht entsprechend ihrer tief gelappten Blätter an anderer Stelle.

Schwarz-Pappel: einfache Blätter

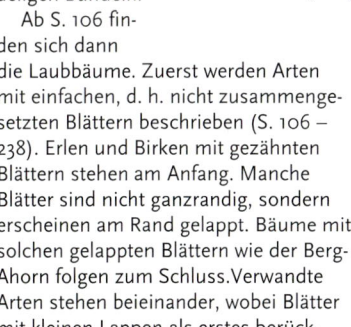

Berg-Ahorn: tief gelappt

Die Bäume mit zusammengesetzten, gefiederten Blättern sind auf den Seiten 240 – 270 zu finden, die Gewöhnliche Rosskastanie, mit zusammengesetzten, aber handförmig gefingerten Blättern, folgt als separate Art (S. 272). Die Palmen mit ihren außergewöhnlich großen Blattwedeln schließen sich an (S. 274 – 278).

Auf den Seiten 280 – 283 sind einige Sträucher und strauchartige Bäume beschrieben.

Die Beschreibung der Bäume

Sie beginnt stets mit Angaben zur Herkunft, also dem natürlichen Verbreitungsgebiet, in dem die Bäume ursprünglich beheimatet sind. Des Weiteren liefert der Text Informationen und Wissenswertes zu jeder einzelnen Art.

Für die Bestimmung wichtige Merkmale

Dieser Baumführer gibt zur Bestimmung der Gehölze die charakteristischen Merkmale an, die für den Betrachter leicht erkennbar sind. Die Anordnung der Arten folgt nicht immer der botanisch-wissenschaftlichen Klassifizierung. So wird beispielsweise der Eschen-Ahorn (*Acer negundo*) bei den Baumarten vorgestellt, die sich durch gefiederte Blätter auszeichnen, und nicht seiner systematischen Stellung entsprechend bei den Ahornarten. Bäume als „höhere" Pflanzen besitzen im Gegensatz zu den „niederen" Pflanzen, wie Farne und Moose, oberirdisch einen Stamm mit Rinde, Trieben oder Zweigen, Knospen, Blättern, Blüten und Früchten. Auf diesen Pflanzenteilen basiert die Beschreibung der verschiedenen Baumarten in diesem Buch.

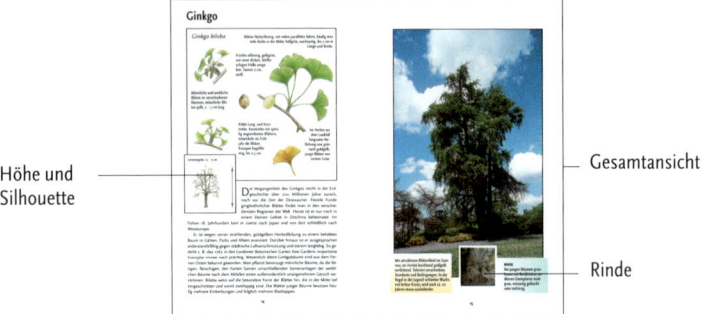

Höhe und Silhouette — Gesamtansicht — Rinde

Höhe und Silhouette   Die Höhe der ausgewachsenen Bäume und die typische Wuchsform wird in einem kleinen Feld auf der linken Buchseite angegeben. Immergrüne Bäume (die meisten Nadelbäume und einige Laubbäume) behalten ihre Form im Verlauf des Jahres bei. Die sommergrünen, laubwerfenden Gehölze sind jeweils in ihrem Winterhabitus ohne Belaubung dargestellt.

Rinde   Die Rinde ist ein wichtiges Merkmal zur Bestimmung von Gehölzen, sie kann jedoch zwischen den Individuen variieren. Oft verändert sie sich gravierend mit zunehmendem Alter der Bäume. Die kleine Abbildung auf der rechten Buchseite zeigt die Rindenstruktur eines älteren Baumes, in der Legende ist deren Erscheinungsbild an jungen Bäumen näher beschrieben.

Die Gesamtansicht   zeigt den Baum mit seiner voll entwickelten Krone. Als Krone bezeichnet man die Blätter tragenden Äste eines Baumes in ihrer Gesamtheit. Die Kronenform kann wie die Rindenstruktur erheblich variieren.

Triebe und Knospen   Die Farbe und Struktur der Triebe kann bei der Bestimmung von Gehölzen sehr hilfreich sein,

siehe als Beispiel Spitz-Ahorn (S. 228) und Kolchischer Ahorn (S. 230). Ist die Farbe angegeben, bezieht sie sich, sofern nicht anders vermerkt, auf die Triebe im Spätsommer.

Die Anordnung der Knospen und Blätter erlaubt ebenfalls wichtige Rückschlüsse auf die Baumart. Bei drei Vierteln aller Laubbäume sitzen Knospen und Blätter wechselständig an den Trieben (siehe Zeichnung), die restlichen Laubgehölze tragen sie in Paaren gegenüberstehend, also gegenständig. Nur bei wenigen Arten stehen sie zu dreien oder mehreren wirtelig am Trieb, d. h. sie sitzen in beliebiger Zahl an einem Knoten. Die Knospen findet man oft gehäuft an den Triebspitzen, die Anzahl der Deckschuppen an den Knospen ist für die Baumbestimmung ebenfalls ein wichtiges Kriterium, das in Zweifelsfällen herangezogen werden kann.

Rot-Buche: Knospen wechselständig

Eberesche:
unpaarig
gefiederte Blätter

Die Bezeichnung eiförmig taucht in diesem Buch häufig auf. Sie wird nicht nur für die Blattform, sondern auch für die Früchte verwendet. Gulliver in J. Swift's „Gullivers Reisen" hatte zwar erhebliche Schwierigkeiten anzugeben, welches Ende eines Eies den Boden darstellt. In der Botanik ist diese Frage jedoch eindeutig geklärt: Normal eiförmig heißt, die breiteste Stelle liegt unterhalb der Mitte, verkehrt eiförmig bedeutet, die breiteste Stelle befindet sich oberhalb der Mitte.

verkehrt eiförmig

eiförmig

Blätter stellen die wichtigste Bestimmungshilfe überhaupt dar. Die Blattfläche (Blattspreite) kann ausgesprochen formenreich gestaltet sein, angefangen mit sehr einfach gestaltetem Blattumriss mit glattem Rand bis hin zu komplexen, zusammengesetzten Strukturen wie einfach, doppelt oder sogar mehrfach gefiederten Blättern. Bei einigen Bäumen wandelt sich die Blattform mit zunehmendem Alter.

Kultur-Birne: glattrandige Blätter

Bei gefiederten Blättern besteht die Blattfläche aus vielen getrennten Fiederblättchen oder Fiedern. Auf den ersten Blick kann ein gefiedertes Blatt wie ein Trieb mit mehreren, einfachen Blättern wirken. Bei genauem Hinsehen sitzen jedoch in den Achseln echter Blätter stets Knospen, was bei gefiederten Blättern zwischen den Fiedern nie der Fall ist.

Der Blattumriss einfacher Blätter kann variieren von extrem schmal und nadelförmig bei Nadelbäumen (Koniferen), schmal und gerade (linealisch) wie bei einigen Weidenarten bis breit eiförmig oder oval bei der Rot-Buche. Der Blattrand ist gleichfalls sehr mannigfaltig gestaltet, von glattrandig über gezähnt bis mehr oder weniger tief gelappt. In den Spitzen der Zähne oder Lappen enden oft die seitlichen Blattnerven, ungezähnte und ungelappte Blätter weisen meist nur wenige Blattnerven auf.

Ginkgo: Blüten

Der Blattstiel stellt ein weiteres hilfreiches Bestimmungsmerkmal dar, z. B. bei den meisten Kirschen (S. 182 – 184) und der Bastard-Platane (S. 222).

Blüten sind in der Regel unübersehbar, wenn sie ihre volle Pracht entfalten. In vielen Fällen, so bei Bäumen, die durch den Wind bestäubt werden, sind sie allerdings oft recht unscheinbar. Gelegentlich werden sie auch erst entwickelt, wenn der Baum ein gewisses Alter erreicht hat, oder sie entziehen sich der näheren Betrachtung, da sie im oberen Bereich der Krone stehen.

Früchte weisen für die Bestimmung eindeutige, oft unverwechselbare Merkmale auf. Sie sind über eine lange Zeitspanne, von der Befruchtung bis zur vollen Reife, präsent. Ihre Beschreibung umfasst detaillierte Angaben über die Veränderungen im Verlauf des Reifeprozesses.

Amberbaum:
gelappte Blätter

Bestimmungsschlüssel Nadelbäume

Schwarz-Kiefer

Ginkgogewächse
S. 14
Blätter am vorderen, abgerundeten Ende am breitesten, mit zahlreichen parallelen Blattnerven (gabelnervig).

Araukariengewächse
S. 16
Blätter an der Basis breit, vorn scharf zugespitzt. Die Zapfen besitzen jeweils einen einzelnen Samen auf den Tragschuppen.

Chilenische Araukarie

Als Nadelbaum werden hier alle diejenigen Bäume bezeichnet, deren Blätter schmal nadelförmig oder klein und schuppenförmig gestaltet sind und, in Anlehnung an den ebenfalls gebräuchlichen Namen „Koniferen", Zapfen hervorbringen.

Vom wissenschaftlichen Standpunkt aus gehören die Nadelbäume zu den Nacktsamern, d. h. ihre Samenanlagen, aus denen sich die Samen nach der Befruchtung entwickeln, sind nicht von einem schützenden Gewebe umgeben. Dies kann man mit einer einfachen Handlupe an einer weiblichen Blüte der Zypressengewächse überprüfen. Während der Blühphase liegen die winzigen, punktförmigen Samenanlagen frei zwischen den kleinen Schuppen der weiblichen Blüten. Nach erfolgreicher Befruchtung vergrößern sich die Schuppen und bedecken die Samen. Dies unterscheidet die Nadelbäume eindeutig von den Laubbäumen und Palmen, bei denen die Samenanlagen stets komplett in ein Gewebe eingebettet sind und die deshalb als Bedecktsamer bezeichnet werden.

Die Nacktsamer sind entwicklungsbiologisch eine alte und variationsreiche Pflanzengruppe, zu der man auch den Ginkgo hinzuzählt, obwohl er mit seinen Blättern eher wie ein Laubbaum aussieht.

Die überwiegende Anzahl der Nadelbäume ist immergrün, von den hier vorgestellten Arten werfen nur die Lärchen (S. 50 – 52), der Urweltmammutbaum (S. 42), die Zweizeilige Sumpfzypresse (S. 44) und der Ginkgo (S. 14) ihre Blätter ab.

Gewöhnlicher Wacholder

Zypressengewächse
S. 18 – 36
Blätter in der Regel schuppenförmig, einige Wacholderarten (S. 34 – 36) besitzen auch gerade, schmale, nadelförmige Blätter, die wirtelig am Trieb sitzen. Man unterteilt die Familie nach der Art ihrer Zapfen in drei Gruppen:

Zapfen mit schildförmigen Schuppen, die eine zentrale Spitze aufweisen – *Cupressus* (S. 18 – 22) und *Chamaecyparis* (S. 24– 26).

schildförmige Schuppen

Zapfen mit wenig Schuppen

Zapfen mit wenigen Schuppen, im reifen Zustand abgespreizt – *Calocedrus* (S. 28), *Thuja* (S. 30) und *Thujopsis* (S.32).

Zapfen ein flei-
schiger Beeren-
zapfen, nicht ver-
holzt – *Juniperus*
(S. 34 – 36).

Spanischer Wacholder

**Sumpfzypressen-
gewächse**
S. 38 – 46
Nadelblätter dicht
und flach an sprei-
zenden Trieben.

Küsten-Mammutbaum

Eibengewächse
S. 48
Nadelblätter ge-
genständig.
Früchte einzeln,
mit fleischigem,
roten Samen-
mantel (Arillus). Die
Eibengewächse sind auf-
grund ihrer flachen
Nadelblätter hier
platziert.

Europäische Eibe

Kieferngewächse

S. 50 – 100
Eine artenreiche und wichtige Familie.
Die Zapfen weisen je zwei Samen auf
den Tragschuppen auf. Hierzu gehören:

Lärchen (S. 50 – 52)
und Zedern (S. 54 –
56), deren Nadeln in
Büscheln an Kurztrie-
ben sitzen. Die Zapfen
der Lärchen bleiben als
Ganzes erhalten, Ze-
dernzapfen zerfallen
bei der Reife und ent-
lassen die Samen.

Libanon-Zeder

Fichten (S. 58 –
66). Douglasie
(S. 68), Tannen
(S. 70 – 78) und
Hemlocktanne
(S. 80). Nadeln
sitzen einzeln am
Trieb. Die Zapfen
der Tannen zer-
fallen und ver-
streuen die Sa-
men. Fichten,
Douglasie und

Douglasie

Hemlocktanne besitzen holzige, als
Ganzes abfallende Zapfen.

Kiefern (S. 82 – 100) besitzen zwei- bis
fünfnadelige Nadelbündel.

Wald-Kiefer

Eibe

Ginkgo

Ginkgo biloba

Blätter fächerförmig, mit vielen parallelen Adern, häufig eine tiefe Kerbe in der Mitte; hellgrün, wachsartig, bis 7 cm in Länge und Breite.

Früchte eiförmig, gelbgrün, von einer dicken, fettfleischigen Hülle umgeben. Samen 2 cm, weiß.

♂

Männliche und weibliche Blüten an verschiedenen Bäumen, männliche Blüten gelb, 2 – 3 cm lang.

♀

Bildet Lang- und Kurztriebe. Kurztriebe mit spiralig angeordneten Blättern, entwickeln im Frühjahr die Blüten. Knospen kegelförmig, bis 0,3 cm.

Im Herbst vor dem Laubfall langsame Verfärbung von grün nach goldgelb, junge Blätter von zartem Grün.

sommergrün, 15 – 25 m

Die Vergangenheit des Ginkgos reicht in der Erdgeschichte über 200 Millionen Jahre zurück, noch vor die Zeit der Dinosaurier. Fossile Funde gingkoähnlicher Blätter findet man in den verschiedensten Regionen der Welt. Heute ist er nur noch in einem kleinen Gebiet in Ostchina beheimatet. Im frühen 18. Jahrhundert kam er zuerst nach Japan und von dort schließlich nach Westeuropa.

Er ist wegen seiner strahlenden, goldgelben Herbstfärbung zu einem beliebten Baum in Gärten, Parks und Alleen avanciert. Darüber hinaus ist er ausgesprochen widerstandsfähig gegen städtische Luftverschmutzung und extrem langlebig. So gedeiht z. B. das 1762 in den Londoner Botanischen Garten Kew Gardens importierte Exemplar immer noch prächtig. Wesentlich ältere Ginkgobäume sind aus dem Fernen Osten bekannt geworden. Man pflanzt bevorzugt männliche Bäume, da die fettigen, fleischigen, den harten Samen umschließenden Samenanlagen der weiblichen Bäume nach dem Abfallen einen außerordentlich unangenehmen Geruch verströmen. Biloba weist auf die besondere Form der Blätter hin, die in der Mitte tief eingeschnitten und somit zweilappig sind. Die Blätter junger Bäume besitzen häufig mehrere Einkerbungen und folglich mehrere Blattlappen.

Mit attraktivem Blätterkleid im Sommer, im Herbst leuchtend goldgelb verfärbend. Toleriert verschiedene Standorte und Bedingungen. In der Regel in der Jugend schlanker Wuchs mit lichter Krone, wird nach ca. 10 Jahren etwas ausladender.

RINDE
Bei jungen Bäumen graubraun mit Korkleisten, an älteren Exemplaren matt grau, netzartig gefurcht oder tiefrissig.

Chilenische Araukarie

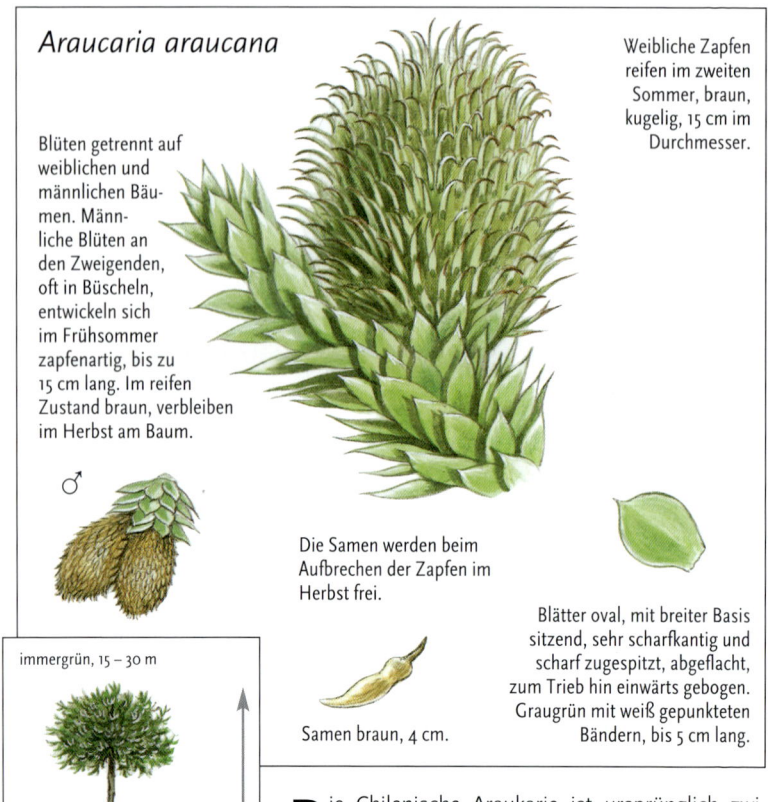

Araucaria araucana

Weibliche Zapfen reifen im zweiten Sommer, braun, kugelig, 15 cm im Durchmesser.

Blüten getrennt auf weiblichen und männlichen Bäumen. Männliche Blüten an den Zweigenden, oft in Büscheln, entwickeln sich im Frühsommer zapfenartig, bis zu 15 cm lang. Im reifen Zustand braun, verbleiben im Herbst am Baum.

♂

Die Samen werden beim Aufbrechen der Zapfen im Herbst frei.

immergrün, 15 – 30 m

Blätter oval, mit breiter Basis sitzend, sehr scharfkantig und scharf zugespitzt, abgeflacht, zum Trieb hin einwärts gebogen. Graugrün mit weiß gepunkteten Bändern, bis 5 cm lang.

Samen braun, 4 cm.

Die Chilenische Araukarie ist ursprünglich zwischen dem 37. und 39. südlichen Breitengrad in den chilenischen Anden und in den angrenzenden Gebieten der argentinischen Anden beheimatet.

In Europa verwendet man sie überwiegend wegen ihrer ungewöhnlichen Erscheinung als Zierbaum. Häufig wird die Araukarie auch als Chilenische Schmucktanne bezeichnet, was jedoch botanisch vollkommen unzutreffend ist. Sie stammt aus dem erdgeschichtlichen Zeitalter des Jura, in welchem die Dinosaurier die Erde bevölkerten.

Sie ist zweihäusig. Die weiblichen Bäume bilden nur Samen, wenn innerhalb der Pollenflugdistanz ein männliches Exemplar steht. Die Samen sind sehr wohlschmeckend, besonders wenn man sie röstet. Die lateinische Namensgebung geht auf den Indianerstamm der Araukarier zurück, für die die Samen eine wichtige Nahrungsgrundlage darstellten. Das Holz ist von hoher Qualität. Araukarien kommen nicht mit anderen Nadelgehölzen vergesellschaftet vor. Sie treiben aus den Wurzeln Schösslinge aus, die bei älteren Bäumen diese manchmal in einem Kranz umgeben. Diese Fähigkeit ist für Nadelgehölze ungewöhnlich. In ihrer Heimat erreicht die Chilenische Araukarie eine stattliche Höhe von 50 m. In Europa wird sie selten über 10 m hoch, wirkt aber recht exotisch.

An jungen Bäumen stehen die Äste wirtelig, was dem Baum ein offenes, kegelförmiges Aussehen verleiht. Bei älteren Exemplaren wird die Krone dichter und an der Spitze abgerundet. An trockenen oder schattigen Plätzen sterben die unteren Zweige ab. Die dicken, spiralig angeordneten Blätter unterscheiden diesen Baum von allen anderen. Araukarien wachsen nicht gut in Gemeinschaft mit anderen Arten, sondern gedeihen bevorzugt als Einzelbäume.

RINDE
Grau oder dunkelgrau, mit horizontalen Furchen, runzelig, wird oft mit Elefantenhaut verglichen. Oberfläche manchmal harzig.

Echte Zypresse

Cupressus sempervirens

Blätter schuppen-förmig, gegenstän-dig, an etwas ab-geflachten Trie-ben angeordnet.

Schuppenblätter zuge-spitzt, rückseitig mit Harzdrüsen, 0,1 cm, an den Zweigen eng anlie-gend; an kräftigen Zweigen Blattspitzen ab-stehend.

Zapfen reifen im zwei-ten Sommer, kuge-lig bis eiförmig, 2,5 – 3,5 cm; Zapfenschuppen schildförmig, mit kleiner rück-seitiger Wölbung.

♂

♀

Männliche Blüten im Früh-jahr gelb, 0,2 – 0,3 cm; weib-liche Blüten grünlich, spitzig an kräftigen Trieben.

VERWANDTE ART
Cupressus glabra
Benadelung bläulich, dreidimen-sional, Drüsen auf der Blattunter-seite sondern weißliches Harz ab. Rinde glatt, Schuppen abstoßend, rot bis grau.

immergrün, bis zu 25 m

Die Echte Zypresse ist vermutlich ursprünglich nur in der östlichen Mittelmeerregion bis zum Irak beheimatet. Die Wildform besitzt kurze, horizon-tal abstehende Zweige. In Europa wird hingegen die Sorte 'Stricta' am häufigsten angepflanzt. Sie hat auf-rechte Zweige, die eine ausgesprochen schmale Krone bilden. Die Echte Zypresse ist charakteristisch auf Kalksteinböden und ver-trägt lange, heiße Sommer. Sie ist anfällig für eine durch den Pilz *Corynium* spec. verursachte Krankheit. Der Pilz infiziert die Schuppenblätter und bringt die zarten Triebe, häufig auch dickere Zweige zum Absterben. In besonders schweren Fällen stirbt der ganze Baum ab oder große Bereiche der Kronenregion. Zypressen besit-zen festes, wertvolles Holz, die Stämme erreichen jedoch nicht die ausreichende Länge, um wirtschaftlich von Bedeutung zu sein.

Die Arizona-Zypresse (*C. glabra*) stammt aus Mittelarizona. Sie wird als Zier-baum wegen ihrer blaugrünen Laubfärbung und auffälligen Rinde gern in Gärten angepflanzt. Die Harzdrüsen auf der Unterseite der Blätter sondern ein Harz ab, das zu grauweißen Tropfen erstarrt und leicht nach Grapefruit riecht. Die Zapfen sind 1,7 – 2,3 cm lang mit aufwärts gebogenen Zipfeln. Sie verfärben sich beim Reifen dunkelgrau und hängen mehrere Jahre am Baum.

Die Wildform besitzt kurze, abge-
spreizte Äste, die bei ausgewachsenen Bäumen die typische Säulenform bilden. Die abgebildete Sorte
'Stricta' mit schmaler Krone und
aufrechten Zweigen wird häufiger in
Parks und Gärten angepflanzt.

RINDE
Graubraun, mit schuppigen
Leisten, die sich spiralig um
den Stamm winden oder
längsrissig, faserig.

Monterey-Zypresse

Cupressus macrocarpa

Zapfen 2 – 4 cm, im zweiten Herbst reifend, verbleiben am Baum; Zapfenschuppen schildförmig, kompakt mit schmaler Querrinne.

Blätter rund um die aufrecht stehenden Triebe angeordnet, schuppenförmig, 0,2 cm, kreuzgegenständig; grün, an den Enden zugespitzt, einwärts gekrümmt. Unterseitige Drüsen schwach entwickelt, sondern kein Harz ab.

VERWANDTE ART
Chamaecyparis nootkatensis
Blätter an flachen, ca. 0,5 m langen, herabgeneigten bis hängenden Trieben. Schuppenblätter ungleich, die seitlich ansitzenden etwas länger als die ober- und unterseits ansitzenden. Dunkelgrün gefärbt, mit freier, derber Spitze, rückseitige Harzdrüsen sehr undeutlich bis fehlend.

immergrün, 20 – 30 m

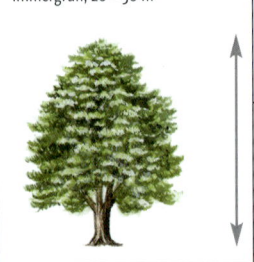

Zapfen der Nutka-Scheinzypresse im Frühjahr bis Sommer des zweiten Jahres reifend, kugelig, bis 1,2 cm, mit vier bis sechs Paar Zapfenschuppen mit kräftigen, zurückgebogenen Spitzen.

Die natürlichen Bestände der Monterey-Zypresse sind auf einen schmalen Küstenstreifen der Monterey-Halbinsel Kaliforniens begrenzt, wo sie sehr stark dem Wind ausgesetzt sind. Ihr Wachstum wird dadurch stark eingeschränkt und sie bleiben recht klein. Ältere Bäume entwickeln ausgebreitete, flache Kronen. Das hellgrüne Blattwerk und die relativ großen Zapfen unterscheiden diese Zypresse deutlich von anderen Arten. Sie ist anfällig für Krebs, der durch den Pilz *Corynium* verursacht wird und Teile der Kronenregion zum Absterben bringt. Das Holz ist sehr beständig, aber nicht in ausreichenden Mengen verfügbar, um von wirtschaftlichem Nutzen zu sein. In Europa wird sie nur als Zierbaum angepflanzt.

Die Nutka-Scheinzypresse (*Chamaecyparis nootkatensis*) besiedelt als ein typischer Vertreter der Gebirgsregion ein weites Gebiet zwischen Nordkalifornien und Südalaska. Am natürlichen Standort wächst sie höher als in Kultur, bis zu 40 m, bei einem Stammdurchmesser von beinahe 3 m, und produziert ein wertvolles Holz. Sie wird in die Gattung *Chamaecyparis* gestellt, passt eigentlich jedoch besser in die Gattung *Cupressus*, da ihre Zapfen wie bei *Cupressus* üblich erst in der zweiten Vegetationsperiode reifen. Ihre Krone ist zierlich oder ausgebreitet kegelförmig.

Junge Bäume sind kegelförmig, ziemlich zugespitzt, bei älteren Exemplaren ist die Krone ausgebreitet und flach.

RINDE
Hellbraun und feinrissig an jungen Bäumen, an ausgewachsenen Bäumen rötlich braun bis grau, und zunehmend oberflächlich felderigrissig.

Leylandzypresse

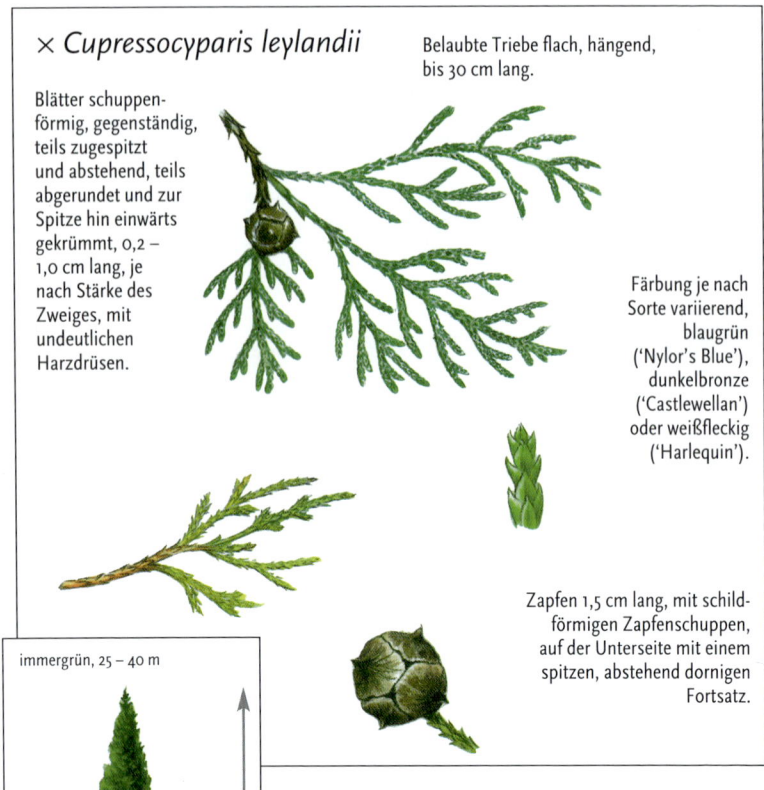

× *Cupressocyparis leylandii*

Belaubte Triebe flach, hängend, bis 30 cm lang.

Blätter schuppen-förmig, gegenständig, teils zugespitzt und abstehend, teils abgerundet und zur Spitze hin einwärts gekrümmt, 0,2 – 1,0 cm lang, je nach Stärke des Zweiges, mit undeutlichen Harzdrüsen.

Färbung je nach Sorte variierend, blaugrün ('Nylor's Blue'), dunkelbronze ('Castlewellan') oder weißfleckig ('Harlequin').

Zapfen 1,5 cm lang, mit schild-förmigen Zapfenschuppen, auf der Unterseite mit einem spitzen, abstehend dornigen Fortsatz.

immergrün, 25 – 40 m

Die Leylandzypresse ist eine Hybride zwischen Nutka-Scheinzypresse *(Chamaecyparis nootkatensis)* und Monterey-Zypresse *(Cupressus macrocarpa)*. Obwohl beide Eltern aus dem Westen Nordamerikas stammen, überschneiden sich ihre natürlichen Verbreitungsgebiete nicht. Sie kommt nur auf den Britischen Inseln vor und gleicht stärker der Nutka-Scheinzypresse. Da sie wesentlich schneller wächst als beide Eltern (Heterosis-Effekt), ist sie ein beliebter Baum in der Landschaftsgärtnerei. Aus diesem Grund hat sie wohl auch als Heckenbepflanzung die Monterey-Zypresse verdrängt. Sie lässt sich gut zurückschneiden und beeindruckt mit einer jährlichen Wachstumsrate von 0,75 – 1,0 m bei zweimaligem jährlichen Schnitt. Allerdings gibt es auch andere Arten, die sich als Sichtschutz und Hecken eignen, ohne regelmäßigen Rückschnitt attraktiv aussehen und auch keinen wesentlich längeren Zeitraum benötigen, um eine beachtliche Hecke zu bilden (z. B. Eiben). Die Leylandzypresse bildet keine Samen und wird vegetativ vermehrt. Es gibt verschiedene Sorten, die sich in Wuchs und Laubfärbung unterscheiden. 'Naylor's Blue' mit blaugrüner Belaubung, 'Lutea' mit goldener Färbung oder 'Castlewellan' mit matt bronzenem Laub. Das Erscheinungsbild variiert in Abhängigkeit davon, welche Art jeweils als mütterlicher Kreuzungspartner verwendet wurde.

Die Leylandzypresse wird oft als Hecke oder Sichtschutz gepflanzt, ist aber auch attraktiv als frei stehender Einzelbaum. Die Abbildung zeigt die beliebteste Sorte 'Haggerston Grey'. Sie wird häufig gepflanzt, da sie sich besonders rasch bewurzelt.

RINDE
Glatt, graubraun an jungen Gehölzen, an älteren Bäumen dunkelbraun, an der Oberfläche längsfurchig.

Lawsons Scheinzypresse

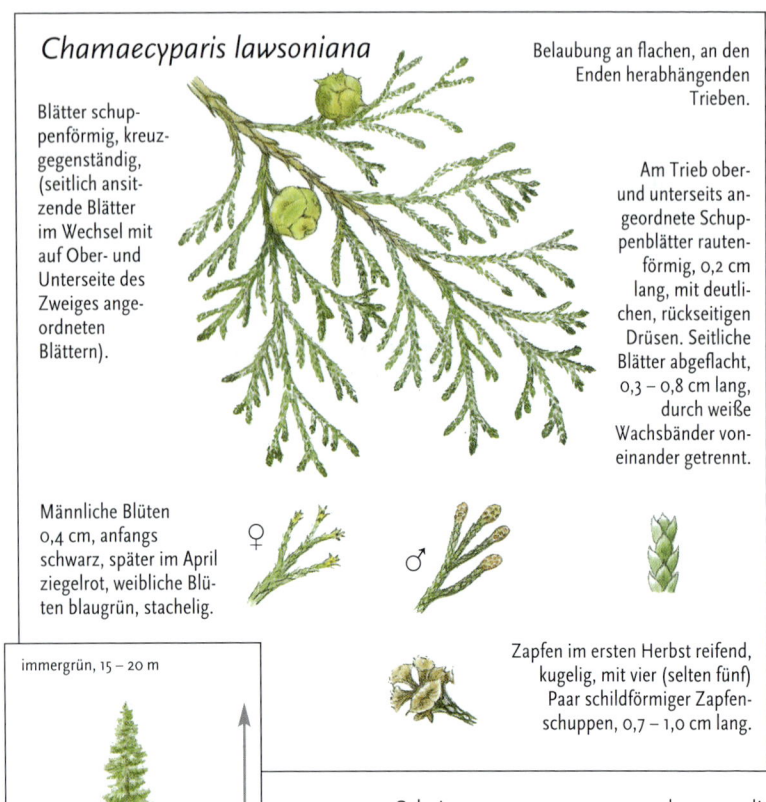

Chamaecyparis lawsoniana

Blätter schuppenförmig, kreuzgegenständig, (seitlich ansitzende Blätter im Wechsel mit auf Ober- und Unterseite des Zweiges angeordneten Blättern).

Belaubung an flachen, an den Enden herabhängenden Trieben.

Am Trieb ober- und unterseits angeordnete Schuppenblätter rautenförmig, 0,2 cm lang, mit deutlichen, rückseitigen Drüsen. Seitliche Blätter abgeflacht, 0,3 – 0,8 cm lang, durch weiße Wachsbänder voneinander getrennt.

Männliche Blüten 0,4 cm, anfangs schwarz, später im April ziegelrot, weibliche Blüten blaugrün, stachelig.

♀   ♂

immergrün, 15 – 20 m

Zapfen im ersten Herbst reifend, kugelig, mit vier (selten fünf) Paar schildförmiger Zapfenschuppen, 0,7 – 1,0 cm lang.

Lawsons Scheinzypresse stammt aus dem westlichen Oregon und nördlichen Kalifornien, wo sie gemeinsam mit anderen Arten, z. B. der Douglasie, große Bestände bildet. Sie wird 50 – 60 m hoch und besitzt helles, weiches Holz, das wirtschaftlich genutzt wird. Der Baum ist anfällig für die Wurzelfäule, eine Krankheit, die durch den Pilz *Phytophthora* verursacht wird. Der einzellige, hefeähnliche Pilz schmarotzt an den Baumwurzeln, entzieht dem Wirtsbaum Zucker und bringt ihn schließlich zum Absterben. *Phytophthora* wird leicht in feuchter Erde übertragen, oft durch die Reifen der Forstfahrzeuge, und dezimiert die natürlichen Bestände. Auch in Parks leiden Bäume unter diesem Pilzbefall. Die geschwächten Exemplare werden häufig noch vom Hallimasch, einem aggressiven, Holz abbauenden Pilz besiedelt, der ein rasches Absterben verursacht.

Die Art wurde nach William Lawson benannt, einem Pflanzenzüchter aus Edinburg, der sie zuerst kultivierte. In ihrer Heimat Oregon ist die Lawsons Scheinzypresse unter dem Namen Port Orford-Zeder bekannt. Bald nach der Einfuhr nach Europa im Jahr 1850 züchtete man verschiedene Sorten. Heute kennt man mehr als hundert Kulturformen. Besonders attraktiv ist 'Intertexta' mit locker herabhängender, graugrüner Belaubung und unregelmäßig abstehenden Zweigen.

Typische Wildform der Lawsons Scheinzypresse. Sie wird häufig als Einzelbaum gepflanzt oder zur Abschirmung als Hecke. Es gibt eine große Anzahl Kulturformen unterschiedlicher Größe und Farbe: mit goldfarbiger Belaubung ('Stewartii'), blaue Varietäten ('Pembury Blue'), solche mit bleibenden, nadelförmigen Jugendblättern ('Ellwoodii' und 'Fletcheri'). Ebenso gibt es unzählige langsam wachsende Sorten.

RINDE
Glänzend, glatt, graugrün an jungen Bäumen, später purpurbraun oder rotbraun, rissig mit faserigen Längsfurchen.

Erbsenfrüchtige Scheinzypresse

Chamaecyparis pisifera

Schuppenblätter 0,15 – 0,4 cm lang, mittelgrün, durch blasse Wachsbänder auf der Unterseite voneinander getrennt. Drüsen auf der Rückseite nicht vorspringend.

Blätter schuppenförmig, beidseitig und auf der Ober- und Unterseite des Triebes gekreuzt gegenständig angeordnet. An den Enden spitz und einwärts gekrümmt, am Trieb nicht eng anliegend.

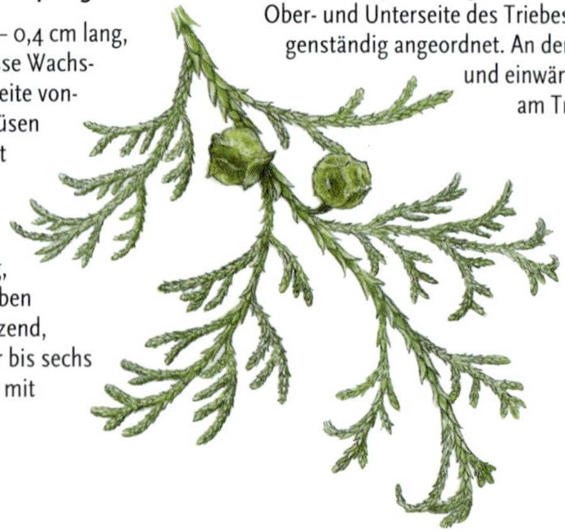

Zapfen kugelig, kantig, an den belaubten Trieben (nicht endständig) sitzend, 0,5 – 0,7 cm lang. Vier bis sechs Paar Zapfenschuppen mit kurzem Dorn.

'Squarrosa' besitzt nur weiche, nadelförmige Jugendblätter.

VERWANDTE ART
Chamaecyparis thyoides
Belaubung an flachen, vom Zweig im 45 – 60°-Winkel abstehenden Trieben. Schuppenblätter graugrün, mit einwärts gekrümmten Spitzen; Drüsen auf der Rückseite vorstehend.

Zapfen kugelförmig, blaugrün bis bläulich purpurn, mit drei Paar Zapfenschuppen.

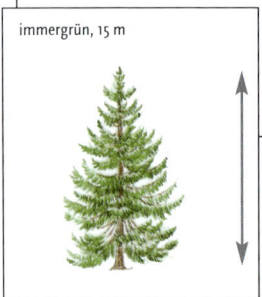

immergrün, 15 m

Die Erbsenfrüchtige Scheinzypresse ist auf den südlichen japanischen Inseln Hoshu und Kyushu beheimatet, wo sie wegen ihres leichten, weichen Holzes große wirtschaftliche Bedeutung besitzt. In Europa kultiviert man sie als Zierbaum. Die Sorte 'Aurea' ist der Wildform noch am ähnlichsten, zeichnet sich jedoch anfangs durch hellgoldenes Laub aus, das sich später gelbgrün verfärbt. 'Plumosa' weist teilweise nadelige, gelblich graugrüne Jugendblätter mit nur sehr kurzen, abstehenden Spitzen auf. 'Squarrosa' besitzt nur bläulich grüne, nadelige Jugendblätter mit 0,5 – 0,7 cm langen Blattspitzen. 'Boulevard' gleicht 'Squarrosa', ihre Blätter sind allerdings wesentlich heller. Leider gelingt die Kultur von 'Boulevard' außerhalb von Baumschulen selten befriedigend, sie gedeiht nur an ausreichend feuchten Standorten. In vielen Gärten und Parks wird sie von Fraßschädlingen befallen.

Die Weiße Scheinzypresse (C. thyoides) stammt aus dem Osten der Vereinigten Staaten, ihr Verbreitungsgebiet erstreckt sich von Maine bis Georgia (eine verwandte Art kommt von Florida bis Mississippi vor). Sie wächst in Feuchtgebieten und bildet kleine Bäume, selten höher als 10 m. Sie hat wenige Zierformen hervorgebracht. In Kultur sind drei Sorten verbreitet, 'Andelyensis', 'Glauca' und 'Variegata', mit gelb schattierter Belaubung.

Die Erbsenfrüchtige Scheinzypresse bildet die Grundlage für zahlreiche Zuchtformen, die gern in Gärten und Parks angepflanzt werden, wie hier eine golden belaubte Sorte.

RINDE
Rötlich braun oder grau, anfangs glatt, später tiefrissig mit breiten, sich leicht ablösenden Streifen. Sehr weich-faserig.

Kalifornische Flusszeder

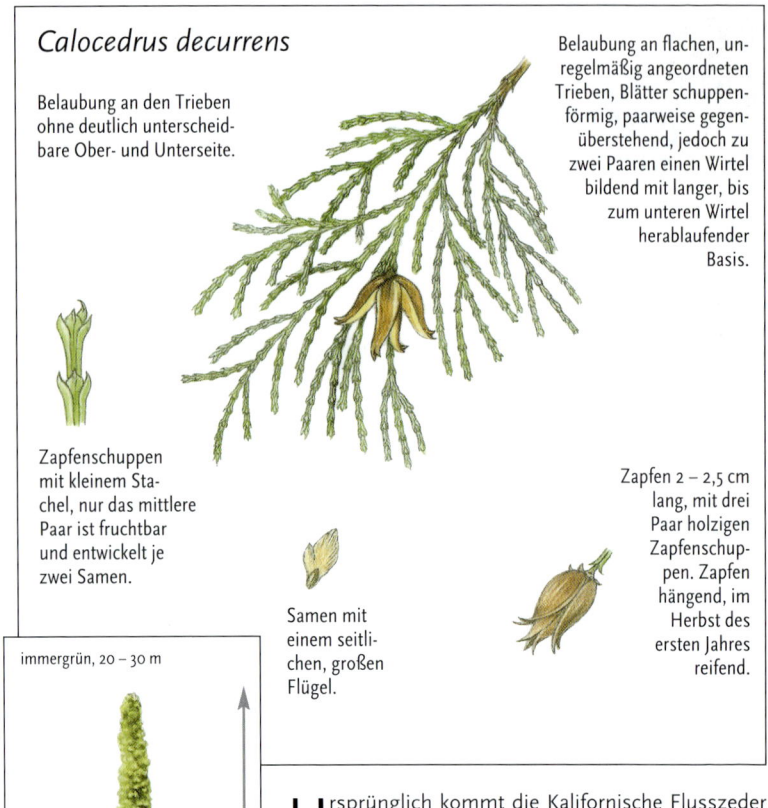

Calocedrus decurrens

Belaubung an den Trieben ohne deutlich unterscheidbare Ober- und Unterseite.

Belaubung an flachen, unregelmäßig angeordneten Trieben, Blätter schuppenförmig, paarweise gegenüberstehend, jedoch zu zwei Paaren einen Wirtel bildend mit langer, bis zum unteren Wirtel herablaufender Basis.

Zapfenschuppen mit kleinem Stachel, nur das mittlere Paar ist fruchtbar und entwickelt je zwei Samen.

Samen mit einem seitlichen, großen Flügel.

Zapfen 2 – 2,5 cm lang, mit drei Paar holzigen Zapfenschuppen. Zapfen hängend, im Herbst des ersten Jahres reifend.

immergrün, 20 – 30 m

Ursprünglich kommt die Kalifornische Flusszeder in einem Gebiet der Vereinigten Staaten vor, das sich vom westlichen Oregon, südlich bis zur Baja California und vom nördlichen Mexiko bis in den Westen Nevadas erstreckt. In ihrer Heimat bildet sie eine breite, kegelförmige Krone, mit deutlich waagerechten Zweigen, während die in Europa kultivierte Form eher schmal säulenförmig wächst. Eine isoliert im Norden Oregons vorkommende Population bildet ebenfalls eine säulenförmige Krone mit kurzen Zweigen. Das Holz ist weich, dauerhaft und lässt sich gut verarbeiten. Wegen der gleichmäßigen Maserung verwendet man es gern zur Herstellung von Bleistiften. Die Kalifornische Zeder stellt geringe Ansprüche an den Standort und ist darüber hinaus toleranter gegenüber Pilzbefall, z. B. durch Hallimasch oder *Phytophthora*. Sie kann deshalb Gebiete besiedeln, die für anspruchsvollere Arten ungeeignet sind. Die Rinde ist in der Regel dick und rissig gefeldert, an Bäumen an ihrem natürlichen Standort auch grobschuppig und plattig abstehend. Die Zapfen gleichen denen von *Thuja*. Als wichtiges Unterscheidungsmerkmal besitzen Thujazapfen jedoch zwei bis drei Paar fruchtbare Zapfenschuppen, die Samen sind zweiflügelig und die Zapfen stehen mehr oder weniger deutlich aufrecht an der Spitze der Zweige.

In Kultur bildet die Kalifornische Flusszeder eine schmale Krone mit säulenförmigem Umriss aus. Kurze, waagerecht stehende Zweige sind vorherrschend. Die Abbildung zeigt ein Exemplar am natürlichen Standort in Oregon. Hier steht sie in einem Wald mit *Pinus ponderosa*. Von den dort vorkommenden Bäumen stammen möglicherweise die in Europa kultivierten Sorten ab.

RINDE
An jungen Bäumen glatt, grau oder purpurn. Später rotbraun, schuppig oder plattig gefeldert. Schuppen seitlich hochgebogen.

Riesen-Lebensbaum

Thuja plicata

Belaubung oberseits matt bis glänzend dunkelgrün, Unterseite heller mit weißen Streifen zwischen den Schuppenblättern.

Männliche Blüten klein, schwarz gepunktet, 0,1 – 0,2 cm lang.

Belaubte Triebe beim Zerreiben stark aromatisch nach Orange duftend. Blätter schuppenförmig, gegenständig; oberseits und unterseits am Trieb sitzende Schuppenblätter klein, zugespitzt, mit undeutlicher rückseitiger Drüse; seitliche Schuppenblätter zugespitzt.

Zapfen mehr oder weniger aufrecht, eiförmig, aus vier oder fünf Paar Zapfenschuppen bestehend, reifen im Herbst des ersten Jahres. Zapfenschuppen mit kleinem, vorspringenden Zipfel. Samen zweiseitig geflügelt, nur auf den mittleren Schuppenpaaren.

VERWANDTE ART
Thuja occidentalis

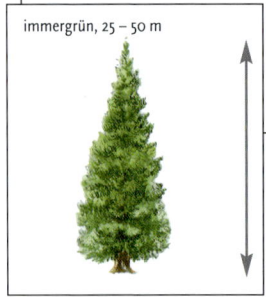

immergrün, 25 – 50 m

Blätter auf der Unterseite mit vorstehenden Drüsen und süßem, apfelartigem, aromatischem Duft. Zapfen eiförmig, gelbgrün bis braun, Zapfenschuppen glatt, ohne rückseitige Zipfel.

Das natürliche Verbreitungsgebiet des Riesen-Lebensbaums ist die Pazifikküste Nordamerikas vom Süden Alaskas bis Nordkalifornien, außerdem die Osthänge der Rocky Mountains von Britisch-Kolumbien bis ins nördliche Idaho. Das Holz ist wie bei allen amerikanischen Lebensbaumarten weich und leicht, dabei aber fest und lässt sich sehr gut verarbeiten. Aufgrund seiner hohen Dauerhaftigkeit eignet es sich besonders zur Herstellung von Dachschindeln. In Europa wird der Riesen-Lebensbaum als Zierbaum angepflanzt und wegen seines raschen Wachstums auch forstlich genutzt. Er kann an unterschiedlichen Standorten wachsen, toleriert trockene Sandböden oder Kalkgestein ebenso wie nasse Böden.

Der Abendländische Lebensbaum (*T. occidentalis*) ist im Wuchs sehr viel kleiner, wächst langsamer und kommt im Osten Nordamerikas vor. Er ist zusammen mit dem Riesen-Lebensbaum einer der wichtigsten Nadelbäume Nordamerikas. In Europa wird er gern zur Heckenpflanzung verwendet. Eine alte Bezeichnung lautet „Arbor vitae", was Lebensbaum bedeutet. Dieser Name bezieht sich auf den hohen Vitamin-C-Gehalt der Blätter, den sich die frühen Entdecker und Weltreisenden zunutze machten, um Skorbut vorzubeugen oder zu behandeln.

Der Riesen-Lebensbaum zeichnet sich durch eine attraktive, lichtdurchlässige Krone aus. Er wird deshalb in Gärten gern als Sichtschutz in Form von Hecken gepflanzt. Er verträgt Rückschnitt sehr gut.

RINDE
Rotbraun, in schmalen Streifen längsrissig, an den Rändern abstehend aufgebogen. An der Stammbasis oft gerieft und verbreitert.

Hiba-Lebensbaum

Thujopsis dolabrata

Derbe Belaubung an flachen Trieben, oberseits glänzend dunkelgrün, unterseits mit großen, weißen, wachsigen Flecken.

Zapfen mehr oder weniger rundlich, 1 – 2 cm lang, im Sommer blaugrün, im folgenden Herbst reifend, dann braun. Sie besitzen drei bis vier Paar dicke, abspreizende, ledrige Schuppen mit aufrecht abstehendem, dornartigem Fortsatz.

VERWANDTE ART
Thuja orientalis
Blätter an flachen, aufrecht stehenden Trieben; Schuppenblätter gleich gestaltet, ohne Wachsstreifen.

Blätter schuppenförmig, sich in unähnlichen Paaren gegenüberstehend, 0,4 – 1,0 cm. Triebober- und unterseitige Schuppenblätter länglich, mit abgerundeter, abstehender Spitze. Die oberen mit feinen Harzdrüsen auf der Rückseite. Die seitlichen Blätter sind beilförmig, flach, mit nach vorn weisender, abstehender Spitze, auf der Unterseite mit breitem Wachsstreifen.

Zapfen eiförmig, an eine griechische Amphore erinnernd, aufrecht, 1,5 – 2,0 cm lang; Zapfenschuppen lederartig, mit zurückgebogenem Dorn. Samen 3 mm, ungeflügelt.

immergrün, 15 – 20 m

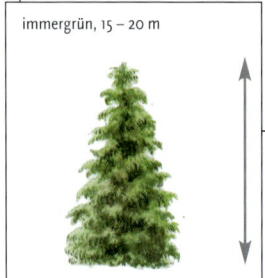

Der Hiba-Lebensbaum ist auf den vier Hauptinseln Japans beheimatet. Die typische Form ist in der südlichen Hälfte von Honshu, Kyushu und Shikoku verbreitet, während man in den nördlichen Regionen von Honshu und auf Hokkaido die Varietät var. *hondoensis* antrifft. Diese unterscheidet sich von der im Norden verbreiteten Art durch ihre kleineren und dichter stehenden Schuppenblätter sowie durch die Zapfenschuppen, die keine dornigen Fortsätze besitzen. Das helle Holz ist qualitativ hochwertig, der Baum wächst in Europa jedoch zu langsam, um forstwirtschaftlich von Bedeutung zu sein. Der Gattungsname bezieht sich auf die Ähnlichkeit mit *Thuja*.

Der Morgenländische Lebensbaum (*Thuja orientalis*) stammt vermutlich aus China aus der Region von Peking südwestlich bis in den Norden von Yunnan und aus dem Nordiran. Er wächst unter den unterschiedlichsten klimatischen Bedingungen, in den kalten, trockenen Wintern und nassen, heißen Sommern Pekings ebenso wie im wechselwarmen Klima Westeuropas und unter den tropischen Bedingungen Bangkoks. Er besitzt wesentlich größere Zapfen mit ledrigen Schuppen und großen, ungeflügelten Samen. Die am Trieb oberseitig und unterseitig angeordneten und die seitlichen Schuppenblätter sind gleich gestaltet.

Der Hiba-Lebensbaum bildet eine attraktive, oft aus mehreren Stämmen gebildete, kegelförmige Krone. Wie bei allen Zypressenarten reicht die Belaubung bis tief auf den Boden.

RINDE
Braun, rau, feinrissig, an älteren Bäumen schälen sich graue bis purpur-rotbraune Streifen vom orangen Untergrund ab.

Spanischer Wacholder

Juniperus thurifera

Zapfen 0,7 – 0,8 cm lang, kugelig mit kleinen, stechenden, verkümmerten Schuppen, blaugrün und wachsig überzogen, im zweiten Jahr reifend, dann braun. Sie enthalten zwei bis vier Samen.

Belaubung an kurzen, flachen Trieben, die unregelmäßig am Zweig angeordnet sind. Blätter schuppenförmig, paarweise gegenüberstehend, am Trieb herablaufend, 0,1 – 0,5 cm lang, an der Spitze dreieckig, derbspitzig. Deutliche rückseitige Harzdrüsen, die weißliches Harz absondern.

VERWANDTE ARTEN
Juniperus virginiana

Der Virginische Wacholder besitzt gegenständig angeordnete Schuppenblätter, jedoch auch Jugendblätter an der Zweigbasis und -spitze. Schuppenblätter 0,1 – 0,2 cm lang, graugrün bis dunkelgrün, mit kleinen Harzdrüsen. Jugendblätter 0,3 – 0,6 cm lang, nadelförmig, Innenseite bereift. Beerenzapfen (0,4 – 0,6 cm) blaugrün oder bräunlich, mit dickem Wachsüberzug, reifen im ersten Herbst und enthalten ein bis zwei Samen.

Juniperus chinensis

Die Belaubung des Chinesischen Wacholders besteht ähnlich wie bei dem Virginischen Wacholder aus einer Mischung von Schuppenblättern und nadelförmigen Jugendblättern, die Nadelblätter sind jedoch dreizählig. Die Beerenzapfen reifen im zweiten Jahr.

immergrün, 10 – 15 m

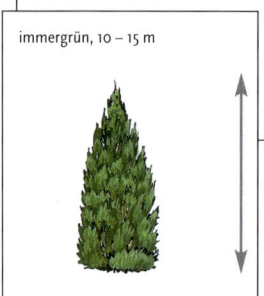

Der Spanische Wacholder ist in ganz Zentral-, Süd- und Ostspanien weit verbreitet, kommt aber auch in den Alpen im Südosten Frankreichs und in Nordafrika vor. Er ist eine der zahlreichen Wacholderarten, die im gesamten Mittelmeerraum kleinere Bäume bilden. Die Zapfen der Wacholderarten weisen eine große Ähnlichkeit mit Zypressenzapfen auf. Ihre Schuppen verholzen jedoch nicht, sondern bleiben fleischig. Die ursprünglichen Zapfenschuppen bleiben bei einigen Arten wie dem Spanischen und dem Chinesischen Wacholder (*J. chinensis*) im Gegensatz zum Virginischen Wacholder (*J. virginiana*) erhalten.

Der Chinesische Wacholder gedeiht im Landesinneren Japans und in den Küstenregionen. Er wird als Ziergehölz angepflanzt, speziell in seinen Kulturformen (z. B. 'Aurea', ein männlicher Baum mit gelber Belaubung und 'Kaizuka', ein weiblicher Baum mit vorwiegend Altersbelaubung und übersät mit Zapfen).

Der Virginische und der Chinesische Wacholder sind an ihren Schuppenblättern leicht zu unterscheiden. Die Jugendnadeln des Virginischen Wacholders sitzen paarweise an den Trieben, während die des Chinesischen Wacholders zu dreien angeordnet sind. Die Zapfen des Virginischen Wacholders sind ca. 0,5 cm lang und eiförmig. Sie reifen im zweiten Winter, sind dann dunkelbraun.

Der Spanische Wacholder ist charakteristisch für Trockengebiete, in denen er weiträumig verstreut wächst.
Auf feuchteren Böden steht er dichter beieinander.

RINDE
Dunkelbraun und schuppig,
an alten Bäumen in langen
Streifen ablösend.

Gemeiner Wacholder

Juniperus communis

Früchte erst nach drei Jahren reif, im ersten Jahr grün, im zweiten Jahr wachsblau und im reifen Zustand blauschwarz; eiförmig, 0,6 – 0,9 cm, einen bis drei Samen enthaltend.

Belaubte Triebe in drei Richtungen abstehend, etwas nickend. Nadeln 1 – 2 cm lang, in dreizähligen Wirteln, an der Basis vereinigt, jedoch nicht am grünen Zweig herablaufend, am oberen Ende sehr spitz, stechend.

VERWANDTE ART
Juniperus oxycedrus
1 – 2,5 cm lange, nadelförmige Blätter, in dreizähligen Wirteln, weicher und lockerer in der Anordnung als beim Gemeinen Wacholder, aber ebenfalls stark zugespitzt.

Zapfen eiförmig, im zweiten Sommer reifend, dann dunkelrot oder violett bis purpurn, 0,5 – 1,0 cm lang, mit drei Samen.

immergrün, Baum oder Strauch, bis zu 8 m

Der Gemeine Wacholder ist der am weitesten verbreitete Baum innerhalb der gemäßigten Klimazonen. Er kommt vom südlichen Großbritannien bis nach Nordafrika vor. Nach Osten erstreckt sich sein Verbreitungsgebiet bis nach Japan. In Nordamerika findet man ihn in vielen Gebieten Kanadas, nach Süden hin die Rocky Mountains und die Appalachen hinunter. In diesem ausgedehnten Verbreitungsgebiet wächst er ausschließlich strauchförmig und erreicht selten eine Höhe über 8 m. Er gedeiht auf verschiedenem Untergrund gleich gut, auf alkalischen Kreideböden und Kalkgestein ebenso wie auf sauren Böden, bevorzugt allerdings halb- bis vollsonnige Standorte. Das Holz eignet sich gut für Schnitz- und Drechselarbeiten. Im Feuer erhitzt entwickelt Wacholderholz einen aromatischen Rauch, den man gern zum Räuchern von Fisch und Fleisch einsetzt. Die Früchte liefern als Geschmacksgrundlage das Aroma von Gin.

Der Stechende Wacholder (*J. oxycedrus*) ist in Südeuropa im Kaukasus, im Norden des Irans und im Irak beheimatet. Er bildet bis zu 15 m hohe Bäume, wächst aber auch als ausgebreiteter, mehrstämmiger Strauch. Er zeichnet sich durch längere Nadeln aus, die beim Zerreiben einen an Gras erinnernden Duft verströmen (im Gegensatz zu dem süßlichen Zitrusduft von *J. communis*).

Der Gemeine Wacholder bildet oft am gleichen Standort unterschiedliche Wuchsformen. Dieses Exemplar ist typisch, ein buschiger Baum.

RINDE
Rötlichbraun, an alten Sträuchern bilden sich dünne Schuppen.

Mammutbaum, Riesen-Sequoie

Sequoiadendron giganteum

Blätter schuppenförmig, glänzend graugrün, spiralig angeordnet, am Trieb herablaufend, mit langer, abstehender Spitze, bis 0,6 cm lang.

Zapfen eiförmig, 4 – 5 cm lang, anfangs grün, im zweiten Herbst reifend, dann braun, zusammengesetzt aus 40 – 50 schildförmigen Schuppen.

Samen klein mit zwei schmalen Flügeln.

Männliche Blüten im Frühjahr gelb.

immergrün, 25 – 50 m

Der Mammutbaum kommt heute von Natur aus nur noch in geringen Beständen in der Sierra Nevada im Osten Kaliforniens vor. Der größte Vertreter seiner Art trägt den Namen „General Sherman“: Er besitzt einen Stammdurchmesser von 10 m, eine Höhe von 85 m und sein Gewicht wird auf 6.000 t geschätzt. Es beeindruckt besonders, dass er sich wie alle Vertreter seiner Art aus einem Samen mit einem Gewicht von nur ca. 1/6000 g entwickelt hat. Die Dicke der Rinde älterer Exemplare kann bis zu 30 cm betragen. Sie ist faserig, aber härter als die Rinde von *Sequoia*. Sie ist leicht auszuhöhlen und bietet somit vielen kleinen Vögeln ein sicheres Winterquartier. Das Holz des Mammutbaums ist wegen seiner Sprödigkeit von geringer Qualität und wirtschaftlich wertlos.

Die Art wurde 1853 beschrieben. Ein britischer Botaniker gab ihr, einem englischen Lord zu Ehren, den Namen *Wellingtonia gigantea*. Leider war bereits eine afrikanische Pflanzengattung nach dem Lord benannt, so dass dieser Name nicht bestehen bleiben konnte. Seit seiner Erstbeschreibung hat der Mammutbaum mehrmals seinen Namen gewechselt. Seine heute gültige Gattungsbezeichnung lautet *Sequoiadendron*. Nicht nur was Namensgebung, Gewicht und Höhe anbelangt, ist der Mammutbaum rekordverdächtig. Er wird auch häufig 2.000 – 3.000 Jahre alt.

Am natürlichen Standort bildet diese Art eindrucksvolle Bestände aus riesigen Bäumen. Im Sequoia National Park stehen sie unter Naturschutz. In Europa wird er gern als einzeln stehender Zierbaum gepflanzt wie hier oder in Reihen als Alleebaum.

RINDE
Rotbraun und sehr dick, rasch zunehmend, tief längsfurchig, oft mit kleinen Höhlen von Unterschlupf suchenden Vögeln versehen.

Küsten-Mammutbaum, Redwood

Sequoia sempervirens

Nadeln linealisch, zuge-
spitzt, an der Basis ver-
jüngt und am Trieb herab-
laufend, oberseits matt-
grün, unterseits
silbrig grau,
mit zwei
Längs-
bändern.

Benadelung an flachen Trieben,
Nadeln beidseitig kammartig
angeordnet, die längsten bis
2 cm lang.

Zapfen im er-
sten Herbst rei-
fend, kugelig bis
länglich, mit ca.
20 schildförmigen, 1,5 –
3 cm langen Schuppen.

immergrün, 20 – 50 m oder mehr

Der Küsten-Mammutbaum oder Redwood kommt natürlich nur an der Küste Kaliforniens vor, im Bereich der Küstennebelzone Nordamerikas vom Norden San Franciscos bis zum südwestlichen Zipfel Oregons. Man vermutet, dass diese Art einen Groß-teil ihres Wasserbedarfs der nebelfeuchten Luft der Region entnimmt. Der Mechanismus, wie der Transport des Wassers und der gelösten Nährstoffe von der Wurzel in die Krone erfolgt, ist noch weitgehend unbe-kannt. Der größte Baum ist 114 m hoch und eine Wassersäule dieser Höhe besäße ein Gewicht elfmal höher als der atmosphärische Druck. Die größten Exemplare stehen in Talsenken, die periodisch überflutet werden, wobei andere konkurrie-rende Bäume absterben. Die überaus dicke Rinde ist ein ausgezeichneter Schutz bei Waldbränden. Der Name Küsten-Mammutbaum oder Redwood grenzt diese Art von *Sequoiadendron* ab. Der Gattungsname leitet sich von Sequoiah ab, dem Sohn eines britischen Händlers und einer Indianerin vom Stamm der Cherokee. Er erfand ein Alphabet für die Sprache der Cherokee. Da *Sequoiadendron* und *Metasequoia* ihre Namensgebung ihrer Ähnlichkeit mit *Sequoia* verdanken, sind nun drei Baum-gattungen nach dem Halbindianer benannt. Allerdings gibt es keinen Hinweis da-rauf, dass er selbst jemals einen dieser Bäume zu Gesicht bekam.

Der Küsten-Mammutbaum ist einer der wenigen Nadelbäume, die an der Stammbasis Stocktriebe bilden. Das Holz eignet sich hervorragend als Schnittholz im Hausbau.

RINDE
Rotbraun, außergewöhnlich dick, tief längsfurchig, faserig und sehr weich.

Urweltmammutbaum

Metasequoia glyptostroboides

Nadeln zweizeilig angeordnet, 1,5 – 2,5 cm lang, weich, gerade und schmal, blaugrün bis gelbgrün.

Belaubung an zwei unterschiedlichen, federartigen Triebtypen: Seitentriebe, als Ganzes abfallend, ohne Knospen, Haupttriebe nur die Nadeln abwerfend, mit gegenständigen Knospen. Herbstfärbung wechselnd von gelbbraun bis lachsrosa, später rotbraun.

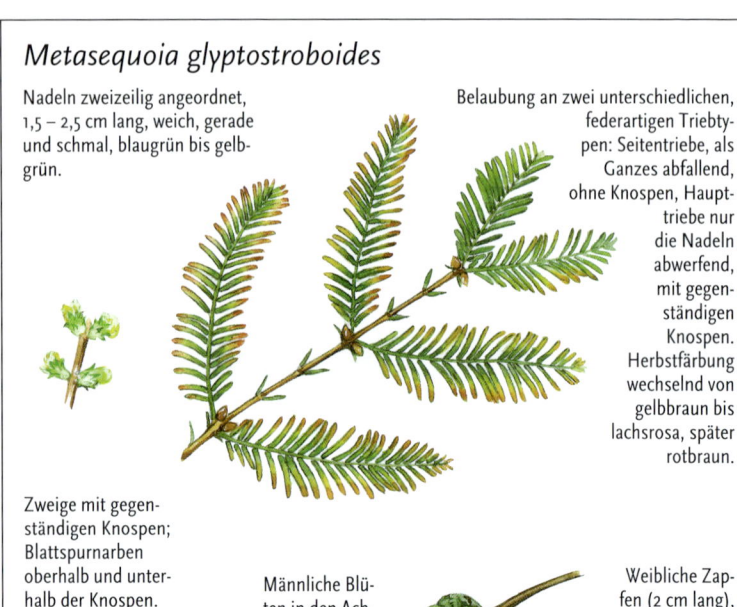

Zweige mit gegenständigen Knospen; Blattspurnarben oberhalb und unterhalb der Knospen.

Männliche Blüten in den Achseln der laubwerfenden Zweige, Pollenflug im Frühjahr.

Weibliche Zapfen (2 cm lang), mit 2 – 4 cm langem Stiel, eiförmig, leicht zugespitzt. Zapfenschuppen gegenständig, schildförmig. Erst grün, im ersten Herbst im reifen Zustand braun.

sommergrün, 20 – 30 m

Der Urweltmammutbaum kommt heute natürlich nur noch in kleinen Arealen in den Provinzen Hupeh und Szetschuan in Zentralchina vor.

Gut konservierte Exemplare aus dem Kanadischen Eis, deren Alter auf 50 Millionen Jahre datiert wurde, und fossile Funde in Braunkohleflözen in verschiedenen Regionen der nördlichen Hemisphäre lassen den Schluss zu, dass er ursprünglich sehr weit verbreitet war. Die Restbestände des Urweltmammutbaums wurden erst 1941 in China entdeckt und 1948 in Europa bekannt. Die Begeisterung, die unter den Fachleuten über das Relikt aus der Vorzeit ausbrach, führte zu der Bezeichnung Urweltmammutbaum. Der lokale chinesische Name lautet übersetzt Wassertanne und bezieht sich auf die Sumpfgebiete, in denen die Art überdauerte. Obwohl der Urweltmammutbaum gern mit seinen Wurzeln im Wasser wächst, bevorzugt er doch feuchten, tiefgründigen Boden, toleriert aber auch trockenere Standorte.

Seine Anpassungsfähigkeit macht den Baum zu einem beliebten Ziergehölz mit außergewöhnlicher Herbstfärbung. Die Zweige sind aufwärts gerichtet und im Winter aufgrund ihrer Narben rund um die Knospen einzig in ihrer Art. Diese entstehen beim Abwurf der benadelten Seitentriebe.

Ein ganzjährig attraktiver Baum mit lockerer, federartiger Belaubung und kegelförmigem Wuchs.

RINDE
Orangerot bis rotbraun gefärbt, an jungen Bäumen glatt, später schuppig und faserig, längsfurchig. Die Stammbasis ist häufig mit deutlichen Längsstreifen versehen.

Sumpfzypresse

Taxodium distichum

Nadeln 1 – 2 cm lang, hellgrün, im November ziegelrot gefärbt. Nadeln an den jüngsten Trieben fallen zusammen mit diesen ab.

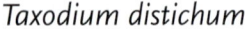

Benadelung federartig an zwei unterschiedlichen Arten von Trieben. An bleibenden Zweigen spiralig und schuppenförmig, an laubwerfenden Zweigen linealisch, eng anliegend, mit dem Trieb abfallend.

Zapfen kugelförmig, anfangs grün, nach der Reife im ersten Herbst braun, 2,5 – 3,0 cm lang, als Ganzes abfallend, am Boden aufbrechend und die Samen entlassend. Zapfenschuppen schildförmig.

VERWANDTE ART
Taxodium ascendens
Benadelung spiralig, leuchtend grün, Nadeln 1 cm lang, anfangs aufrecht.

sommergrün, 15 – 25 m

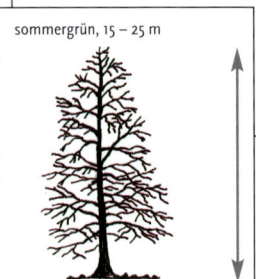

Die Sumpfzypresse ist in den Sümpfen im Südwesten der USA beheimatet. Ihr Verbreitungsgebiet erstreckt sich von New Jersey bis nach Texas und das Tal des Mississippi aufwärts, wo sie große natürliche Bestände bildet. Die Art ist ein Charakterbaum feuchtnasser Niederungen und gedeiht gut bei periodischen Überflutungen des Standortes. Obwohl sie auch in Sumpfgebieten recht gut wächst, ist sie besser an die Bedingungen auf feuchten, gut drainierten Böden angepasst. Sie kann am gleichen Platz nicht mit schnellwüchsigen Laubbäumen konkurrieren. An überfluteten Standorten lösen Atemwurzeln das Problem der Sauerstoffversorgung. Diese Wurzeln sind unterirdische, verdickte, bis zu 40 cm hohe, stubbenförmige Gebilde, die als „Atmungsknie" die Erdoberfläche durchbrechen, um Sauerstoff aufzunehmen und so die Atmung sicherzustellen.

Die Sumpfzypresse wirft im Winter ihre Nadeln ab. In Europa kultivierte Exemplare bilden häufig erst im Juni Nadeln und beginnen frühestens im November mit der Herbstverfärbung und dem Laubfall. Die verwandte Art T. ascendens kommt in natürlichen Beständen von Virginia bis Louisiana vor, in der Regel in Niederungen von Seen und Flüssen. Die Blätter an den laubwerfenden Trieben sind schuppenförmig. Dieser Baum bildet selten Atemwurzeln aus.

Die Sumpfzypresse ist optimal an nasse Standorte angepasst, gedeiht aber auch an trockenen Plätzen. Junge Bäume kegelförmig, ältere Bäume mit ausgebreiteter Krone.

RINDE
Mattbraun bis rötlich braun, später rissig und an alten Bäumen in schmalen Streifen ablösend.

Sicheltanne

Cryptomeria japonica

Blätter nadelförmig, weich und einwärts gekrümmt, mittel- bis dunkelgrün, mit zwei weißlichen Streifen, bis 2 cm lang, die längsten Nadeln in der Triebmitte.

Benadelung in fünf Reihen spiralig um die Triebe angeordnet.

Zapfen kugelig, anfangs grün, nach der Reife im ersten Herbst braun, mit 20 – 30 schildförmigen Schuppen. Zapfenschuppen mit einem rückseitigen, zurückgebogenen Dorn und drei bis fünf dreieckigen Zähnen.

Männliche Blüten entwickeln sich im Frühjahr nahe der Spitze der letztjährigen Triebe. Sie sind 0,4 – 0,8 cm lang, eiförmig bis länglich, gelbgrün.

immergrün, 20 – 30 m

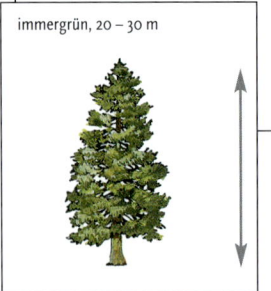

Die Sicheltanne ist ursprünglich in den südlichen Regionen des japanischen Archipels beheimatet. Da sie jedoch seit vielen Jahrhunderten in Japan als Forstbaum wirtschaftlich genutzt wird, hat sich ihr Verbreitungsgebiet durch Anpflanzungen wesentlich erweitert. Sehr alte und urwüchsige Exemplare findet man noch auf der südlichen Insel Yakushima. Sie erreichen eine Höhe von 50 m und mehr. Die Sicheltanne ist einer der wenigen Nadelbäume, die Stockausschläge bilden, wenn man den Baum fällt. Sie besitzt helles, leichtes Holz, ähnlich dem des Küsten-Mammutbaums. Der Name leitet sich von den drei- bis vierkantigen, pfriemförmigen und im übrigen sehr steifen und spitzen Nadeln ab, deren Spitzen sichelförmig gekrümmt sind.

In Kultur weit verbreitet ist C. japonica 'Elegans', die ihre nadelförmigen Jugendblätter behält. Diese Nadeln sind länger, weicher und stehen weiter auseinander als bei C. japonica. Die Bäume werden bis zu 30 m hoch. Sie bilden Zapfen, man kann sie jedoch wesentlich einfacher über Stecklinge vermehren, die sich rasch bewurzeln. C. japonica 'Elegans' ist mit ihren frischen, grünen Nadeln sehr dekorativ. Mit fortschreitender Jahreszeit färben sich die Nadeln langsam rot und nehmen später im Winter einen Bronzeton an.

Junge Bäume sind von kegelförmigem Wuchs, bei älteren Exemplaren ist die Krone abgerundet.

RINDE
Rotbraun oder orangebraun, an jungen Bäumen abschuppend. Alte Bäume mit dicker, faseriger Rinde, längsstreifig ablösend und weich.

Gemeine Eibe

Taxus baccata

Nadelblätter bis 3 cm lang, schmal, gerade und abgeflacht, am Ende rund oder zugespitzt.

Auf der Oberseite dunkelgrün, mit einer gut erkennbaren Mittelrippe, Unterseite heller.

♂

Benadelung flach, zweizeilig an den grünen Trieben angeordnet.

Männliche Blüten im Frühjahr gelb, kurz gestielt.

Die Frucht besteht aus einem einzelnen Samen, von einem fleischigen Arillus umgeben. Dieser verfärbt sich bei der Samenreife von grün zu saftig rot; bis zu 1 cm.

immergrün, 15 – 20 m

Die Gemeine Eibe ist in weiten Teilen Europas heimisch. Ihr Verbreitungsgebiet erstreckt sich im Süden bis nach Nordafrika und östlich bis zum Iran. Sie bildet kräftige Bäume mit einem Stammdurchmesser von 2 m und mehr, wächst meistens nicht höher als ca. 15 m. Sie erreicht unter allen europäischen Bäumen das höchste Alter, man kennt Exemplare, die über 2.000 Jahre alt sind. Die Gemeine Eibe ist als langsam wachsendes Gehölz bekannt, kann aber durchaus eine Zuwachsrate von 30 cm im Jahr erzielen. Sie wächst ebenso schnell zu einer Hecke heran wie die Leylandzypresse (S. 22). Sie eignet sich hervorragend für Hecken, Irrgärten oder gartenkünstlerisch geschnittene Baumskulpturen, da auch vollständig entnadelte Zweige wieder austreiben. Die Gemeine Eibe enthält Alkaloide, die für Mensch und Haustiere gleichermaßen giftig sind. Der Tod von Weidevieh und Pferden nach dem Verzehr von Eibenlaub ist dokumentiert. Das Risiko für Menschen, sich tödlich zu vergiften, ist relativ gering, da die Nadeln sehr bitter schmecken. Einzig der rote Samenmantel, der Arillus, ist ungiftig. Er enthält Zucker und schmeckt recht süß. Das Holz der Gemeinen Eibe ist hart und fest. Es wurde früher zur Herstellung von Langbögen verwendet. Das langfasrige, helle Splintholz sorgte für die notwendige Elastizität und das harte Kernholz für die Spannkraft.

Eiben sieht man in der Regel weit verstreut stehend, sie bilden aber unter geeigneten Bedingungen auch dicht wachsende Bestände. Diese werden im Frühjahr oft aufgelockert durch das neue silbrige Laub von Mehlbeerbäumen (S. 178).

RINDE
Glatt, purpurbraun an jungen Bäumen, an älteren Exemplaren gefurcht, grobfeldrig abblätternd, darunter rotbraune oder gelbe Flecken.

Europäische Lärche

Larix decidua

Die Nadelblätter sitzen einzeln an Langtrieben oder zu 30 – 40 büschelig vereint an Kurztrieben. Sie sind weich, linealisch, grün, auf der Unterseite mit zwei hellen Streifen, bis 3,5 cm lang.

Belaubung im Frühling hellgrün, im Herbst gelb.

Zapfen aufrecht, kegelförmig bis zylindrisch, 3 – 4,5 cm lang, mit rundlichen, holzigen Zapfenschuppen, zwischen den unteren Schuppen jeweils eine Deckschuppe sichtbar. Reifen im ersten Herbst.

Triebe leuchtend strohgelb, im Winter gelblich braun.

VERWANDTE ARTEN
Larix sibirica
Triebe und Zapfen anfangs behaart. Zapfen eiförmig oder rundlich, 3 – 4,5 cm lang, Zapfenschuppen oval, behaart.

Larix gmelinii
Nadelblätter an der Spitze am breitesten. Zapfen leuchtend braun, eiförmig mit maximal 15 – 20 Zapfenschuppen, nur 1 – 2,3 cm lang.

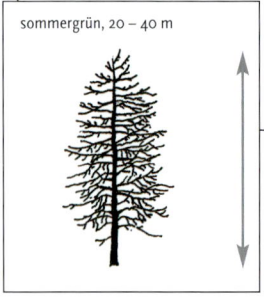

sommergrün, 20 – 40 m

Die Europäische Lärche ist in Mitteleuropa beheimatet. Sie wächst von den Alpen, nördlich bis zur Hohen Tatra und östlich bis in die Karpaten. Ihr Holz ist sehr dauerhaft und beständig und wird traditionell im Schiffsbau und für die Herstellung von Zäunen verwendet. Sie wird zur Holzproduktion forstwirtschaftlich genutzt und als laubwerfender Baum zur Auflockerung immergrüner Gehölze gepflanzt. Sie eignet sich gut als Gehölz für Brandschneisen, denn ihre Nadeln sind nicht brennbar, so dass keine Ansammlung entflammbarer Nadelstreu entsteht. Sie bildet ihr Laub im zeitigen Frühjahr, verfärbt sich im Spätherbst leuchtend gelb und setzt mit ihren gefärbten Trieben beeindruckende gelbe Farbakzente als einzeln stehender Zierbaum oder in Wäldern.

Die Sibirische Lärche (*L. sibirica*) kommt vom Nordosten Russlands bis in den fernen Osten Sibiriens, vom Baikalsee südlich bis Westchina vor. Sie ist durch ihre anfänglich behaarten Triebe und eiförmigen bis abgeflacht rundlichen Zapfenschuppen gekennzeichnet. Die Daturische Lärche (*L. gmelinii*) ist in Ostsibirien und östlich bis in den Nordwesten Chinas beheimatet. Die kleineren Zapfen mit einer geringeren Anzahl Zapfenschuppen und die Blätter, die ihre größte Breite an der Nadelspitze aufweisen, sind eindeutige Erkennungsmerkmale.

Die Europäische Lärche bildet dichte Wälder in den Alpen und in der Hohen Tatra. In großer Höhe stehen sie jedoch vereinzelt. Sie wird forstlich angepflanzt.

RINDE
Anfangs glatt und grau, später tiefe Risse bildend, an alten Bäumen rotbraun, gefurcht und tiefrissig schuppig.

Japanische Lärche

Larix kaempferi

Benadelung blaugrün oder graugrün, im
Herbst blassgelb bis orange, Nadelblätter
einzeln an Langtrieben, und in Büscheln
zu 20 – 30 vereinigt an Kurztrieben
sitzend. Nadeln weich,
linealisch, im Quer-
schnitt rautenför-
mig, bis 6 cm, meist
jedoch nur 4 cm lang.

Zweige rötlich
purpurn, im
ersten Winter
wachsig bereift.

Zapfen aufrecht, eiförmig, 2,5 – 3 cm lang, mit zurückgebogenen,
dünnen aber steifen, holzigen Schuppen, ohne Deckschuppen; reifen
im ersten Herbst, dann mittelbraun.

VERWANDTE ART
Larix × eurolepis
Die Hybrid-Lärche besitzt Zapfen,
deren Merkmale zwischen denen der
Japanischen und Europäischen
Lärche liegen.

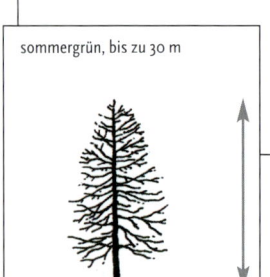

sommergrün, bis zu 30 m

Die Japanische Lärche bildet natürliche Bestände
in den zentralen Regionen auf Honshu in Japan.
Das Holz ähnelt dem der Europäischen Lärche, die
Japanische Lärche ist jedoch raschwüchsiger und gedeiht auch auf schweren Böden. Die rötlich purpur-
farbigen Zweige unterscheiden sich wesentlich von
den strohgelben Trieben der Europäischen Lärche und verleihen Anpflanzungen
einen purpurnen Schimmer.

Die Hybrid-Lärche ist ein Bastard zwischen der Europäischen und der Japanischen Lärche und liegt in allen ihren Merkmalen zwischen beiden Arten. Sie bildet
gern durch Rückkreuzung neue Formen, wodurch die Unterschiede zu den Elternarten undeutlicher werden. Beide Eltern sind zwar eng miteinander verwandt, wuch-
sen aber über einen langen Zeitraum in vollständig getrennten Arealen. Daher zeigt
die Hybrid-Lärche ein ausgesprochen rasches Wachstum (ausgeprägter Heterosis-
Effekt) in forstlichen Anpflanzungen. Der Baum ist auch unter dem Namen Larix ×
eurolepis bekannt (L. europaea ist ein Synonym für die Europäische Lärche und L.
leptolepis eines für die Japanische Lärche).

Die Blüten der Lärchen entwickeln sich an mindestens zweijährigen Kurztrieben.
Die männlichen Blüten sind gelb und die weiblichen häufig rosa oder purpurn.

Die Japanische Lärche belaubt sich im Frühling früher als andere Bäume. Im Herbst besticht sie durch ihre ausgesprochen attraktive orangegelbe Färbung.

RINDE
Glatt und rot oder purpurbraun an jungen Bäumen, später an älteren Exemplaren rissig und schuppig ablösend.

Libanon-Zeder

Cedrus libani

Nadeln an Langtrieben spiralig, an Kurztrieben in Büscheln zu 10 – 20 Nadeln angeordnet. Nadeln vierkantig, 2 – 2,5 cm lang, graugrün, mit weißen Linien auf allen vier Seiten und am Ende zugespitzt.

Zapfen fassförmig, 8 – 12 cm lang, bei der Reife im ersten Herbst braun, im folgenden Jahr auseinander brechend und die Samen entlassend, hinterlassen einen kurzen, spindelförmigen Stiel.

VERWANDTE ART
Cedrus atlantica
Benadelung ähnlich Libanon-Zeder, jedoch mit größerer Anzahl jährlicher Nadeln an den Kurztrieben. Nadeln 1,5 – 2,5 cm lang, mit Wachs überzogen, das einen blauen oder silbrigen Schimmer hervorruft.

Männliche Blüten aufrecht, bis 5 cm lang, produzieren Unmengen gelben Pollens. Weibliche Blüten zylindrisch geformt, grün, 2 cm lang.

immergrün, bis zu 30 m

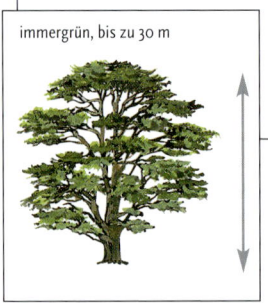

Die Libanon-Zeder kommt natürlich nur in kleinen Beständen in eng begrenzten Arealen an den Westhängen des Libanongebirges vor, wo sie von den vom Mittelmeer heranziehenden Regenfällen profitiert. Sie wächst darüber hinaus im Nordwesten Syriens und in der Südtürkei. In diesen Regionen zeigt sie allerdings nicht ihre typische, etagenartig ausgebreitete, flache Kronenform mit waagerecht abstehenden Zweigen. Das Holz dieser Zeder ist sehr wohlriechend, hell und dauerhaft und wird seit Jahrtausenden als Bauholz verwendet. Der Tempel von Jerusalem, vor mehr als zweitausend Jahren unter König Salomon errichtet, bestand aus dem Holz der Libanon-Zeder.

Die Atlas-Zeder (C. atlantica) ist auf das Atlasgebirge in Marokko und Algerien beschränkt, wo sie große Wälder bildet. Sie wird bevorzugt in einer blaugrünen Form kultiviert, im natürlichen Habitat sind jedoch auch Bäume mit grüner Belaubung verbreitet. Beide Zedernarten kommen mit verschiedenen Böden zurecht, tolerieren insbesondere auch Kalkböden. Sie vertragen keine Beschattung, sondern benötigen für ihr Wachstum volle Sonneneinstrahlung. Die Libanon-Zeder ist seit dem 17. Jahrhundert in Europa bekannt, die Atlas-Zeder erst seit 1840. Heute wird die Atlas-Zeder häufiger angepflanzt.

Die Libanon-Zeder bildet horizon-
tale, etagenförmige Äste. Junge
Bäume sind spitzer. Der Nachteil
abstehender Äste ist ihre verstärkte
Brüchigkeit bei schwerer, nasser
Schneelast.

RINDE
Dunkelgrau oder braun,
glatt an jungen Bäumen, an
alten Exemplaren später
schwärzlich und plattig
zerrissen.

Himalaja-Zeder

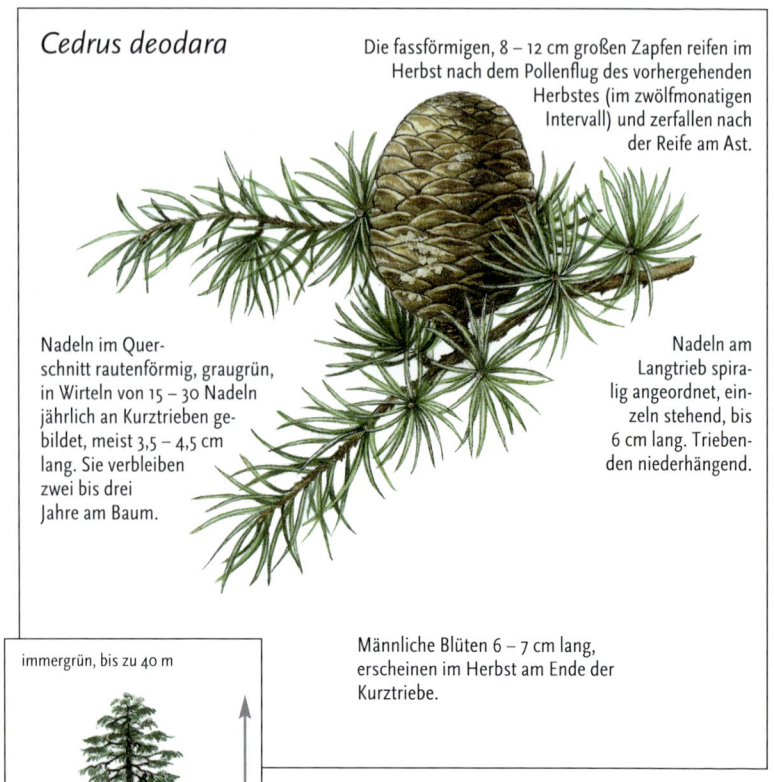

Cedrus deodara

Die fassförmigen, 8 – 12 cm großen Zapfen reifen im Herbst nach dem Pollenflug des vorhergehenden Herbstes (im zwölfmonatigen Intervall) und zerfallen nach der Reife am Ast.

Nadeln im Querschnitt rautenförmig, graugrün, in Wirteln von 15 – 30 Nadeln jährlich an Kurztrieben gebildet, meist 3,5 – 4,5 cm lang. Sie verbleiben zwei bis drei Jahre am Baum.

Nadeln am Langtrieb spiralig angeordnet, einzeln stehend, bis 6 cm lang. Triebenden niederhängend.

immergrün, bis zu 40 m

Männliche Blüten 6 – 7 cm lang, erscheinen im Herbst am Ende der Kurztriebe.

Diese Zeder stammt ursprünglich aus den nördlichen Bereichen des Indischen Subkontinents, ihr Verbreitungsgebiet erstreckt sich von Westnepal bis ins östliche Afghanistan. Sie eignet sich gut als Ziergehölz. Sie wirkt besonders attraktiv als Jungbaum, wenn sie zu kräftiger Gestalt heranwächst und eine schmale Krone mit deutlich herabhängenden Zweigenden ausbildet. Ältere Exemplare gedeihen nur unter feuchten Bedingungen gut, sonst neigen sie zu schwachem Wachstum und gehen ein. Sie bildet keine waagerecht abstehenden, unregelmäßig verzweigten Äste wie die Libanon-Zeder. Während die Libanon-Zeder erst nach 50 Jahren stattlich aussieht, die Atlas-Zeder in einem Alter zwischen 15 und 20 Jahren, zeigt die Himalaja-Zeder bis zu einem Alter von 20 Jahren ein attraktives Erscheinungsbild. Ein Ersatzbaum sollte bereits gepflanzt werden, bevor der ältere Baum gefällt wird, obwohl dies nicht gerade der Vorstellung eines Baumgärtners vom Umgang mit Bäumen entspricht. Die Bezeichnung *deodara* ist von ihrem indischen Namen abgeleitet.

Die Himalaja-Zeder besitzt wie andere Zedern gutes, nutzbares Holz. In Kultur hybridisieren alle echten Zedern (alle zur Gattung *Cedrus* gehörenden), die Himalaja-Zeder in besonders ausgeprägter Weise.

Die Himalaja-Zeder ist ein äußerst attraktives Ziergehölz, schon aufgrund seiner hängenden Zweige.

RINDE
An jungen Bäumen glatt und grau, an älteren Exemplaren später in breiten, schwarzen bis hellgrauen Furchen aufreißend.

Gemeine Fichte, Rot-Fichte

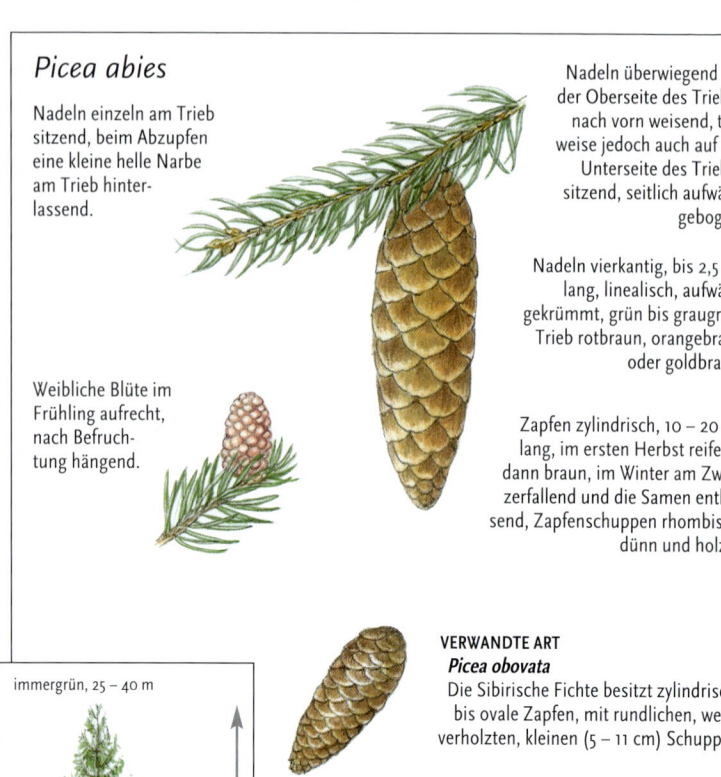

Picea abies

Nadeln einzeln am Trieb sitzend, beim Abzupfen eine kleine helle Narbe am Trieb hinterlassend.

Nadeln überwiegend auf der Oberseite des Triebes nach vorn weisend, teilweise jedoch auch auf der Unterseite des Triebes sitzend, seitlich aufwärts gebogen.

Nadeln vierkantig, bis 2,5 cm lang, linealisch, aufwärts gekrümmt, grün bis graugrün. Trieb rotbraun, orangebraun oder goldbraun.

Weibliche Blüte im Frühling aufrecht, nach Befruchtung hängend.

Zapfen zylindrisch, 10 – 20 cm lang, im ersten Herbst reifend, dann braun, im Winter am Zweig zerfallend und die Samen entlassend, Zapfenschuppen rhombisch, dünn und holzig.

VERWANDTE ART
Picea obovata
Die Sibirische Fichte besitzt zylindrische bis ovale Zapfen, mit rundlichen, wenig verholzten, kleinen (5 – 11 cm) Schuppen.

immergrün, 25 – 40 m

Die Gemeine Fichte kommt mit Ausnahme Großbritanniens und Spaniens überall in Europa vor. Sie war eine der ersten Arten, die sich nach der letzten Eiszeit wieder nach Nordeuropa ausgebreitet hat. Sie bildet stattliche, bis zu 60 m hohe Bäume und ist der beliebteste und typischste Weihnachtsbaum Deutschlands, obwohl heute auch andere Arten als Christbaum in die weihnachtlichen Stuben Einzug halten. Als Zierbaum wirkt sie bei gutem Wachstum äußerst attraktiv, aber auch andere Fichtenarten entwickeln sich unter gleichen Konditionen beachtlich. Sie besitzt helles, qualitativ hochwertiges Holz, das überwiegend im Hausbau verwendet wird. Die Rot-Fichte wird als eines der wichtigsten Nutzgehölze in vielen Gebieten Europas großflächig forstlich angepflanzt, ist jedoch in solchen dichten Beständen anfällig für Blattläuse, die an den Nadeln saugen und sie bei schwerem Befall zum Absterben bringen. Leichter Befall ist an den gelblich verfärbten Streifen in der Mitte der Nadeln zu erkennen.

Die Sibirische Fichte (*P. obovata*) ist im Nordwesten Europas bis nach Zentralsibirien beheimatet. Sie ist mit der Gemeinen Fichte nicht eng verwandt. Wo sich jedoch ihre Verbreitungsgebiete nach der letzten Eiszeit überlagerten, hat sich eine Vielzahl an Kreuzungstypen gebildet.

Die Gemeine Fichte bildet in Gebirgsregionen einzeln oder zu vielen zierliche Bäume mit bis zum Boden reichenden Ästen.

RINDE
An jungen Bäumen rotbraun, kleinschuppig, an alten Gehölzen felderig abspringend, purpurn oder grau.

Orientalische Fichte

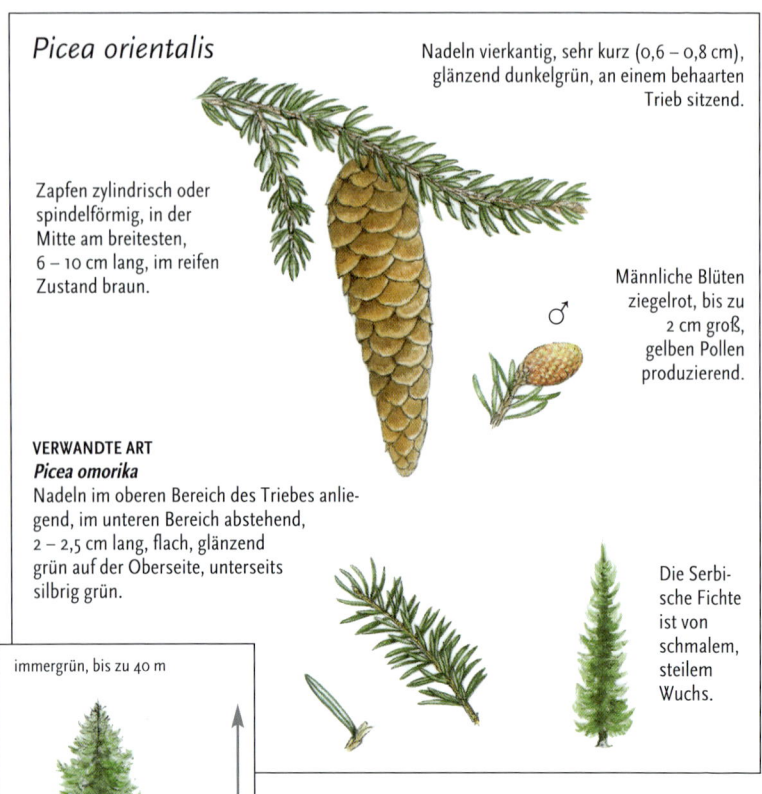

Picea orientalis

Nadeln vierkantig, sehr kurz (0,6 – 0,8 cm), glänzend dunkelgrün, an einem behaarten Trieb sitzend.

Zapfen zylindrisch oder spindelförmig, in der Mitte am breitesten, 6 – 10 cm lang, im reifen Zustand braun.

♂ Männliche Blüten ziegelrot, bis zu 2 cm groß, gelben Pollen produzierend.

VERWANDTE ART
Picea omorika
Nadeln im oberen Bereich des Triebes anliegend, im unteren Bereich abstehend, 2 – 2,5 cm lang, flach, glänzend grün auf der Oberseite, unterseits silbrig grün.

Die Serbische Fichte ist von schmalem, steilem Wuchs.

immergrün, bis zu 40 m

Die Orientalische Fichte ist in der Nordtürkei an der Küste des Schwarzen Meeres und in der Kaukasusregion beheimatet. Die Nadeln sind die kleinsten aller Fichtennadeln und bleiben über mehrere Jahre am Baum. Diese Fichte ist von zierlichem Wuchs, wirkt aber besonders attraktiv, wenn die überaus zahlreichen männlichen Blüten im späten Frühjahr voll entwickelt sind. Diese bedecken dann die obere Hälfte des Baumes mit ihren ziegelroten Blütenständen und ihrem gelben Pollen. Die weiblichen Blüten im oberen Kronenbereich sind von leuchtend rotpurpurner Farbe, aber weniger zahlreich. Die Orientalische Fichte wird als Ziergehölz einzeln oder in Gruppen in Parks und Gärten gepflanzt.

Das natürliche Verbreitungsgebiet der Serbischen Fichte (*P. omorika*) umfasst wenige Areale an der Drina, einem Grenzfluss zwischen Serbien und Bosnien. Sie entwickelt kleine (3 – 6,5 cm) ovale, purpurblaue Zapfen, vorwiegend in der oberen Kronenregion. Die schmale, spindelförmige Gestalt ist ein charakteristisches Kennzeichen und kann als eine Anpassung zum Schutz vor Schneebruch angesehen werden. Die Seitenzweige hängen deutlich herab, daraus resultiert die schmale Form des Baumes. Stünden die Zweige wie bei der Gemeinen Fichte waagerecht ab, wäre die Serbische Fichte nicht schmaler als diese Art.

Die Orientalische Fichte wirkt attraktiv als frei stehender Baum. Ausgewachsene Exemplare sind säulenförmig, mit dichter Benadelung. Sie behalten oft ihre unteren Zweige. Junge Bäume besitzen eine kegelförmige Krone und sind sehr dicht beastet.

RINDE
An jungen Bäumen grau und etwas rau. An älteren Exemplaren ist die Rinde plattig zerrissen oder kleinschuppig, braun, manchmal auch graubraun.

Sitka-Fichte

Picea sitchensis

Nadeln teilweise an der unteren Triebseite angesetzt, seitlich abspreizend und zur Triebspitze hin locker angedrückt.

Nadeln linealisch, am Ende in einer scharfen, steifen Spitze auslaufend, 2 – 2,5 cm, oberseits glänzend grün, ohne bzw. mit zwei schmalen, weißen Längsbändern, unterseits mit zwei graugrünen oder bläulichen Bändern.

Zapfen zylindrisch, im ersten Herbst reifend, hellbraun oder weißlich, 5 – 10 cm lang, Zapfenschuppen dünn, steif, mit gezähnten Rändern.

VERWANDTE ART
Picea glauca
Benadelung eher auf der Trieboberseite ansitzend, nach vorn einwärts gekrümmt, vierkantig, blaugrün mit weißen Streifen auf allen vier Seiten, 1 – 1,7 cm lang.

Zapfen der Kanadischen Fichte länglich-eiförmig, an beiden Enden verschmälert, 2,5 – 6 cm lang, Zapfenschuppen rundlich, dünn holzig und fein gezähnt.

immergrün, 25 – 60 m

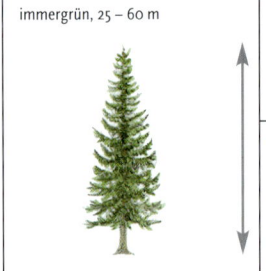

In ihrem natürlichen Verbreitungsgebiet findet man diese Fichte vom nördlichen Kalifornien hinauf bis nach Alaska entlang der Pazifikküste Nordamerikas. Es ist eine Charakterart des gemäßigten Regenwaldgürtels und kommt nur in einem maximal 80 km breiten Streifen entlang des Pazifischen Ozeans vor. Der Name leitet sich von dem Ort Sitka in Südalaska ab. Diese Art benötigt ausgiebige Regenfälle und fehlt an trockenen Standorten. Sie toleriert Wind, auch in exponierten Lagen, auf flachgründigen Böden wird sie jedoch von starken Winden entwurzelt. Ihr Holz ist fest, sie wird forstlich in großen Beständen zur Holzgewinnung gepflanzt. Die Sitka-Fichte ist anfällig für Saft saugende Blattläuse, besonders an trockeneren Standorten. Der Befall schwächt den Baum, so dass er seine Vitalität stark einbüßt. Sie gehört zu den nordamerikanischen Bäumen, die auch auf der hiesigen Seite des Atlantiks eine Höhe von 60 m aufweisen können und in wenig mehr als einem Jahrhundert zu riesigen, majestätischen Bäumen heranwachsen. In Kanada erreicht sie 90 m.

Die Kanadische Fichte (P. glauca) kommt im Inneren Alaskas und entlang der atlantischen Küstenlinie vor. Sie ist kleiner und wächst langsamer als die Sitka-Fichte. Mit ihren leuchtend grünen Nadeln ist sie ein beliebter Gartenbaum.

Die Sitka-Fichte wirkt besonders als Einzelbaum, wie hier die silbrige Unterseite zeigend. Dies kommt allerdings kaum zum Ausdruck, wenn sie in Gruppen gepflanzt wird. Das hochwertige Holz und ihr rasches Wachstum auf nährstoffarmen Böden macht sie besonders in Nordeuropa zu einem bevorzugten Gehölz zur Holzgewinnung.

RINDE
Purpurbraun an jungen Bäumen, später grau und in großen abstehenden Platten ablösend, besonders im unteren Stammbereich der älteren Bäume.

Blau-Fichte, Stech-Fichte

Picea pungens

Die Farbe der Nadeln variiert von graugrün zu reinem Grün je nach Ausprägung des Wachsüberzugs. Ältere Nadeln verlieren ihre Wachsschicht.

Nadeln überwiegend an der Triebseite angesetzt, nach vorn gerichtet, gekrümmt, vierkantig, in einer steifen, scharfen Spitze auslaufend, 1,5 – 3 cm lang.

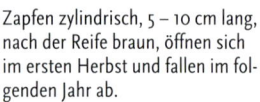

Zapfenschuppen dünn, weich und abgerundet, an der Spitze gezähnt oder gekerbt.

Zapfen zylindrisch, 5 – 10 cm lang, nach der Reife braun, öffnen sich im ersten Herbst und fallen im folgenden Jahr ab.

immergrün, 15 – 25 m

Die Heimat der Blau-Fichte ist das westliche Nordamerika, von Wyoming und Idaho südlich bis New Mexico, Arizona und Colorado. In diesem relativ trockenen Gebiet des nordamerikanischen Kontinents wächst der Baum nur an wenigen Standorten entlang der Flüsse oder an der Nordseite von Berghängen, wo ausreichend Feuchtigkeit gewährleistet ist. Am natürlichen Standort kommen sowohl grüne als auch blaugrüne Formen vor. Die blaugrüne Form wird allerdings von Züchtern bevorzugt, was die Beliebtheit dieses Baumes als Ziergehölz in Gärten und Parks in Deutschland erklärt. Unter guten Bedingungen beeindruckt die Blau-Fichte durch ihre auffällige und stattliche Erscheinung, besonders als junger Baum. Sie ist aber auch sehr anspruchsvoll und verlangt ausreichend Feuchtigkeit, was im milden, trockenen Klima des städtischen Bereichs oft nicht gewährleistet ist. Die Nadeln verlieren mit zunehmendem Alter des Baumes ihre attraktive bläuliche Wachsschicht und werden grün. Leider neigt die Blau-Fichte dazu, bei Befall mit Läusen ihre Nadeln abzuwerfen, so dass sie mit ihren nackten, braunen Zweigen nur noch einen unansehnlichen Anblick bietet. Der volkstümliche Name Stech-Fichte weist auf ihre außergewöhnlich scharf zugespitzten, starr abstehenden Nadeln hin.

Die Stech-Fichte wird hauptsächlich in ihrer blauen Form (Formenkreis 'Glauca') in Parks und
Gärten angepflanzt. Sie stammt
von Bäumen ab, die auch am
natürlichen Standort eine blaugrüne Benadelung aufweisen.

RINDE
Rotbraun oder purpurgrau,
später bilden sich schuppige
Platten, die sich ablösen.

Siskiyou-Fichte

Picea breweriana

Zapfen zylindrisch, 10 – 15 cm lang, an beiden Enden verjüngt, mit Harzdrüsen. Zapfenschuppen rundlich und holzig.

Benadelung rund um den Trieb abgespreizt angeordnet, gardinenartig bis zu 2 m herabhängend. Nadeln 1,5 – 3,5 cm lang, flach, auf der dem Trieb abgewandten Seite glänzend dunkelgrün, auf der zugewandten Seite mit zwei weißlich grünen Längsstreifen, an der Spitze stumpf.

ÄHNLICHE ART
Picea smithiana
Zapfen kräftig, spindelförmig oder zylindrisch, aber zur Spitze hin verjüngt, 10 – 20 cm lang und 4 – 5 cm breit, Zapfenschuppen rund und holzig.

Nadeln aufgelockert rund um den Trieb angeordnet, nach der Triebspitze gerichtet, die längsten 2,5 – 5 cm, vierkantig, graugrün.

immergrün, 10 – 20 m

Das natürliche Verbreitungsgebiet dieser Fichte beschränkt sich auf die Siskiyou Mountains im Südwesten Oregons und den Norden Kaliforniens, einer Region, die während der letzten Eiszeit nicht von Eis bedeckt war. Dort wächst sie gemeinsam mit Kiefern, Weiß-Tannen und Douglasien. Sie wird über 50 m hoch bei einem Stammdurchmesser von 1 m und beeindruckt durch ihre gardinenartig, lang herabhängenden Zweige und die glatte, mit rundlichen Schuppen besetzte Rinde. In Kultur erreicht sie heute noch nicht ihre stattliche Höhe, aber sie wurde auch erst 1897 in Europa eingeführt. Gibt man ihr weitere 400 Jahre, wer weiß, wie sie sich in diesem Zeitraum weiterentwickelt. Junge Bäume benötigen recht lange, bevor sie die ausgeprägte trauerweidenähnliche Form der älteren Bäume erreichen, zum einen weil die junge Benadelung sehr viel zarter ist, zum anderen weil der Stamm recht schnell in die Höhe wächst, so dass sich neue Seitenzweige entwickeln, bevor sich die Triebe abwärts biegen können.

Die Himalaja-Fichte (*P. smithiana*) ist oberflächlich betrachtet wegen ihrer hängenden Zweige der Siskiyou-Fichte sehr ähnlich und bildet ebenfalls eindrucksvolle Silhouetten. Beide gehören jedoch nicht zum gleichen Formenkreis und unterscheiden sich in der Benadelung und in den Zapfen.

Die zylindrische Krone und die hängenden Seitentriebe geben diesem Baum sein dekoratives Aussehen.

RINDE
Glatt und grau an jungen Bäumen, später lösen sich Schuppenplatten ab, hinterlassen braune oder purpurbraune, glatte Flecken.

Douglasie

Pseudotsuga menziesii

Benadelung locker, am Trieb nach vorn weisend oder weitwinkelig abgespreizt.

Nadeln linealisch, biegsam, 1,5 – 3 cm lang, mit abgerundeter Spitze, oberseits dunkelgrün, auf der Unterseite mit zwei weißlichen Streifen.

Zapfen schmal, eiförmig, 5 – 8 cm lang, im ersten Herbst reifend. Deckschuppen mit dreizähniger Spitze, bestehend aus einer langen Mittelgranne und zwei seitlichen Spitzen, die runden, holzigen Samenschuppen überragend.

Zapfenschuppe.

Knospen zugespitzt, oval zapfenförmig, rötlichbraun, 0,5 cm lang.

immergrün, 25 – 60 m

Die Douglasie ist im Westen Nordamerikas beheimatet, sie kommt von Britisch-Kolumbien über die gesamten Vereinigten Staaten bis nach Zentralmexiko vor. In diesem ausgedehnten Verbreitungsgebiet zeigt sie sich in verschiedenen Varianten. Die typische Form mit grüner Benadelung und korkiger Rinde wächst in den nördlichen Gebieten und den Küstenregionen auf der Westseite der Rocky Mountains. Sie wird bis zu 90 m hoch bei einem Stammdurchmesser von 3 m. Sie ist ausgesprochen feuerresistent und die Bestände regenerieren sich sehr rasch nach Waldbränden. Einzelne Bäume überleben stets aufgrund ihrer dicken Rindenschicht. Ohne Brände könnten sich Douglasien in den Wäldern nicht dauerhaft halten, sondern würden von anderen Arten wie z. B. der Riesen-Tanne *Abies grandis* (S. 74) verdrängt.

Die Varietät *P. menziesii* var. *glauca* besitzt Nadeln mit einem wachsigen, blauen Überzug auf der Oberseite, der die Verdunstung und damit den Verlust von Wasser stark herabsetzt. Sie hat kleinere und schmalere Zapfen. Die Rinde ist dunkelgrau bis fast schwarz und schuppig, ohne die dicken Korkleisten, die bei der gewöhnlichen Douglasie auftreten. Sie wächst in trockenen Gebieten auf der Ostseite der Rocky Mountains und bildet kleinere Bäume.

Die Douglasie bildet mächtige Bäume, die wegen ihres wertvollen Holzes forstlich angepflanzt werden.

RINDE
An jungen Bäumen grün und glatt, oft mit Harztropfen, an alten Bäumen ist die Rinde dickborkig mit breiten Furchen, tiefrissig, rau und rötlich braun oder grau gefärbt.

Weiß-Tanne

Abies alba

Nadeln linealisch, 1,5 – 2,5 cm lang, steif, dunkelgrün, auf der Oberseite furchig, unterseits mit zwei silbrig weißen Streifen, an der Spitze abgerundet oder leicht gekerbt.

Zapfen zylindrisch, 10 – 15 cm lang, an der Spitze verjüngt, stehen aufrecht auf den Vorjahrestrieben in der Kronenspitze. Anfangs gelbgrün, im reifen Zustand braun, Deckschuppen abwärts gebogen.

Same.

Reife Zapfen zerfallen und entlassen geflügelte Samen, die aufrechte Zapfenspindel verbleibt auf dem Zweig.

VERWANDTE ART
Abies nordmanniana

Benadelung üppiger, Nadeln 1,5 – 3,5 cm lang, zweizeilig angeordnet, gekrümmt, an den Trieben nach vorn gerichtet.

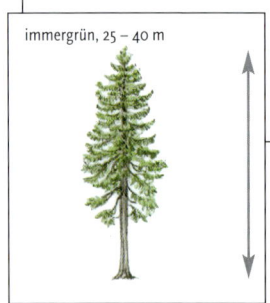

immergrün, 25 – 40 m

Die Weiß-Tanne kommt in Mitteleuropa von Süddeutschland über die Alpen bis in die Karpaten, südlich bis zum Balkan, in Italien, Ostfrankreich und in Spanien in den Pyrenäen vor. Sie ist recht anspruchsvoll, bevorzugt tiefgründige, nährstoffreiche Böden und wächst häufig in Gesellschaft mit der Birke. Ihr Holz ist hochwertig, hellgelblich, ohne aromatischen Duft und wird gern für Tischlerarbeiten und im Haus- und Möbelbau verwendet. Sie ist anfällig für Befall mit der Tannenlaus. Die Weiß-Tanne ist der traditionelle deutsche Weihnachtsbaum, wird aber heute zunehmend durch die Gemeine Fichte ersetzt, die aber weitaus weniger ansprechend wirkt.

Die Nordmann-Tanne (A. nordmanniana) bildet mit ihrer dichten, ansehnlichen Benadelung eindrucksvolle Bäume. Sie wächst an trockeneren Standorten und besiedelte ursprünglich das Gebiet zwischen der nordöstlichen Türkei und dem westlichen Kaukasus. Sie ist als Zierbaum in Gärten sehr beliebt. Darüber hinaus hat ihre Popularität als Weihnachtsbaum stark zugenommen, unter anderem wegen ihres dichten Nadelkleids und weil sie ihre Nadeln auch in beheizten Räumen nicht verliert. Die Nadeln bleiben in der Regel vier bis sechs Jahre am Baum, in einzelnen Fällen auch bis zu 25 Jahre.

Die Weiß-Tanne wächst an den Hängen der unteren Gebirgsregionen, oft gemeinsam mit der Birke. Ausgewachsene Bäume sind säulenförmig, häufig mit silbriger Rinde im unteren Stammbereich.

RINDE
Graubraun oder grau, glatt an jungen Bäumen, reißt später an älteren Exemplaren in kleine, viereckige Schuppen auf.

Griechische Tanne

Abies cephalonica

Zweige braun bis rotbraun, unbehaart, mit runden oder ovalen Narben, die beim Ablösen der Nadeln entstehen.

Nadeln linealisch, 2 – 3 cm lang, zur Spitze hin verjüngt, derbspitzig, an der Basis rundlich, saugnapfähnlich am Zweig sitzend. Oberseite glänzend dunkelgrün, unterseits mit zwei weißen, wachsigen Streifen.

Zapfen 10 – 16 cm lang, zylindrisch, mit kleinem Nippel an der Spitze. Jung grünbraun, reifen im ersten Herbst, dann braun. Zerfallen auf dem Zweig.

VERWANDTE ART
Abies pinsapo
Die Spanische Tanne besitzt keine vorspringenden Deckschuppen.

Nadeln der Spanischen Tanne dick und starr, 0,8 – 1,8 cm lang, an jungen Bäumen scharf zugespitzt, an älteren Bäumen stumpf; bläulich grün, ein breiter Wachsstreifen auf der Oberseite, zwei helle Streifen unterseits.

immergrün, 20 – 30 m

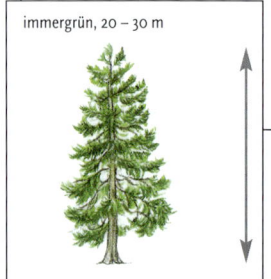

Wie der botanische Name verrät, wurde die Griechische Tanne nach der Insel Kephallenia benannt, die an der Westküste Griechenlands liegt. Man findet sie ebenfalls auf dem gesamten griechischen Festland, weiter im Norden weist sie Merkmale der Weiß-Tanne A. alba (S. 70) auf. In Nordgriechenland und im Südbalkan wächst die König-Boris-Tanne (A. × borisii-regis), die in ihrer Merkmalsausprägung zwischen der Griechischen und der Weiß-Tanne liegt. Die Griechische Tanne wird gern in Gärten und Parks gepflanzt, wo sie zu mächtigen Bäumen, maximal 50 m hoch, heranwächst. Sie ist empfindlich gegen Frost, bei späten Frühjahrsfrösten nimmt sie häufig Schaden, ist allerdings sehr gut an heißes und trockenes Klima angepasst. Die kissenartige Struktur an der Nadelblattbasis ist ein charakteristisches Kennzeichen.

Die Spanische Tanne (A. pinsapo) kommt natürlich nur in drei Wäldern um Ronda in Südspanien vor, wächst aber heute fast in ganz Europa. Man kann sie an ihren kurzen, dicken Nadeln erkennen, die, alle gleich lang, nahezu perfekt in radialer Anordnung rund um den Trieb sitzen. Bei anderen Arten differieren die Nadeln am gleichen Trieb oft in ihrer Länge. Bei jungen Bäumen sind die Nadeln scharf und stechend zugespitzt. Die Rinde ist dunkelgrau und glatt, bei älteren Bäumen rissig.

Ausgewachsene Bäume bilden einen kräftigen Stamm mit wenigen großen Ästen. Junge Exemplare wachsen eher kegelförmig, die Äste sind ausgebreitet und wirtelig angeordnet.

RINDE
Glatt, feinschuppig und grau, mit einem rosa oder braunen Schimmer an jungen Bäumen, später in kleinen Platten aufreißend.

Riesen-Tanne

Abies grandis

Benadelung im unteren Teil der Krone flach ausgebreitet, Nadeln zweizeilig flach am Trieb angeordnet, im oberen Kronenbereich aufwärts gerichtet.

Zapfen zylindrisch, 7 – 12 cm lang, erst grün, nach der Reife braun, reifen im ersten Herbst, Deckschuppen verdeckt. Stiel schmal und kegelig.

Zweige olivgrün, schlank, Knospen rund oder kegelförmig, grau, klein, harzig.

Nadeln linealisch, 2 – 6 cm lang, an der Spitze abgerundet und gekerbt, oberseits leuchtend dunkelgrün, auf der Unterseite mit zwei grünlich weißen Streifen.

VERWANDTE ART
Abies procera
Nadeln den oberen Zweigen eng anliegend, nach oben gekrümmt, bläulich, furchig. Zapfen zylindrisch, 10 – 15 cm lang, Deckschuppen vorspringend, zurückgebogen.

immergrün, 25 – 60 m

Das natürliche Verbreitungsgebiet der Riesen-Tanne erstreckt sich von Nordkalifornien nördlich nach Vancouver Island entlang der Westküste Nordamerikas und im Binnenland zwischen dem Südosten von Britisch-Kolumbien und dem Norden Idahos. Ihr Holz ist von geringer Qualität, zum Teil wegen des schnellen Wachstums der Tanne. Die Bäume mit der schnellsten Wachstumsrate stammen aus der Küstenregion westlich der Cascade Mountains in Washington und Oregon. Diejenigen aus den östlichen Gebieten der Cascade Mountains wachsen wesentlich langsamer.

In vielen europäischen Gärten und Parks gehören 100-jährige Riesen-Tannen zu den größten Bäumen. Sie überragen andere Arten zum Teil um mehr als 10 m und sind demzufolge im oberen Kronenbereich ungeschützt dem Wind ausgesetzt. Sie gedeihen am besten an geschützten, feuchten Plätzen. Dort reicht ihr Nadelkleid oft bis auf den Boden, was ihr bemerkenswertes Erscheinungsbild noch unterstreicht.

Die Edel-Tanne (*A. procera*) stammt ebenfalls aus den pazifischen Staaten der USA, aus Oregon und Washington. Sie besitzt hochwertigeres Holz, gedeiht an bodensauren Standorten und toleriert keine alkalischen Bodenverhältnisse.

Die Riesen-Tanne ist in Nachbarschaft anderer Gehölze der höchste
Baum. Ungeschützt stehend wird er
unansehnlich, an geschützten Plätzen
reicht seine Krone bis auf den Boden.

RINDE
Glatt, harzig, bräunlich grau
an jungen Bäumen, an älteren Exemplaren in quadra-
tischen Platten aufreißend
und abschilfernd.

Colorado-Tanne

Abies concolor

Zapfen zylindrisch, 7 – 13 cm lang, Farbe variierend im Verlauf des Wachstums, olivgrün, gelb oder hellblau, im reifen Zustand immer braun.

Nadeln graugrün oder blaugrün, linealisch, 4 – 6 cm lang, aufwärts gekrümmt, flach und weich, an der Spitze abgerundet, nicht gekerbt, Farbe auf Ober- und Unterseite gleich, mit einem Streifen ober- und zwei unterseits.

VERWANDTE ART
Abies concolor var. lowiana
Äste waagerecht abstehend, Krone teilweise breit u- oder v-förmig. Blätter mit geringerer Anzahl Streifen, ohne wachsigen Überzug.

immergrün, 25 – 35 m

Die Colorado-Tanne kommt ursprünglich nur im Südwesten der Vereinigten Staaten, in Utah, Colorado, Nevada, Arizona, Kalifornien und New Mexico vor, breitet sich heute bis nach Mexiko aus. Sie besitzt eine charakteristische lichte Benadelung und zeichnet sich durch einen wachsigen Überzug auf der Oberseite der Nadelblätter aus. In der Natur ist sie überaus konkurrenzstark und dringt erfolgreich in die Bestände anderer Arten ein. Heftige Feuersbrünste kann sie jedoch nicht überstehen. In Kultur wächst sie auch an trockeneren Standorten als in ihrem Ursprungsgebiet, besitzt aber in Europa keine forstwirtschaftliche Bedeutung. Sie wird manchmal in Weihnachtsbaumplantagen angepflanzt, man findet sie jedoch hauptsächlich wegen ihrer leuchtend grünen Laubfärbung als Zierbaum in Gärten und Parks.

A. concolor var. lowiana stammt aus der Sierra Nevada in Kalifornien und aus dem Südwesten von Oregon. In Kultur gedeiht sie besser als die Colorado-Tanne, jedoch besitzt sie nicht deren blaugrüne Färbung. Die Nadeln stehen ähnlich locker am Trieb, jedoch insgesamt flacher in der Anordnung und sie besitzen eine geringere Streifenanzahl. Diese Unterschiede resultieren aus der Mischung der Merkmale bei der Kreuzung von Riesen- und Colorado-Tanne.

Die Colorado-Tanne ist ein ansehnlicher Baum mit seiner grau- oder blaugrünen Färbung und toleriert trockene Standorte.

RINDE
Glatt, hell- bis dunkelgrau, harzig an jungen Bäumen, dick und grobborkig, mit tiefen Rissen und Rinnen an alten Bäumen.

Korea-Tanne

Abies koreana

Nadeln 1 – 2 cm lang, zur runden, gekerbten Spitze hin dicker werdend, auf der Oberseite glänzend dunkelgrün, unterseits mit zwei benachbarten silbernen Streifen.

Reife Zapfen zylindrisch, 5 – 7 cm lang, bei der Reife im ersten Herbst von purpurn oder grün zu hellbraun verfärbend.

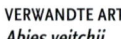

Nadeln locker, rund um den Trieb angeordnet, Triebunterseite spärlicher benadelt.

Junge Zapfen entwickeln sich im späten Frühjahr, färben sich purpurn, rot oder gelbgrün.

VERWANDTE ART
Abies veitchii
Nadeln länger als bei der Korea-Tanne, 2 – 2,5 cm, Spitze rundlich bis vierkantig, gekerbt. Sie besitzen einen wachsigen Überzug und zwei benachbarte silbrige Streifen auf der Unterseite.

immergrün, 10 – 15 m

Die Korea-Tanne ist in Südkorea und der vorgelagerten Insel Cheju beheimatet, auf der sie auch entdeckt wurde. Es ist ein langsam wachsendes Gehölz, das jedoch recht früh leuchtend gefärbte Zapfen bildet. An manchen Bäumen bleiben sie grün, färben sich nicht wie im Regelfall violett und werden auch nur in geringerer Anzahl gebildet. Das Nadelkleid ist gut entwickelt, die Unterseite der Belaubung glänzt auffällig silbrig. Die Korea-Tanne gedeiht an verschiedenen Standorten und ist aufgrund ihrer geringen Größe ein idealer Baum für kleine Gärten. Exemplare, die von den Festland-Populationen abstammen, wachsen auch zu höheren Bäumen heran.

Die Veitchs Tanne (A. veitchii) kommt aus Honshu, der Hauptinsel Japans. Sie wurde 1860 auf dem Fudschijama entdeckt und kurze Zeit später in Europa vorgestellt. Obwohl eng mit der Korea-Tanne verwandt, unterscheidet sie sich jedoch deutlich in ihrer Belaubung. Die Nadeln sind länger und stehen enger am Trieb als bei der Korea-Tanne. Sie sind an der Spitze deutlich viereckig und auf der Oberseite wachsig überzogen. Sie wächst schneller und wird höher, so dass sie sich auch als Zierbaum für größere Gärten eignet. Sie gedeiht auf verschiedenen Böden gleich gut, allerdings wird sie in Kultur leider nicht sehr alt.

Der kleinwüchsige Baum wird wegen seiner hübschen Zapfen gern als Ziergehölz gepflanzt.

RINDE
Glatt und grau, mit einem purpurnen oder orangen Schimmer, mit Harztropfen an jungen Bäumen, an alten Bäumen an der Basis in grauschwarze Schuppen aufreißend.

Westliche Hemlocktanne

Tsuga heterophylla

Männliche Blüten karmesinrot, 0,3 – 0,5 cm, im Frühjahr blühend.

Nadeln zweiseitig, jeweils in zwei Reihen übereinander an leicht herabhängenden Flachtrieben angeordnet, 0,6 – 2,3 cm lang (die oberen Nadeln kürzer als die unteren), linealisch, zugespitzt, an den Rändern gezähnt. Oberseite dunkelgrün, unterseits zwei weißliche Streifen.

Zapfen eiförmig, 1,5 – 2,5 cm lang, anfangs grün, zur Reifezeit im ersten Herbst braun, mit 20 länglichen, vorn abgerundeten Zapfenschuppen.

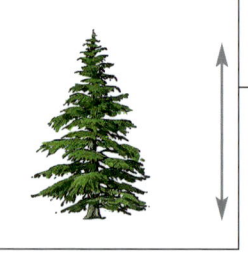

VERWANDTE ART
Tsuga canadensis
Auf der Oberseite der Zweige stets eine Reihe kurzer Nadeln, die umgedreht mit ihrer weißlichen Unterseite nach oben weisen.

immergrün, 25 – 40 m

Diese Hemlocktanne kommt ursprünglich von Südalaska bis Nordkalifornien entlang der Pazifikküste vor, man findet sie aber auch im Landesinneren, im Südwesten Britisch-Kolumbiens und im Norden von Idaho. Sie besitzt einen schlanken Wuchs mit dichter, grüner und weicher Benadelung. Die schlanken Triebe hängen deutlich herab. Der Name der Hemlocktanne bezieht sich auf ihre Nadeln, die beim Zerreiben einen Duft nach Petersilie oder Schierling (engl. hemlock) verströmen. Sie ist im Gegensatz zum echten Schierling, einer krautigen Pflanze aus der Familie der Doldengewächse, allerdings nicht giftig. Die Westliche Hemlocktanne toleriert verschiedene Standortbedingungen, liebt jedoch besonders trockenen, sauren Sandboden. Sie ist ein raschwüchsiger Baum mit qualitativ hochwertigem Holz und kommt an schattigen Orten, bevorzugt in geschützter Lage, gut zurecht. Leider wird sie leicht von einem Pilz (*Heterobasidion annosum*) befallen, was die forstwirtschaftliche Nutzung stark einschränkt. Die Kanadische Hemlocktanne (*T. canadensis*) ist im Osten der Vereinigten Staaten beheimatet. Ihr Verbreitungsgebiet erstreckt sich von Neuengland gen Süden nach Alabama und westlich bis Ontario. Sie gleicht der Westlichen Hemlocktanne, unterscheidet sich im Wesentlichen nur durch ihre am Zweig aufwärts gerichteten Nadeln.

Hemlocktannen sind eindrucksvolle Bäume, die auch an schattigen Standorten gut gedeihen.

RINDE
Glatt, purpurbraun an jungen Bäumen, rotbraun bis graubraun an älteren Exemplaren, rissig gefurcht und gefeldert.

Wald-Kiefer, Föhre

Pinus sylvestris

Nadeln im Querschnitt halbmondförmig, linealisch, häufig etwas gedreht, zugespitzt, 5 – 7 cm lang, blaugrün mit weißlichen Streifen auf beiden Seiten. Nadelbündel von einer grauen bis braunen Nadelscheide (0,8 cm) umgeben.

Männliche Blüten gelb, gehäuft an der Basis der saisonalen Triebe zusammenstehend. Weibliche Blüten dunkelrot, an der Spitze der jährlichen Triebe.

Nadeln zu zweit ein Nadelbündel bildend, rund um den Trieb angeordnet.

Junge Zapfen im ersten Jahr eiförmig, im zweiten Sommer oval-kegelig, 3 – 7 cm lang, zur Reifezeit im zweiten Herbst von grün nach braun verfärbend. Reife Zapfen öffnen sich und entlassen die Samen im späten Winter des zweiten Jahres.

immergrün, 20 – 30 m

Die Föhre kommt in weiten Teilen Europas vor. Ihr ausgedehntes Verbreitungsgebiet erstreckt sich vom westlichen Schottland bis ins östliche China, nördlich bis in die Arktis und südlich bis nach Spanien und in die Türkei. Das Holz der Wald-Kiefer ist von guter Qualität und wird vielseitig verwendet. Das innere Kernholz besitzt eine rötliche Farbe, während das äußere Splintholz gelblich gefärbt ist. Man nutzt Kiefernholz im Hausbau, fertigt daraus Strommasten, aber auch Furnier für Möbel. Zusammen mit der Birke waren Föhren die ersten Gehölze, die nach dem Rückzug des Eises der letzten Eiszeit die brachliegenden Flächen auf dem europäischen Kontinent neu besiedelten. Sie gedeiht auf sandigen, nährstoffarmen Böden, auf denen sie sich gegenüber anderen Gehölzen gut durchsetzt. Auf besseren Böden kann sie jedoch mit schnell wachsenden Laubbäumen nicht konkurrieren. In Europa wurden die Bestände der Wald-Kiefer zur Zeit des Mittelalters vielerorts stark dezimiert. Sie fielen der zunehmenden Brandrodung zur Gewinnung von Weide- oder Ackerland zum Opfer. Die Kiefernnadeln sitzen in Form von Nadelbündeln an Kurztrieben und sind an der Basis von einer schuppenförmigen Scheide umgeben. Die Nadeln eines Bündels, je nach Kiefernart zwei-, drei- oder fünfnadelig, bilden aneinander gedrückt einen perfekten Zylinder.

Die Föhre ist mit ihrem blaugrünen Nadelkleid und dem zweifarbigen Stamm ein ausgesprochen attraktiver Baum. Sie wird forstlich genutzt oder in Parks und Gärten gepflanzt. Junge Bäume sind kegelförmig, bei älteren Exemplaren ist die Krone rundlich und kuppelartig.

RINDE
An jungen und im oberen Stammbereich älterer Bäume rotbraun, orangebraun und schuppig, später an alten Exemplaren purpurbraun gefärbt, mit tiefen, dunklen Rissen und in großen Platten gefeldert.

Dreh-Kiefer

Pinus contorta var. contorta

Nadeln im Quer-
schnitt halbmond-
förmig, linealisch,
4 – 5 cm lang, gerade
und in einer kurzen,
derben Spitze aus-
laufend, bläulich
bis dunkelgrün, im
Winter gelbgrün ver-
färbend. Nadelbün-
del in 0,7 cm großer,
brauner Nadel-
scheide.

Nadeln zu zweit in
Nadelbündeln rund um
den Zweig angeordnet.

Männliche Blüten in
großer Anzahl an der
Basis der Jahrestriebe
vereint sitzend, gelb.
Weibliche junge Zapfen
anfangs oval, während
der Reife im zwei-
ten Sommer
länglich-kegel-
förmig, 5 cm
lang und
braun.

VERWANDTE ART
Pinus contorta
var. *latifolia*
Nadeln 6 – 10 cm
lang, gedreht, hell-
grün. Zapfen lang
eiförmig und
kupferbraun.

immergrün, 15 – 25 m

Die Dreh-Kiefer ist an der Pazifikküste Nordamerikas von Alaska bis Nordkalifornien in einem ca.
160 km breiten Küstenstreifen beheimatet oder
kommt auf Sanddünen abseits der Küste vor. In unge-
schützten Lagen bildet sie nur einen kleinen Strauch,
aber auf gutem Boden und an geschützten Plätzen
wächst sie zu einem respektablen Baum heran. Das Holz ist nicht unbedingt von
guter Qualität und das Holz von Bäumen ungeschützter Standorte wirtschaftlich
unbrauchbar. Trotzdem wurde die Dreh-Kiefer über viele Jahre in Nordeuropa forstlich angepflanzt, da sie sowohl auf armen Böden als auch unter klimatisch ungünstigen und unwirtlichen Bedingungen noch recht gut gedieh. Zunehmend findet
man sie auch in Parks und Gärten. Die Langtriebe bilden in einer Wachstumsperiode mehrere Wuchszonen, die man an knotigen Verdickungen am Jahrestrieb erkennen kann. Die weiblichen Zapfen sitzen in direkter Nachbarschaft der Knoten,
die männlichen Blüten sind an der Basis der Triebe oberhalb der Knoten angeordnet. Die reifen Zapfen fallen nicht ab, sondern verbleiben und öffnen sich am Baum.

P. contorta var. latifolia findet man in den Rocky Mountains vom Yukon bis zum
Colorado. Die Nadeln sind länger und gedreht. Die Zapfen öffnen sich nicht direkt
nach der Reife, sondern entlassen ihre Samen erst nach Waldbränden.

Die Dreh-Kiefer besitzt im Alter eine kuppelförmig ausgebreitete Krone. Häufiger sieht man sie jedoch mit spitz zulaufender Krone in forstlich genutzten Wäldern, in denen der Einschlag vor Erreichen dieses Alters erfolgt. Die Abbildung zeigt einen Baum mit einer Krone im Zwischenstadium. Die Indianer Nordamerikas nutzten die Stämme als Zeltstangen.

RINDE
Rotbraun oder gelbbraun an jungen Bäumen, mit tiefen Furchen, plattig und grobschuppig gefeldert an älteren Exemplaren.

Schwarz-Kiefer

Pinus nigra

Nadeln im Querschnitt halbkreisförmig, linealisch, 8 – 14 cm
lang, scharf zugespitzt und steif,
graugrün mit weißlichen
Streifen beidseitig. Nadelbündel in dunkelbraunen,
1 – 1,3 cm großen
Scheiden.

Nadeln rund um
den Zweig ange-
ordnet, Nadel-
bündel mit zwei
Nadeln.

Zapfen öffnen sich
während des Winters
und fallen im dritten
Frühjahr ab, Zapfen-
schuppen stumpf
gefurcht.

Junge Zapfen im ersten
Jahr eiförmig, 1,3 cm lang,
im zweiten Jahr ausge-
dehnt kegelförmig, nach
der Reife gelbbraun bis
braun.

immergrün, 25 – 30 m

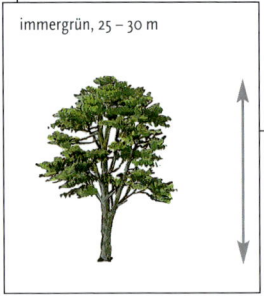

Die Schwarz-Kiefer stammt aus Europa. Ihr Verbreitungsgebiet erstreckt sich von Frankreich
und Spanien bis zur Türkei, nach Zypern und in die
Ukraine. Man findet sie darüber hinaus auch in Marokko und Algerien. Die Art wird in Unterarten unterteilt. Die Österreichische Schwarz-Kiefer (*P. nigra* ssp.
nigra) umfasst die Populationen von Südösterreich und Mittelitalien ostwärts bis
zum Balkan. Sie zeichnet sich durch dichtere Benadelung aus und ist mehrstäm-
mig, was ihr eine unverwechselbare Form verleiht, aber eine Nutzung als Holzlieferant ausschließt. Eine weitere Unterart, die Pyrenäen-Kiefer (*P. nigra* ssp. *salzman-
nii*) besitzt längere Nadeln (12 – 18 cm), die in lockerer Anordnung am Trieb sitzen.
Sie kommt in den Alpen und in Spanien bis nach Nordafrika vor. Die Korsische oder
Kalabrische Kiefer (*P. nigra* ssp. *laricio*) stammt aus Korsika, Kalabrien und Sizilien
und wächst bevorzugt auf nährstoffarmen Sandböden, gedeiht aber auch auf Kalkböden. Sie benötigt für ein gutes Wachstum volle Sonnenbestrahlung und ist an die
extremen mediterranen Klimabedingungen optimal angepasst. Keimlinge müssen
in kurzer Zeit ein ausgedehntes Wurzelsystem entwickeln, um die Wasserversor-
gung an ihrem trockenen Standort zu sichern. Die Schwarz-Kiefern sind außerhalb
ihres Verbreitungsgebietes nur sehr schwer zu unterscheiden.

Die dichte, graugrüne Benadelung an den ausladenden Ästen verleiht der Schwarz-Kiefer ein außergewöhnliches Aussehen. Sie kann bis zu 30 m hoch werden.

RINDE
Dunkelbraun oder schwarzgrün an jungen Bäumen, anfangs glatt, später mit tiefen Rissen und grobschuppig gefeldert.

Strand-Kiefer

Pinus pinaster

Nadeln im Querschnitt halbmondförmig, graugrün, linealisch, zugespitzt, mit weißlichen Streifen auf beiden Seiten. Nadelscheiden 1,5 – 2,5 cm, schwarzbraun.

Nadeln rund um den Trieb angeordnet, nach vorn zur Triebspitze weisend, Nadelbündel zweinadelig.

Geschlossene Zapfen 4 – 6 cm im Querschnitt, im gespreizten Zustand 7 – 11 cm.

Zapfen oval-kegelförmig, 8 – 20 cm lang, im reifen Zustand im zweiten Herbst hellbraun oder rotbraun, Zapfenschuppen mit deutlich hervorgehobenem, kegelförmigem Höcker.

immergrün, 20 – 30 m

Die Strand-Kiefer stammt vermutlich aus den nördlichen Mittelmeerregionen, sie kommt von Portugal östlich bis Griechenland vor und wächst auch an der Küste Marokkos. Es gibt darüber hinaus ausgedehnte Vorkommen im Südwesten Frankreichs. Dort wurde sie jedoch erst im 19. Jahrhundert zur Holzproduktion angepflanzt, ursprünglich ist sie in diesem Gebiet nicht beheimatet. Die Strand-Kiefer ist ein typischer Dünenbewohner der Küste und wird zur Dünenbefestigung und -aufforstung angepflanzt. In Marokko kommt sie auch im Gebirge oberhalb 2.000 m vor. Die Zapfen dieser Art stehen in großer Anzahl büschelig an den Zweigen im Gegensatz zu anderen Kiefern, bei denen maximal zwei bis drei Zapfen zusammenstehen. Das Holz ist von mäßiger Qualität, aber sehr harzhaltig. Man zapft die Stämme an, indem man die Rinde tief v-förmig einritzt und das austretende Harz sammelt. Es dient als Ausgangsstoff zur Gewinnung von Terpentin und Kolophonium, einer Substanz, die als Bogenharz für Streichinstrumente wie z. B. Geigen verwendet wird. Außerdem benutzt man das Holz als Holzschliff bei der Herstellung von Papier. Die Strand-Kiefer gehört zu den Kiefern, die ihre Zapfen erst nach Waldbränden öffnen, um die Samen zu entlassen. Sie zählt daher auf Brandflächen zu den Erstbesiedlern unter den Gehölzen.

Die Strand-Kiefer wächst zu mittelgroßen Bäumen mit offener Krone
heran. Die Kronen bildenden Äste
setzen erst hoch oben am Stamm an.
Die Zweige im unteren Bereich sterben ab und werden abgeworfen.

RINDE
Orangebraun und rissig an
jungen Bäumen, später mit
tiefen, rostbraunen Rissen
und Furchen rechteckig
gefeldert und in kleinen
Platten abschilfernd.

Pinie

Pinus pinea

Nadeln im Querschnitt halbkreisförmig, graugrün, linealisch, zugespitzt, 8 – 18 cm lang, selten länger, die zwei Nadeln des Nadelbündels fallen leicht auseinander. Nadelscheide graubraun, 0,8 cm.

Nadeln rund um den Trieb angeordnet, nach vorn weisend, je zwei Nadeln in einem Nadelbündel vereinigt.

Jugendnadeln einzeln stehend, über mehrere Jahre am Trieb verbleibend, 4 – 6 cm lang, blaugrau.

Zapfen reifen über einen Zeitraum von drei Jahren, anfangs rundlich in der Form, später im dritten Jahr oval, von grün nach glänzend braun verfärbend, im Ganzen etwas knubbelig. Zapfenschuppen rundlich, zwei Narben auf der rückwärtigen Wölbung.

Samen 2 cm, ungeflügelt, essbar.

immergrün, 15 – 20 m

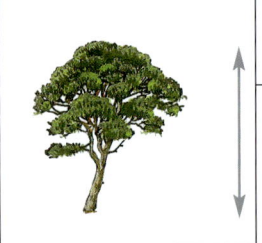

Die Pinie ist im Mittelmeergebiet und an der südlichen Küste des Schwarzen Meeres beheimatet. Ihr genauer Ursprung ist ungeklärt, da sie seit Jahrtausenden in vielen Gebieten angepflanzt wird. Wahrscheinlich stammt sie aus dem südlichen Bereich des Mittelmeeres, während ihr Vorkommen in den westlichen Regionen auf Anpflanzungen zurückgeht. Die sehr großen, ölhaltigen Samen der Pinie sind essbar und wurden wahrscheinlich erstmals von den Römern zum Verzehr nach Nordeuropa gebracht. Erste Belege, dass die Pinie auch in Nordeuropa angepflanzt wurde, gibt es seit dem 16. Jahrhundert. In einigen Regionen wird sie auch wegen ihrer besonderen Kronenform als Schirm-Kiefer bezeichnet. Die Pinie stellt ihr Längenwachstum früh ein und die Hauptäste bilden eine ausladende, baldachinartige Krone, die kaum einen Lichtstrahl durchlässt. Diese Eigenschaft macht sie zu einem hervorragenden Schattenspender. In südlichen Regionen findet man sie deshalb häufig als Straßen- oder Alleebaum. Ungewöhnlicherweise behält die Pinie ihre Jugendblätter über mehrere Jahre. Darüber hinaus reifen die Zapfen der Pinie über einen Zeitraum von drei Jahren im Gegensatz zu allen anderen *Pinus*-Arten mit einer Reifezeit der Zapfen von nur zwei Jahren. Diese Merkmale grenzen sie deutlich von anderen *Pinus*-Arten ab.

Die Pinie charakterisiert ein kurzer, stämmiger, im unteren Bereich astloser Stamm und eine ausladende, schirmartige Krone.

RINDE
Orange an jungen Bäumen, bald aufreißend, tiefe Längsfurchen und längliche, schuppige Felder bildend, orange und rosabraun.

Aleppo-Kiefer

Pinus halepensis

Nadeln im Querschnitt halbmondförmig, hellgrün, linealisch, scharf zugespitzt, 6 – 11 cm lang, die Nadelbündel sitzen in dunkelgrauen Nadelscheiden, 0,3 – 0,4 cm lang.

Nadeln in lockerer Anordnung rund um den sehr schlanken Trieb verteilt, nach vorn weisend, jeweils zwei Nadeln am Kurztrieb vereint.

Zapfen 5 – 12 cm lang, länglich-kegelförmig, zur Reifezeit im zweiten Jahr rotbraun. Sie weisen nach hinten oder sitzen leicht abgespreizt am Trieb. Sie öffnen ihre Schuppen erst nach einem Waldbrand. Zapfenschuppen außergewöhnlich glatt.

VERWANDTE ART
Pinus brutia
Nadeln gelblich, in lockerer Anordnung am Trieb, 10 – 15 cm lang, Nadelbündelscheide dunkelbraun, 0,7 – 1,5 cm.

Zapfen am Trieb nach vorn weisend oder rechtwinklig abstehend, länglich, 5 – 11 cm, hellbraun.

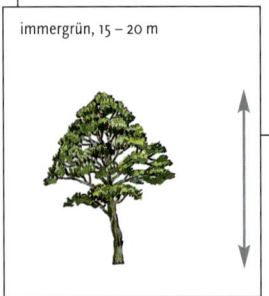

immergrün, 15 – 20 m

D ie Aleppo-Kiefer kommt hauptsächlich in den Mittelmeerregionen vor, von Griechenland westlich bis zur Iberischen Halbinsel, außerdem in Marokko und Algerien. Eine kleine Population findet man auch rund um Aleppo in Syrien und in Israel. Der Artname leitet sich von Aleppo ab, ins Lateinische übertragen ergibt sich Halepensis („*ensis*" bedeutet „stammt aus"). Diese Kiefernart gedeiht auch in Gebieten mit geringem Niederschlag noch recht ordentlich und wird in Spanien und anderen trockenen Mittelmeerregionen forstwirtschaftlich angebaut und zur Holzproduktion genutzt. Das Holz ist jedoch nicht besonders hochwertig und sehr harzhaltig.

Das natürliche Verbreitungsgebiet der Bruttischen Kiefer (*P. brutia*) erstreckt sich vom Nordosten Griechenlands über Kreta, Zypern, die Türkei, den Libanon bis zur Krim und in die Ukraine. Eine Population kommt in Kalabrien in Süditalien vor, was leicht zu einer Namensverwechslung führt. Brutia ist der alte lateinische Name für Kalabrien, so dass *P. brutia* auch als Kalabrische Kiefer bezeichnet wird. Dieser Name ist allerdings auch für die Korsische Kiefer (*P. nigra* ssp. *laricio*, S. 86) gebräuchlich. Die Bruttische Kiefer kann man an ihren Zapfen erkennen, die am Trieb deutlich nach vorn zeigen.

Diese Aleppo-Kiefer ist ein kleinwüchsiger bis mittelhoher Baum mit eher spärlicher als dichter Benadelung.

RINDE
Glatt und silbrig grau an jungen Bäumen, rissig, rotbraun und schuppig an älteren Exemplaren.

Gelb-Kiefer

Pinus ponderosa

Nadeln im Querschnitt dreieckig, graugrün, 11 – 22 cm lang, steif und linealisch, spitz, am Triebende gehäuft, Nadelscheide 1,2 – 1,6 cm, braun.

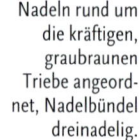

Nadeln rund um die kräftigen, graubraunen Triebe angeordnet, Nadelbündel dreinadelig.

Zapfen im ersten Jahr oval, im zweiten Sommer reifend, dann purpurbraun, 6 – 16 cm lang, Zapfenschuppen dünn mit zurückgebogenem, spitzem Fortsatz. Zapfen fallen geöffnet im Ganzen ab und hinterlassen einen Ring aus Schuppen am Ast.

VERWANDTE ART
Pinus jeffreyi
Zapfen kegelförmig bis oval, im geschlossenen Zustand an der Basis rundlich, 13 – 25 cm lang, geschlossen 5 – 8 cm, gespreizt bis 15 cm breit, fallen als Ganzes ab, einen Schuppenring hinterlassend.

Nadeln graugrün oder blaugrün, 12 – 26 cm lang, zu zweien ein Nadelbündel bildend, Nadelscheide 0,8 cm, Triebe kräftig, graugrün, wachsig überzogen.

immergrün, 20 – 40 m

Die Gelb-Kiefer stammt aus dem Westen Nordamerikas und kommt von Britisch-Kolumbien bis in den Nordosten Kaliforniens vor. Verwandte Arten und Unterarten findet man auch an der Ostflanke der Rocky Mountains und entlang der Pazifikküste von Washington und Kalifornien. Sie wächst säulenförmig und besitzt kurze, an den Enden dicht benadelte Zweige an einem kräftigen Stamm. Sie ist eine so genannte dreinadelige Kiefer, bei der jeweils drei Nadeln zu einem Nadelbündel vereinigt an einem Kurztrieb sitzen. Die einzelnen Nadeln weisen zwei flache und eine abgerundete Seite auf, so dass sie aneinander gedrückt passgenau einen Zylinder bilden. Das Holz ist hochwertig und wird wirtschaftlich genutzt.

Die Jeffreys Kiefer (*P. jeffreyi*) kommt im südwestlichen Nordamerika von Oregon bis in den Norden Mexikos vor. Sie ist gut an ihren mit einer dicken Wachsschicht überzogenen Trieben zu erkennen. Ihr Harz unterscheidet sich von dem anderer Kiefernarten. Es enthält leicht flüchtiges Heptan, das gereinigt als Betriebsstoff für Motoren verwendet werden kann. Sie wächst an trockeneren und nährstoffärmeren Standorten als die Gelb-Kiefer, in Kultur besitzt sie eine ähnlich dichte Benadelung wie diese. In Europa wird sie als Zierbaum in Gärten und Parks gepflanzt.

Die Gelb-Kiefer wächst zu außergewöhnlicher Größe heran wie dieses
Exemplar in Washington östlich des
Mount Rainier. Dort kommt sie gemeinsam mit *Abies grandis, Pinus
contorta, Pseudotsuga menziesii,
Thuja plicata* sowie einer Lärchen-
und einer Fichtenart vor.

RINDE
Dunkelbraun oder purpur-
grau an jungen Bäumen,
später rissig, an älteren Bäumen in breiten, plattigen
Schuppen gefeldert, orangebraun und purpurgrau.

Monterey-Kiefer

Pinus radiata

Nadeln im Querschnitt dreieckig, grasgrün, linealisch, weich und schlank, 10 – 16 cm lang, Nadelscheide hellbraun, 1 – 1,3 cm.

Nadeln radial um die graugrünen bis rötlich braunen Triebe in dreinadeligen Bündeln angeordnet.

Triebe bilden während einer Wachstumsperiode bis zu vier Wachstumszonen.

Zapfen aufrecht auf den Trieben stehend, öffnen sich nur nach Waldbränden oder starker Hitzeeinwirkung.

immergrün, 25 – 35 m

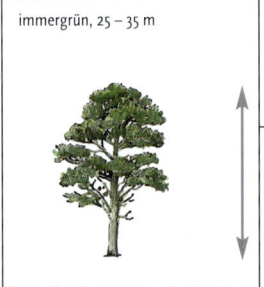

Zapfen eiförmig, im ersten Jahr hellbraun, im zweiten Jahr bis auf 6 – 16 cm verdickt, die etwa 20 rundlichen Schuppen auf der nach außen weisenden Zapfenseite etwas vergrößert, deshalb Zapfen leicht gekrümmt.

Das natürliche Verbreitungsgebiet der Monterey-Kiefer beschränkt sich auf fünf Regionen des nordamerikanischen Kontinents. Drei befinden sich an der kalifornischen Küste (besonders auf der Halbinsel Monterey) und zwei weitere auf zwei Inseln vor der Küste der Baja California, Mexiko. Die Bäume auf den beiden Inseln vor Mexiko unterscheiden sich von denen der kalifornischen Küste und zwar besonders in ihrer Benadelung. Sie sind vorwiegend zweinadelig und nicht dreinadelig wie die Küstenbäume. Die holzigen Fortsätze auf den Zapfenschuppen werden als Fraßschutz gegen Hörnchen gedeutet, denn die reifen Zapfen, die die begehrten Samen enthalten, bleiben geschlossen und öffnen sich erst nach einem Waldbrand. Die Zapfen können über einen Zeitraum von 40 Jahren auf dem Baum bleiben, die Samen sind allerdings nur etwa 20 Jahre keimfähig. Die Monterey-Kiefer produziert rasch ein brauchbares Holz und wird deshalb großflächig in Baumplantagen angepflanzt. Besonders in wärmeren Gebieten wie Neuseeland, Südafrika, Chile und Spanien bildet sie durch Anpflanzungen ausgedehnte Bestände. Aus Neuseeland ist ein Exemplar bekannt, das in nur 37 Jahren eine Höhe von 60 m erreichte. In Mitteleuropa wächst sie maximal 30 m hoch.

Junge Bäume wachsen sehr rasch und bilden eine spitze Krone, während ältere Exemplare eine breite, kuppelförmige Krone besitzen.

RINDE
Purpurgrau an jungen Bäumen, später tieffurchig mit dicken, breiten Schuppen an älteren Exemplaren.

Tränen-Kiefer

Pinus wallichiana

Nadeln im Querschnitt dreieckig, 11 – 20 cm lang, schlank und weich, herabhängend, mattgrün bis lebhaft blau, meist jedoch graugrün, innere flache Nadelseiten mit Wachsbändern. Nadelbündel in zurückgebogener Scheide sitzend, die im ersten Winter abfällt.

Nadeln rund um den olivgrünen bis graugrünen Trieb angeordnet, fünf Nadeln in einem Bündel vereinigt.

Zapfen an 3 – 6 cm langen, aufrechten, zylindrischen Stielen sitzend. Erst blaugrün, später braun. Während der Reife herabhängend, oval, 10 – 30 cm lang. Im zweiten Jahr häufig gekrümmt, sehr harzreich. Zapfenschuppen an der Spitze stumpf. Zapfenspitze mit einem Harztropfen überzogen.

VERWANDTE ARTEN
Pinus strobus
Nadeln 8 – 10 cm lang, gerade, graugrün, an schlanken, glänzend olivbraunen Trieben. Triebe furchig und haarig im Bereich der Nadelbündel. Zapfen elliptisch, 10 – 20 cm lang.

Pinus peuce
Nadeln graugrün, 7 – 11 cm lang, an haarlosen, graubraunen Trieben sitzend. Reife Zapfen zylindrisch, 10 – 16 cm lang, gekrümmt.

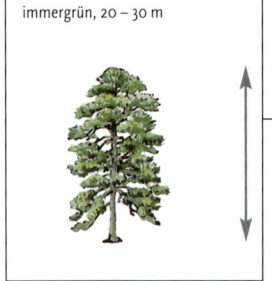

immergrün, 20 – 30 m

Das natürliche Verbreitungsgebiet der Tränen-Kiefer erstreckt sich vom Osten Afghanistans über Pakistan in das südliche Tibet, Nepal, Sikkim und Bhutan bis in den Nordosten Indiens. Sie ist in den trockenen Gebirgstälern des Himalaja in Höhenlagen zwischen 2.000 und 3.000 m bestandsbildend. Eine besonders schöne blaunadelige Form wächst im westlichen Zipfel ihres Verbreitungsgebietes im Himalaja, in Bhutan ist sie eher graugrün benadelt und weniger attraktiv. Sie besitzt ein hochwertiges, weiches Holz, das sich leicht verarbeiten lässt. Ihre offene, lockere Kronenform mit den langen, biegsamen und herabhängenden Nadeln macht die Tränen-Kiefer unverwechselbar. Aus der Entfernung wirken die harzbesetzten Zapfenspitzen wie glitzernde Tränen, worauf der volkstümliche Name Bezug nimmt.

Die Weymouth-Kiefer oder Strobe (P. strobus) stammt aus Nordamerika und wird in Europa in Forsten, Parks und Gärten angepflanzt. Sie besitzt ein außergewöhnlich hochwertiges Holz. Die Färbung der Nadeln ist allerdings weitaus weniger spektakulär als bei der Tränen-Kiefer.

Die Rumelische Kiefer (P. peuce) kommt in kleinen Arealen Albaniens, Bulgariens und Mazedoniens vor und wird in Europa als Parkbaum gepflanzt.

Diese Tränen-Kiefer aus Bhutan beeindruckt durch ihre intensiv blaugrüne Färbung, die allerdings von Exemplaren aus dem Gebiet des westlichen Himalaja noch übertroffen wird.

RINDE
Glatt und graugrün an jungen Bäumen, später an älteren Exemplaren rissig, dunkelgrau oder schwarz mit kleinen Schuppen.

Zirbel-Kiefer, Arve

Pinus cembra

Nadeln im Querschnitt dreieckig, 7 – 9 cm lang, gelb, mittel- oder dunkelgrün auf der gebogenen Außenseite, silbrig weiß und wachsüberzogen auf den flachen Innenseiten. Die Nadelbündelscheide löst sich früh ab.

Nadeln radial um den Trieb angeordnet, dicht anliegend, Trieb braun oder rotbraun und haarig. Nadeln zu fünf in einem Nadelbündel vereinigt.

Zapfen bleiben geschlossen, fallen im Ganzen ab, die 1 – 2 cm großen, flügellosen Samen werden von Vögeln und kleinen Tieren gefressen und verbreitet.

Zapfen im ersten Jahr grün und rund, nach der Reife im zweiten Jahr länglich, mit einwärts gebogenen Schuppen, rotbraun bis braun.

immergrün, bis zu 20 m

Die Zirbel-Kiefer oder Arve ist in Mitteleuropa in den höheren Lagen der Alpen und Karpaten beheimatet. In subalpinen Wäldern ist sie bestandsbildend oder kommt vergesellschaftet mit der Europäischen Lärche (*Larix decidua*) vor. Sie kann sehr alt werden, bis zu 1.000 Jahre sind durchaus möglich. Ihre Samen sind wie die aller *Pinus*-Arten essbar, aber nur die der Zirbel-Kiefer und der Pinie (*P. pinea*) sind ausreichend groß, ergiebig genug und als Handelsware geeignet. Die Zirbel-Kiefer gehört zur kleinen Gruppe der Kiefern, deren Zapfen nach der Reife geschlossen bleiben und die ihre Samen nicht verstreuen. Die Zapfen fallen als Ganzes ab und werden am Boden von Vögeln oder anderen kleinen Tieren aufgeknackt, um an die begehrten Samen zu gelangen. Die überwiegende Zahl der gehaltvollen Samen wird gefressen, einige aber auch an andere Orte verschleppt. Auf diese Weise sorgen die Tiere für den Ferntransport und tragen zur Verbreitung der Art bei. Das Holz der Arve wird selten wirtschaftlich genutzt, obwohl seine Qualität sehr gut ist. Wegen ihres langsamen Wachstums eignet sie sich auch kaum für eine forstliche Anpflanzung. Wie bei vielen Weichholzkiefern sind auch bei der Zirbel-Kiefer die Spaltöffnungen zum Gasaustausch nur auf den flachen Nadelinnenseiten lokalisiert und nicht auf der gewölbten Außenseite.

Die meisten Kiefernarten werfen ihre unteren Zweige ab und bilden eine schirmartige Krone. Die Zweige der Zirbel-Kiefer reichen hingegen bis auf den Boden.

RINDE
Dunkelgrau und glatt an jungen Bäumen, später rissig und gefeldert mit tiefen, rotbraunen Furchen.

Bestimmungsschlüssel Laubbäume

Laubbäume besitzen allgemein Blätter mit größeren Blattflächen als Nadelbäume. Oft werden sie auch als Harthölzer bezeichnet, im Gegensatz zu den Weichhölzern, den Nadelbäumen. Diese Zuordnung trifft nicht in jedem Fall zu, aber in der Regel ist das Holz der Laubbäume härter und fester als das der Nadelbäume.

Die Laubbäume sind in einer weitaus größeren Anzahl botanischer Familien vertreten als die Nadelbäume. Die 45 Laubbaum-Gattungen, deren Arten in diesem Buch vorgestellt werden, verteilen sich auf insgesamt 25 Pflanzenfamilien, verglichen mit sechs Familien und 21 Gattungen der beschriebenen Nadelbäumen.

Die Reihenfolge der Arten in diesem Teil des Buches richtet sich in erster Linie nach der Gestalt der Blätter, beginnend mit Bäumen mit einfachen bis hin zu solchen mit komplex gestalteten Blättern. Erst in zweiter Linie sind sie nach botanischen Klassifizierungskriterien geordnet.

Trauben-Eiche

Einfache Blätter

S. 106 – 216, 238
Die Blätter sind ungelappt, oder die Lappen sind nur als erweiterte Fortsätze der Blattseitennerven ausgebildet.

Die Arten sind entsprechend ihrer Verwandtschaft nacheinander aufgeführt. So sind die Eichen in Folge beschrieben (S. 148 – 160), obwohl sich Stein-Eiche, Trauben-Eiche und Rot-Eiche in vielen Merkmalen deutlich voneinander unterscheiden.

Auf die Elsbeere (S. 238) folgt aufgrund ihrer engen Verwandtschaft die Eberesche (S. 240) und der Speierling (S. 242).

Die Silber-Pappel (S. 134) wurde wegen ihrer Zugehörigkeit zu den Pappeln an dieser Stelle platziert, obwohl sie von ihrer Blattnervatur eher zur folgenden Gruppe passt.

Baum-Hasel: einfache Blattform

Zusammengesetzte Blätter

S. 240 – 272
Einige Bäume besitzen zusammengesetzte Blätter, die Blattfläche ist also in eine mehr oder weniger große Anzahl kleinerer, voneinander getrennter Blättchen oder Fiedern unterteilt. Unpaarig gefiederte Blätter weisen eine einzelne Endfieder auf, bei paarig gefiederten fehlt diese. Auf den Seiten 266 – 270 sind Bäume mit zweifach gefiederten Blättern beschrieben, bei denen die einzelnen Fiedern ihrerseits wieder in kleine Blättchen unterteilt sind. Der Lederhülsenbaum (S. 266) besitzt sowohl einfach als auch doppelt gefiederte Blätter am gleichen Zweig. Die Blätter der Rosskastanie (S. 272) sind handförmig gefingert, die Fiedern treffen an der Blattbasis in einem Punkt zusammen.

Echte Walnuss: zusammengesetzte Blätter

Gelappte, handförmige Blätter

S. 218 – 236
Bei diesen Blättern verzweigen sich die Hauptblattnerven direkt an der Ansatzstelle des Blattstiels an der Blattspreite und verlaufen bis in die Spitze der Blattlappen. Diese Blattgestalt nennt man gelappt oder auch handförmig, da die Blattnerven wie die Finger unserer Hand von einer gemeinsamen Basis ausstrahlen. In der Regel findet man drei, fünf oder siebenlappige Blätter. Bei *Catalpa* (S. 218) und *Paulownia* (S. 220) sind nur einige Blätter gelappt, andere nicht.

Palmen

S. 274 – 278
Die Palmen besitzen ungewöhnlich große Blätter, man bezeichnet sie auch als Blattwedel.

Sträucher oder strauchartige Bäume

S. 280 – 283
Hier wird eine Auswahl an Sträuchern oder strauchartigen Bäumen vorgestellt, die, je nach Wachstums- und Standortbedingungen, mehr als einen einzelnen Stamm aufweisen können.

Gewöhnliche Platane: gelappte, handförmige Blätter

Früchte und Samen

Neben den Blättern beschreibt dieser Baumführer als Bestimmungshilfe auch Früchte und Samen.

Birne

Ist die Frucht fleischig?

Dies ist einfach zu testen: Ritzen Sie mit Ihrem Fingernagel die Frucht an. Die Bäume auf den Seiten 174 – 190, 196 – 200, 204, 210 – 212, 216, 238 – 242, 250, 254 und 274 – 278 besitzen fleischige Früchte. Die Früchte der Japanischen Zelkove (S. 174), der Magnolien (S. 210 – 212) und des Lack-Sumachs (S. 254) haben eine dünnfleischige Hülle, die rasch trocken wird. Das Fleisch der Walnussfrüchte ist derb, lässt sich aufbrechen und zeigt den inneren Samen, aber Vorsicht – ihr Fingernagel droht dabei ebenfalls zu brechen. Früchte wie Kirschen finden Sie auf Seite 180 – 184 und 196 – 198, Äpfel und Birnen auf Seite 186 – 190.

Kork-Eiche

Sitzt die Frucht in einem Becher oder ist sie von diesem eingeschlossen?

Schlagen Sie unter Baum-Hasel (S. 122) und den Bäumen der Familie der Buchengewächse (S. 148 – 164), zu denen auch die Eichen gehören, nach.

Sind die Früchte deutlich geflügelt?

Berg-Ulme

Die Ulmen (S. 166 – 172), Eschen (S. 244 – 248) und der Chinesische Götterbaum (S. 256) haben Samen, die in der Mitte eines rundlichen Flügels sitzen (Ulmen) oder von einem spitz zulaufenden Flügel umgeben sind.

Die Samen der Ahornarten (S. 226 – 236, 258) befinden sich jeweils am Ende von lang gestreckten Flügelpaaren, die in Büscheln beieinander sitzen. Die Früchte der Kaukasischen Flügelnuss (S. 252) sind mit kleinen schmalen, seitlichen Flügeln ausgestattet. Die Samen der Gewöhnlichen Hainbuche und der Gewöhnlichen Hopfenbuche (S. 124 – 128) sind in einem flügelähnlichen Blättchen eingebettet.

Gleicht die Frucht einer flachen Hülse?

Diese unverwechselbaren Früchte sind typisch für die Hülsenfrüchtler (S. 202 und 260 – 268).

flache Hülse

Ist die Frucht kätzchenförmig?

Erlen und Birken (S. 106 – 120) besitzen Kätzchen, außerdem die Pappeln und Weiden (S. 128 – 146 und 280). Auch die Gewöhnliche Hainbuche und die Gewöhnliche Hopfenbuche (S. 124 – 126) weisen solche Früchte auf.

Erlenkätzchen

Ist die Frucht eine sich seitlich öffnende Kapsel, die geflügelte Samen verstreut?

Der Gewöhnliche Trompetenbaum und der Chinesische Blauglockenbaum (S. 218 – 220) besitzen lange Kapseln. Eukalyptusbäume (S. 206 – 208) entlassen geflügelte Samen aus Poren in der Kapsel. Die Gewöhnliche Rosskastanie (S. 272) und der Rispige Blasenbaum (S. 270) zeich-

Kapselfrucht

Amerikanischer Tulpenbaum

nen sich ebenfalls durch den Besitz kapselartiger Früchte aus.

Ist die Frucht unter diesen Beispielen nicht einzuordnen, dann schlagen Sie unter Amerikanischer Tulpenbaum (S. 214), Linden (S. 192 – 194), Bastard-Platane (S. 222) und Amberbaum (S. 224) nach.

Bestimmung von Bäumen im Winter
Es gibt verschiedene Wege, auch nach dem Laubfall Bäume erfolgreich zu bestimmen:

Triebe und Knospen helfen dabei, den gesuchten Baum zumindest bis zur Gattung einzugrenzen.

Betrachten Sie die Anordnung der Knospen am Trieb. Die meis-

wechselständige Knospen

gegenständige Knospen

ten Bäume besitzen wechselständig angeordnete Knospen. Bei der Breitblättrigen Steinlinde (S. 196), dem Ölbaum (S. 198), den Eukalyptusarten (S. 206 – 208), beim Trompetenbaum (S. 218), dem Blauglockenbaum (S. 220), bei den Ahornarten (S. 226 – 234), Eschen (S. 244 – 248) und der Rosskastanie (S. 272) sitzen sie paarig (gegenständig) oder zu dritt am Trieb.

Elsbeere: Wintersilhouette

Die Knospen sollte man auch bei Bäumen, die sich durch sehr ähnliche Blätter auszeichnen, betrachten. Der Amberbaum und die Platanen beispielsweise haben andere Knospenstellungen als die Ahornarten.

Auch im Winter findet man häufig noch Blätter, Früchte oder deren Reste unter den Bäumen. Sie können wichtige Hinweise zur Bestimmung liefern.

Bruch-Weide: einschuppige Knospen

Suchen Sie nach sonstigen, auch ungewöhnlichen Merkmalen: spezielle Rindenstrukturen (abschälende Rinde bei Birken, S. 114 – 120), Schösslinge an der Stammbasis (der einzige Schösslinge bildende Ahorn ist der Kolchische Ahorn, S. 230) oder besondere Knospen. Weiden (S. 134 – 146) besitzen nur eine Knospenschuppe, Erlen (S. 106 – 112), mit Ausnahme der Grün-Erle, haben gestielte Knospen mit zwei Schuppen. Die Kaukasische Flügelnuss (S. 252) weist nackte Knospen auf, die bereits Merkmale der nächstjährigen Blätter zeigen. Auch das Mark kann aufschlussreich sein. Nur die Kaukasische Flügelnuss und die Walnussarten (S. 250) besitzen ein gekammertes Mark. Das Mark in Holunderzweigen ist schwammig und weiß. Dies sind nur einige Beispiele.

Grau-Erle: gestielte Knospen

Schwarz-Erle

Alnus glutinosa

Blätter 4 – 10 cm lang, 3 – 7 cm breit, oberseits glänzend dunkelgrün mit klebrigen Drüsen, unterseits hellgrün mit weißlichen Haarbüscheln in den Achseln der sechs bis acht Seitennerven, Blattstiel 1,5 – 3,5 cm lang.

Blätter wechselständig, breit-oval bis fast rund, an der Basis keilförmig, an der Spitze abgerundet und eingekerbt, Blattrand leicht gewellt und unregelmäßig gezähnt.

Triebe anfangs mit klebrigen Drüsen, später grauschwarz werdend. Knospen länglich, 0,7 cm, mit 0,5 cm langem, schuppigem Stiel.

Männliche Blütenkätzchen anfangs purpurn, 2 – 3 cm lang, ab März gelben Pollen streuend, dann bis zu 7 cm lang. Weibliche Blüten eiförmig, purpurn, in Gruppen zu vier bis fünf am Zweig. Früchte eiförmige oder kugelige, holzige Kätzchen, erst grün, nach der Reife schwarzbraun, 1,2 – 1,5 cm.

sommergrün, 15 – 25 m

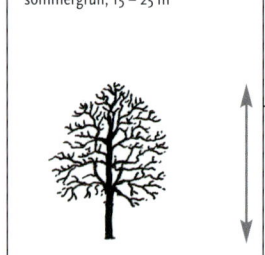

Die Schwarz-Erle ist in ganz Europa beheimatet mit Ausnahme des hohen Nordens, Islands, der Färöer, Kreta und der Balearen. Man findet sie auch in Nordafrika und im Osten bis zum Kaukasus. Sie ist in diesem großen Areal recht formenreich. Die Bäume auf Korsika besitzen kleine, fast kreisrunde Blätter an rotbraunen Ästen, während solche aus dem Kaukasus Blätter mit abgerundeter Basis, acht bis zehn Blattadern und haarige Triebe aufweisen.

Die Schwarz-Erle wächst hauptsächlich an Flussufern, in feuchten Niederungen oder Auen, die periodisch überflutet werden. Sie bildet kleine Wäldchen, die man als Erlenbruch bezeichnet, oder wächst im Unterholz von Auenwäldern. Angepflanzt gedeiht sie zwar auch an trockenen Standorten, kann sich dort aber nicht als Keimling etablieren. Der wissenschaftliche Artname bezieht sich auf die feuchtklebrigen Drüsen an den jungen Blättern und Trieben. Wenn sie austrocknen, hinterlassen sie schwarze Warzen. Das Holz ist sehr leicht und einfach zu bearbeiten, aber nicht sehr haltbar. Erlen kann man eindeutig an ihren holzigen Fruchtständen erkennen, die lange am Baum bleiben. An Flussufern findet man häufig ältere Exemplare, die an der Stammbasis abgeschnitten wurden und Stockausschläge gebildet haben. Heute pflegt man diese Bestände als naturhistorische Landschaftselemente.

Schwarz-Erle mit Stockausschlag in ihrem typischen Lebensraum. Die rötliche Färbung wird von den jungen, männlichen Kätzchen verursacht, die im geschlossenen Zustand den Winter überdauern.

RINDE
Purpurbraun an jungen Bäumen, später graubraun mit orangen Lentizellen (Atemporen). An alten Bäumen querrissig und in grobe Felder aufbrechend.

Grau-Erle

Alnus incana

Blätter oberseits mattgrün, Unterseite grau, behaart, besonders im Bereich der neun bis zwölf Seitennerven. Blätter 5 – 10 cm lang, 4 – 6 cm breit, Blattstiel 2,5 – 3 cm.

Blätter wechselständig, oval bis eiförmig, spitz, an der Basis keilförmig bis abgerundet. Blattrand in der Regel mit sechs zugespitzten und gezähnten Lappen.

Männliche Kätzchenblüten 2 – 3 cm lang, purpurrot, im Winter noch geschlossen am Baum hängend, im zeitigen Frühjahr mit gelben Pollen stäubend, dann 10 cm lang. Weibliche Blüten rötlich purpurn, in Gruppen von drei bis acht am Trieb.

Triebe grau oder graubraun, anfangs grauwollig behaart. Knospen länglich, etwas seitlich gebogen, auf 2 mm langem Stiel. Samen klein, mit schmalen Flügeln.

Früchte eiförmig, verholzt, zapfenartig, im ersten Herbst reifend, dann dunkelbraun, etwa 1 – 2 cm lang.

sommergrün, 10 – 20 m

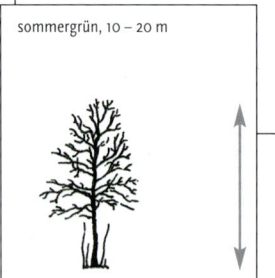

Die Grau-Erle ist in Mittel- und Nordeuropa und im Kaukasus beheimatet. Man findet sie entlang der Flussufer, sie benötigt aber besser drainierte Böden als die Schwarz-Erle und gedeiht nicht an sumpfigen oder überfluteten Standorten. Sie bevorzugt kalkige Böden und wächst auch in trockenen Arealen. Sie bildet von den Wurzeln ausgehend Ausläufer, so dass ältere Bäume häufig von einem Kranz junger Schösslinge umgeben sind. Da sie sich bereits im zeitigen Frühjahr belaubt, wird sie gern in Obstgärten angepflanzt, um die Obstbaumblüte vor späten Frühjahrsfrösten zu schützen. Aufgrund ihrer schmalen Krone und lichten Belaubung konkurriert sie nicht mit den Obstgehölzen um Licht und Nährstoffe.

Erlen leben in Symbiose mit Bakterien, mit deren Hilfe sie Luftstickstoff binden können. Diese Fähigkeit, den Stickstoffbedarf für die Synthese von Proteinen nicht nur aus dem Boden, sondern auch aus der Luft zu decken, ermöglicht es ihnen, auf stickstoffarmen Böden zu wachsen. Erlen werden deshalb gern als Bodenverbesserer angepflanzt, um Brachland urbar zu machen. Sie reichern den Boden mit Stickstoff an und schaffen durch die jährlich anfallende Laubstreu die Grundlage für die Humusbildung.

Die Grau-Erle bildet eine schmale Krone, nicht gewölbt, sondern eher zugespitzt. Die Äste sind sehr aufgelockert angeordnet. Sie wird bis 20 m hoch

RINDE
Dunkelgrau und glatt an jungen Bäumen, mit Lentizellen (Atemporen). An älteren Bäumen ist sie mattgrau und längsrissig.

Herzblättrige Erle

Alnus cordata

Blätter wechselständig an dreikantigen, im ersten Winter flaumigen, grauen Trieben.

Blätter eiförmig, 3 – 12 cm lang, 4 – 8 cm breit, deutlich zugespitzt oder abgerundet, an der Basis herzförmig. Blattrand kurz gezähnt, Oberseite glänzend dunkelgrün, Unterseite hellgrün mit braunen oder orangen Haaren in den Achseln der Blattnerven. Blattnerven undeutlich, nicht bis zum Blattrand reichend, Stiel 3 cm.

Männliche Blütenkätzchen bis 10 cm lang, in Gruppen zu drei bis fünf am Trieb, geschlossen im Winter am Baum hängend, grün, im späten Winter aufblühend, gelben Pollen verstreuend.

sommergrün, 15 – 30 m

Früchte eiförmig, etwas länglich, aufrecht, verholzt, zapfenförmig, 2,5 – 3 cm lang, im ersten Herbst von grün nach braun reifend.

Die Herzblättrige Erle ist in Süditalien und auf Korsika beheimatet, darüber hinaus im Nordwesten Albaniens. Die auf Korsika wachsenden Bäume besitzen Blätter mit abgerundeter Spitze, während die Blätter der in Albanien vorkommenden Exemplare eher klein sind.

Trotz ihrer überwiegend südlichen Verbreitung ist diese Art recht winterfest. So wurden noch in Südschottland stattliche Bäume von über 30 m Höhe gefunden. In Kultur wächst sie äußerst rasch zu einem ca. 10 m hohen Baum heran, dann verlangsamt sich ihr Wachstum. Sie beeindruckt durch ihre dichte, glänzende Belaubung und die farbigen Kätzchen, die sich vor dem Blattaustrieb an den unbelaubten Zweigen im späten Winter oder zeitigen Frühjahr entfalten.

Sie eignet sich sehr gut als Straßenbaum, da sie nur eine sehr schmale, Platz sparende Krone ausbildet. In Parks und Gärten wird sie wegen ihres geringen Platzanspruchs ebenfalls gern gepflanzt. Leider verfärbt sie sich aber nicht im Herbst, sondern behält ihre grüne Laubfärbung bei. Sie gedeiht auf verschiedenen Böden und toleriert trockene Standorte weitaus besser als die anderen Erlenarten. Das Holz ist leicht und die holzigen Zapfen werden von Floristen gern zu Dekorationszwecken verwendet.

Die typische dichte Belaubung verleiht der Herzblättrigen Erle oberflächlich betrachtet eine gewisse Ähnlichkeit mit einem Birnbaum. Sie unterscheidet sich allerdings deutlich durch den Besitz von Zapfenfrüchten.

RINDE
Glatt, mit Lentizellen (Atemporen), graubraun bis grau an jungen Bäumen, später an der Basis längsrissig.

Grün-Erle

Alnus viridis

Blätter eiförmig bis rundlich-oval, 2,5 – 8 cm lang, 2 – 7 cm breit, zugespitzt, an der Basis rund. Blattrand doppelt gezähnt, Oberseite grün mit mattem Glanz, die Blattnerven sind eingesenkt und behaart. Unterseite glänzend hellgrün und klebrig, mit schwarzen, drüsigen Punkten auf den sechs bis acht Seitennerven. In den Nervenachseln braunhaarig. Stiel 1,5 cm lang.

Männliche Kätzchen im Winter mit weißem Harz überzogen, entfalten sich im April/Mai mit dem Laubaustrieb, 5 – 8 cm lang.

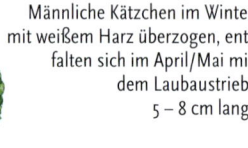

Blätter wechselständig an braunen Trieben, die unterhalb der Blätter stark rissig sind.

Fruchtstände eiförmige, verholzte Zapfen, im ersten Herbst von grün nach braun reifend, 1 – 2 cm lang.

Knospen lanzenförmig, mit vielen dicht anliegenden Schuppen, leuchtend grün oder purpurn, ungestielt.

sommergrün, Baum oder Strauch, selten über 5 m

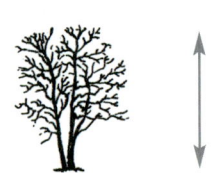

Die Grün-Erle ist in den montanen Regionen Mittel- und Südosteuropas beheimatet. Sie besitzt in jeder Hinsicht viele typische Erleneigenschaften, z. B. die Fähigkeit zur Luftstickstofffixierung durch Symbiose mit Bakterien, männliche und weibliche Blütenkätzchen, die bereits im Winter entwickelt sind und sich im Frühjahr entfalten, sowie holzige, zapfenartige Früchte. Die Fruchtstände gleichen denen der Birken, die allerdings zur Verbreitung der Samen in einzelne, Samen tragende Schuppen zerfallen, während die Fruchtstände der Erlen als Ganzes abfallen. Die Grün-Erle unterscheidet sich in einigen Merkmalen aber auch von anderen Erlen, z. B. sind die Knospen spitz und bestehen aus vielen, dicht anliegenden, dachziegelartig angeordneten Schuppen. Auch sind sie ungestielt; davon ausgenommen sind die Knospen an der Triebbasis, die einen dünnen Stiel besitzen. Die Tatsache, dass die Grün-Erle eher einem Strauch als einem Baum gleicht, ist ein praktisches, weniger ein systematisches Unterscheidungsmerkmal. Grün-Erlen werden zur Bodenverbesserung bei der Rekultivierung von Forsten als Unterholz angepflanzt. Da sie selten eine Höhe von 4 m überschreiten, beeinträchtigen sie nicht das Wachstum der forstwirtschaftlich angepflanzten Nutzhölzer. Sie tragen im Gegenteil zur Bodenverbesserung bei, indem sie den Boden mit Stickstoff anreichern.

Die Grün-Erle wächst eher strauchförmig und kommt in alpinen Regionen in Gebüschen vor.

RINDE
Braun und glatt.

Hänge-Birke, Weiß-Birke

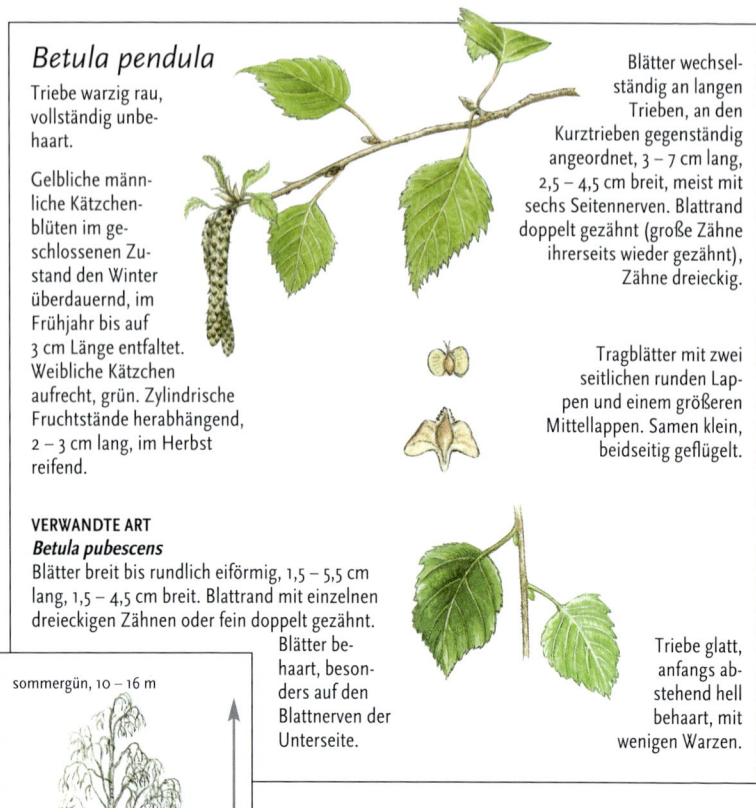

Betula pendula

Triebe warzig rau, vollständig unbehaart.

Gelbliche männliche Kätzchenblüten im geschlossenen Zustand den Winter überdauernd, im Frühjahr bis auf 3 cm Länge entfaltet. Weibliche Kätzchen aufrecht, grün. Zylindrische Fruchtstände herabhängend, 2 – 3 cm lang, im Herbst reifend.

VERWANDTE ART
Betula pubescens
Blätter breit bis rundlich eiförmig, 1,5 – 5,5 cm lang, 1,5 – 4,5 cm breit. Blattrand mit einzelnen dreieckigen Zähnen oder fein doppelt gezähnt.

Blätter behaart, besonders auf den Blattnerven der Unterseite.

sommergrün, 10 – 16 m

Blätter wechselständig an langen Trieben, an den Kurztrieben gegenständig angeordnet, 3 – 7 cm lang, 2,5 – 4,5 cm breit, meist mit sechs Seitennerven. Blattrand doppelt gezähnt (große Zähne ihrerseits wieder gezähnt), Zähne dreieckig.

Tragblätter mit zwei seitlichen runden Lappen und einem größeren Mittellappen. Samen klein, beidseitig geflügelt.

Triebe glatt, anfangs abstehend hell behaart, mit wenigen Warzen.

Die Hänge-Birke kommt verbreitet in Europa vor, von den Pyrenäen bis Großbritannien, östlich bis in den Norden Asiens. Sie wächst auf gut drainierten, leichten Böden und bildet einen kleineren Baum, der oft mehr als 50 Jahre alt wird. Das Holz ist weich. Man stellt daraus Sperrholz her oder verwendet es für Tischlerarbeiten. Die Blätter weisen verschiedene Inhaltsstoffe auf und werden zu Heilzwecken eingesetzt. Der Name Hänge-Birke bezieht sich auf die herabhängenden Zweigenden; sie wird wegen ihrer hellen Rindenfarbe auch als Weiß-Birke bezeichnet.

Die Moor-Birke (B. pubescens) weist in Europa ein ähnliches Verbreitungsgebiet wie die Hänge-Birke auf. Beide Arten ähneln sich in einigen Merkmalen, so sind z. B. die Blätter gleichermaßen behaart. Die Blätter der Moor-Birke sind jedoch nur einfach gezähnt, während die Blätter der Hänge-Birke deutlich doppelt gezähnt sind. Die Rinde der Moor-Birke ist weniger grobborkig und nicht so charakteristisch gefurcht wie die der Hänge-Birke. Obwohl beide Birkenarten eng verwandt sind, lassen sie sich nicht kreuzen, da sie genetisch zu stark differieren. Die Moor-Birke bevorzugt nassere Böden als die Hänge-Birke. Dennoch trifft man beide Arten häufig auch gemeinsam am gleichen Standort an.

Die Hänge-Birke ist ein sehr anmutiger Baum mit lockerer, feingliedriger Krone. Im Herbst verfärbt sie sich ansprechend gelb.

RINDE
Leuchtend weiß im oberen Kronenbereich, an älteren Bäumen in dicke, breite und dunkle Furchen aufreißend.

Papier-Birke

Betula papyrifera

Blätter wechselständig oder in kleinen Wirteln an Kurztrieben, dreieckig eiförmig, 5 – 10 cm lang, 3 – 5 cm breit, zugespitzt, an der Basis abgerundet oder leicht herzförmig. Blattrand doppelt spitz gezähnt. Unterseite mit schwarzen Drüsen, fünf bis zehn Seitennerven mit Haaren in den Nervenachseln. Stiel 1,5 – 2,5 cm lang, gleichfalls mit schwarzen Drüsen.

Triebe behaart oder glatt, mit oder ohne Drüsen.

Männliche Kätzchen im Frühjahr gelb, ausgewachsen 6 – 10 cm lang, Früchte zylindrisch, hängend, 4 – 5 cm lang.

sommergrün, bis 20 m

Das ausgedehnte Verbreitungsgebiet der Papier-Birke erstreckt sich über weite Bereiche Nordamerikas, von der Atlantikküste Kanadas bis zur Pazifikküste Alaskas, im Osten die Appalachen hinunter bis New York und Pennsylvania. Die Bäume variieren in diesem Gebiet, besonders die Farbe der Rinde unterscheidet sich in den verschiedenen Regionen. Gelegentlich kommen Formen vor, die über einen langen Zeitraum die braune Rindenfärbung der Jungbäume behalten. Die Papier-Birke bildet lange Stämme, die zur Holzgewinnung genutzt werden können; in Europa wird sie allerdings überwiegend als Zierbaum gepflanzt.

Eine Besonderheit dieser Birkenart ist ihre Rinde. Man kann sie in dünnen Schichten abschälen, ohne die tiefer liegenden Wachstumszonen zu verletzen, was den Baum zum Absterben bringen würde. Sie enthält Betulin, eine wachsige, Wasser abweisende Substanz. Die Indianer Nordamerikas benutzten die wasserdichte Birkenrinde als Außenhaut für ihre Kanus. Die dünne, abgeschälte Rindenschicht kann man auch als Papier verwenden, worauf der lateinische Artname (*papyrifera*) und der deutsche Name hinweisen. Die Papier-Birke gleicht der Hänge- und der Moor-Birke, ein gutes Unterscheidungsmerkmal ist die große Anzahl schwarzer Harzdrüsen auf der Unterseite der Laubblätter.

Die Papier-Birke wird wegen ihrer dekorativen Rinde und goldgelben Herbstbelaubung gern angepflanzt.

RINDE
Creme- oder kalkweiß, aber stets mit einem rosa Schimmer überzogen. An jungen Bäumen braun.

Schwarz-Birke

Betula nigra

Blätter wechselständig an langen, weißhaarigen Trieben, an Kurztrieben stehen sie paarweise oder zu dreien. Blatt rautenförmig, 4 – 9 cm lang, 3 – 6 cm breit, zugespitzt, an der Basis keilförmig. Blattrand doppelt gezähnt. Zwischen großen dreieckigen Hauptzähnen ca. vier kleine Zwischenzähne. Unterseite weiß und behaart, sechs bis zehn Seitennerven. Stiel dicht weißlich behaart, 1 cm lang.

Frucht im Sommer reifend, aufrecht stehend, 2,5 – 4 cm lang, Tragschuppen behaart.

sommergrün, 10 – 15 m

Die Schwarz-Birke stammt aus dem Osten Nordamerikas, sie kommt in Neuengland, südlich entlang der Atlantik- und Golfküste bis nach Texas und im Norden Wisconsins vor. Sie ist in Nordamerika die Birke mit dem südlichsten Verbreitungsgebiet. Die Schwarz-Birke ist ein Bewohner sumpfiger Gebiete und feuchter Niederungen und auf solche Orte beschränkt, die periodisch überflutet werden. In Kultur gedeiht sie auf den meisten Böden. Die Früchte sind bereits im Sommer reif, was als eine Anpassung an ihren natürlichen Lebensraum betrachtet werden kann. Im Sommer ist der Wasserstand an ihren natürlichen Standorten niedrig, so dass die Samen in der feuchten Erde keimen können, bevor sie überschwemmt werden.

Der Name Schwarz-Birke bezieht sich auf die schwarze Rinde an älteren Bäumen, ein charakteristisches Merkmal dieser Art. Die meisten der in Europa angepflanzten Exemplare sind allerdings wesentlich jünger und besitzen noch ihre für junge Bäume typische, rosabraune oder orange-cremefarbige Rinde, die dekorativ abblättert. Die aufrechten Früchte, die weißlich behaarten, rautenförmigen Blätter und die Triebe, die jung mit dichten weißen Haaren überzogen sind, machen diese Birkenart unverwechselbar.

Die Schwarz-Birke ist ein dekorativer Zierbaum. Sie unterscheidet sich von anderen Birken durch ihre dunkle Rinde, einem charakteristischen Merkmal älterer Schwarz-Birken.

RINDE
An jungen Bäumen altrosa oder orange, schuppig abschälend. An alten Bäumen dunkel oder rötlich, grobrissig und borkig, plattig aufspringend.

Himalaja-Birke

Betula utilis

Blätter wechselständig an wenig behaarten, langen, warzigen Trieben, einzeln stehend oder in Paaren an Kurztrieben, eiförmig, 3 – 10 cm lang, 2 – 8 cm breit, zur Spitze hin verschmälert und zugespitzt, an der Basis abgerundet oder undeutlich herzförmig. Blattrand einfach gezähnt. Oberseite glänzend grün mit langen weißen Haaren auf der Mittelrippe, Unterseite hellgrün mit 6 – 14 behaarten, hervorstehenden Blattnerven und kleinen, schwarzen Punkten zwischen den Nerven. Stiel 1 – 2,5 cm lang.

VERWANDTE ARTEN
Betula utilis* var. *jacquemontii
Blätter breiter, 7 – 14 cm lang, 6 – 10 cm breit, auf der Oberseite blassgrün, nur sieben bis elf Seitennerven. Blattrand grob doppelt gezähnt.

Betula ermanii
Blätter eiförmig, 5 – 10 cm lang, 4 – 7 cm breit. Blattrand doppelt gezähnt, Zähne abgerundet und lang vorstehend, die großen Zähne sitzen in Verlängerung der sieben bis zwölf Seitennerven.

sommergrün, 15 – 20 m

Die Himalaja-Birke ist, wie der Name verrät, im Himalaja beheimatet. Sie kommt dort von Nepal östlich nach Indien, Bhutan, Burma bis in den Westen Chinas vor. Sie bildet Wälder bis zur Baumgrenze, wächst aber auch in Mischwäldern zusammen mit *Tsuga*- und *Abies*-Arten, mit Magnolien und Rhododendron. An alten Exemplaren hängen die dünnen, abgelösten Rindenfetzen bis zu einer Größe von einem halben Quadratmeter am Stamm herab. Der lateinische Name bedeutet übersetzt „nützlich": Das Holz wird zum Bauen und als Feuerholz genutzt, die Rinde verwenden die Bewohner der Himalaja-Region als Papier.

Die Jacquemonts-Birke (*B. utilis* var. *jacquemontii*), eine Varietät der Himalaja-Birke, wächst entlang des Himalaja von Nepal über Indien, Pakistan bis in den Osten Afghanistans. Sie gleicht der Himalaja-Birke im Habitus, unterscheidet sich jedoch in ihrer weißen Rinde, den breiteren, eiförmigen Blättern mit doppelter Zähnung und der geringeren Anzahl Blattnerven.

Die Gold-Birke (*B. ermanii*) ist in Japan, Korea und Nordostchina beheimatet und kommt auch in Russland vom Baikalsee bis nach Kamtschatka vor. Sie besitzt wie die Jacquemonts-Birke eine weiße Rinde, die sich allerdings in langen Streifen und nicht blättrig abschält.

Die Himalaja-Birke bildet eine kuppelförmige Krone. In ihrem Verbreitungsgebiet im Himalaja wächst sie in Mischwäldern zusammen mit anderen Baumarten und Bambus. Sie kann 18 m und höher werden.

RINDE
Rot- bis kupferbraun, ohne wachsigen Überzug. Sie schält sich in dünnen Blättern ab. Die Rinde der Jacquemonts- und der Gold-Birke ist weiß oder cremeweiß, sowohl am Stamm als auch an den Ästen. Sie schält sich bei der Gold-Birke in langen Streifen ab.

Baum-Hasel

Corylus colurna

Blätter oval,
7 – 13 cm lang,
6 – 14 cm breit,
kurz zugespitzt, an der
Basis herzförmig. Ober-
und Unterseite flaumig
behaart, sechs bis zehn
Seitennerven. Blattrand
gelappt, doppelt stumpf
gezähnt.

Blätter wechselständig an drüsig
behaarten Trieben. Triebe
mattbraun, im zweiten Jahr
verkahlend.

Männliche Kätz-
chen gelb, ent-
falten sich im
späten Winter,
bis 8 cm lang.
Früchte reifen im
Herbst, Samen
(Nüsse) hellbraun,
1 cm, von einer
dicken, tief ge-
schlitzten Frucht-
hülle umgeben.

VERWANDTE ARTEN
Corylus avellana
Blätter stark eiförmig, spitz
gezähnt, kleiner als die der
Baum-Hasel, 5 – 10 cm lang,
4 – 8 cm breit. Früchte
1,5 – 2 cm groß, mit becher-
artiger, zerschlitzter Fruchthülle.

Corylus maxima
Blätter eiförmig, 5 – 12 cm lang,
4 – 10 cm breit, Früchte
1,5 – 2,5 cm groß, Fruchthülle
röhrenförmig, den Samen ganz
umschließend.

sommergrün, 15 – 25 m

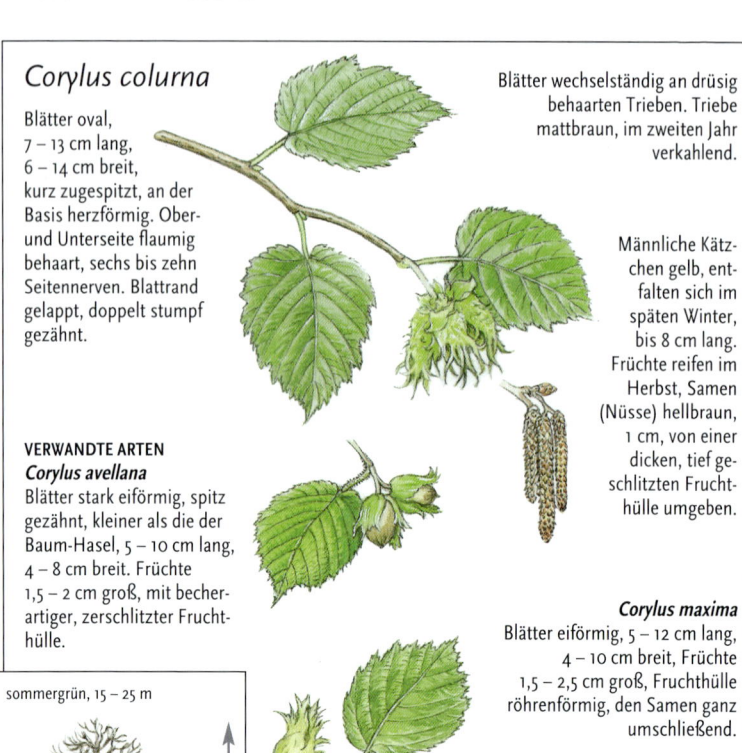

Die Baum-Hasel kommt natürlich in einem Gebiet von Südosteuropa über die Türkei bis in den Kaukasus und den Nordiran vor. Sie bildet eine schmale, kegelige oder säulenförmige Krone mit regelmäßig angeordneten, abstehenden Ästen. Sie wächst auf nährstoffarmen Böden und eignet sich sehr gut als Straßenbaum. Die Nüsse sind zu klein, um im Handel verkauft zu werden.

Die Gemeine Hasel (*C. avellana*) ist in weiten Teilen Europas verbreitet und in Deutschland die häufigere Art. Sie wächst überwiegend als Strauch mit sechs bis zehn schlanken Ästen, kann aber auch einen bis zu 8 m hohen Baum mit einem Stammdurchmesser von 25 cm bilden. Die Gemeine Hasel wurde früher oft „auf den Stock gesetzt". Das bedeutet, dass der Stamm unmittelbar über dem Boden abgeschnitten wird und daraufhin neue Stockausschläge bildet. Die nachwachsenden Äste wurden alle 10 – 15 Jahre geerntet und vielseitig genutzt, als Feuerholz oder als Zaunpfähle. Aus dünnen Zweigen fertigte man Flechtzäune für Weiden oder Gärten. Die Kerne der Nussfrüchte, die Haselnüsse, sind sehr wohlschmeckend.

Die Große Hasel (*C. maxima*) ist im Südosten Europas und in der Türkei beheimatet. Sie bildet kleine, buschige Bäume und wird wegen ihrer großen Nüsse angepflanzt.

Die Baum-Hasel mit ihrer typischen kegelförmigen Krone im Sommeraspekt. Im späten Winter leuchtet sie, wenn sich die männlichen Kätzchen öffnen und stäuben.

RINDE
Die ungewöhnliche Rinde ist mattbraun oder aschgrau an jungen Bäumen, später tief gefurcht und feldrig abschuppend.

Gewöhnliche Hainbuche

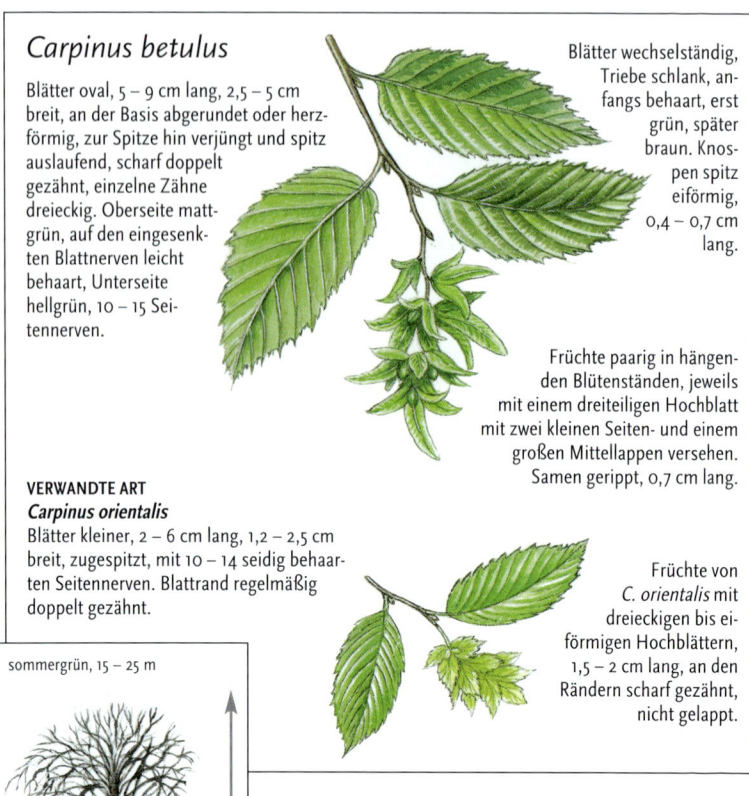

Carpinus betulus

Blätter oval, 5 – 9 cm lang, 2,5 – 5 cm breit, an der Basis abgerundet oder herzförmig, zur Spitze hin verjüngt und spitz auslaufend, scharf doppelt gezähnt, einzelne Zähne dreieckig. Oberseite mattgrün, auf den eingesenkten Blattnerven leicht behaart, Unterseite hellgrün, 10 – 15 Seitennerven.

Blätter wechselständig, Triebe schlank, anfangs behaart, erst grün, später braun. Knospen spitz eiförmig, 0,4 – 0,7 cm lang.

Früchte paarig in hängenden Blütenständen, jeweils mit einem dreiteiligen Hochblatt mit zwei kleinen Seiten- und einem großen Mittellappen versehen. Samen gerippt, 0,7 cm lang.

VERWANDTE ART
Carpinus orientalis
Blätter kleiner, 2 – 6 cm lang, 1,2 – 2,5 cm breit, zugespitzt, mit 10 – 14 seidig behaarten Seitennerven. Blattrand regelmäßig doppelt gezähnt.

Früchte von C. orientalis mit dreieckigen bis eiförmigen Hochblättern, 1,5 – 2 cm lang, an den Rändern scharf gezähnt, nicht gelappt.

sommergrün, 15 – 25 m

Die Gewöhnliche Hainbuche ist in Europa vom Südosten Großbritanniens bis zur Türkei beheimatet. Die lateinische Bezeichnung *betulus* weist auf eine gewisse Ähnlichkeit mit den Birken hin. Sie unterscheidet sich jedoch wesentlich und bildet eine eigene Gattung. Die männlichen Kätzchen der Hainbuche bleiben im Gegensatz zu denen der Birken im Winter in den Knospen eingeschlossen. Dieses Merkmal unterscheidet sie auch von der sehr ähnlichen Hopfenbuche (*Ostrya*, S. 126).

Die Hainbuche gleicht auf den ersten Blick der Rot-Buche (*Fagus sylvatica*), besonders aufgrund der silbrig graugrünen, glatten Rinde. Die Hainbuche bleibt allerdings kleiner, ihre Blätter sind von hellerem Grün, die Knospen kleiner und die Früchte unterscheiden sich vollkommen von denen der Rot-Buche. Die Hainbuche ist besonders schnittverträglich und bildet rasch neue Triebe. Die abgestorbenen Blätter bleiben über den Winter an den Zweigen, so dass sie als Hecke ganzjährig Sichtschutz gewährt. Das Holz der Hainbuche ist sehr hart, feinfaserig und fest.

Die Orientalische Hainbuche (*C. orientalis*) kommt von Italien östlich bis zum Kaukasus vor. Sie ist ein kleiner Baum, manchmal auch strauchförmig und wächst an trockenen Standorten.

Die Hainbuche wächst auf schweren Tonböden in Mischwäldern. Häufig wird sie in Gärten und Parks als Hecke angepflanzt. Zur Anpflanzung eignet sich besonders die Sorte 'Fastigiata'.

RINDE
An jungen und alten Bäumen stets glatt und silbrig grau, mit flachem Leistenmuster überspannt.

Gewöhnliche Hopfenbuche

Ostrya carpinifolia

Blätter oval, 6 – 12 cm lang, 3 – 6 cm breit, an der Basis abgerundet oder undeutlich herzförmig, Blatt in eine schlanke Spitze auslaufend. Blattrand regelmäßig gezähnt. Oberseite mattgrün, Unterseite heller, die 12 – 15 Seitennerven hell behaart. Stiel 1 cm lang.

Blätter wechselständig an zunächst grünen, behaarten, später glänzend braunen Trieben. Knospen kegelförmig oder eiförmig, 0,4 cm lang.

Früchte in Fruchtständen zu 15 – 20, im Herbst braun verfärbend. Einzelfrüchte in blasigen, dünnen Hüllen, enthalten jeweils einen glatten, flachen Samen, 0,6 cm lang.

Männliche Kätzchen im Winter frei am Baum hängend, im Frühjahr voll entfaltet, bis 7 cm lang.

sommergrün, 15 – 20 m

Die Gewöhnliche Hopfenbuche ist in Südeuropa vom Südwesten Frankreichs bis nach Kleinasien und nördlich bis in den Kaukasus beheimatet. Sie wächst in Laubmischwäldern in trockenen Höhenlagen. Der Namensbestandteil „Hopfen" bezieht sich auf die Ähnlichkeit der Fruchtstände mit denen des Hopfens, einer rankenden Pflanze aus der Familie der Hanfgewächse (Cannabaceae), die in der Bierbrauerei verwendet wird. Die Früchte der Hopfenbuche eignen sich allerdings nicht für diesen Zweck.

Die Früchte sind vollständig in einer blasenartigen Hülle eingeschlossen. (Die Gattungsbezeichnung Ostrya ist aus dem Griechischen abgeleitet und bedeutet Schale.) Die Hopfenbuche ist eng verwandt mit der Hainbuche, sie besitzt eine ähnliche Belaubung und ebenso festes, hartes Holz. Man kann beide eindeutig an ihren Fruchtständen unterscheiden oder, wenn sie nicht fruchten, an den männlichen Kätzchen. Diese hängen bei der Hopfenbuche nach der Entwicklung im Sommer frei am Baum, bis sie sich im folgenden Frühjahr entfalten, während die männlichen Blüten der Hainbuche über den Winter in den Knospen eingeschlossen bleiben.

Hopfenbuchen bilden attraktive Bäume, vor allem im Frühjahr, wenn sich ihre männlichen Kätzchen entfalten, und im Herbst, wenn sich das Laub gelb verfärbt.

Die Hopfenbuche ist im frühen Sommer ein dicht belaubter Baum. Besonders dekorativ wirkt er im Frühjahr, wenn die männlichen Kätzchen voll entfaltet sind, und im Herbst mit seiner attraktiven Herbstfärbung.

RINDE
Glatt und graugrün an jungen Bäumen, an älteren Exemplaren rissig und in groben Schuppen abblätternd, orangebraunen Untergrund freilegend.

Zitter-Pappel, Espe

Populus tremula

Blätter rund oder oval, 1,5 – 8 cm lang und breit. An der Spitze abgerundet, an der Basis rund oder undeutlich herzförmig. Blattrand stumpf gezähnt oder leicht gebuchtet. Oberseite bläulich grün, unterseits flaumig oder hellgrün. Junge Blätter weißlich behaart und in der Regel kupferfarbig. Die Blattstiele sind 4 – 8 cm lang, an der Basis rundlich, an der Blattspreite flach, verursachen bereits bei geringem Wind raschelnde Bewegung der Blätter.

Blätter wechselständig an zunächst glänzend olivgrünen, später braun gefärbten Trieben. Knospen ei- bis kegelförmig, glänzend braun, 0,6 cm lang.

Männliche Kätzchen an Trieben, die hinter den eiförmigen Knospen leicht gefurcht sind, öffnen sich im Frühjahr, 5 – 10 cm lang.

VERWANDTE ART
Populus tremuloides
Blätter feiner gezähnt als bei *P. tremula*.

sommergrün, 15 – 25 m

Die Zitter-Pappel ist in Europa heimisch. Ihr Verbreitungsgebiet erstreckt sich von Nordspanien bis Großbritannien, östlich in die Türkei bis nach Zentralasien. Sie kommt auch im Norden Algeriens vor. Sie gedeiht an feuchten Standorten. Einmal etabliert kann sie sich durch Schösslinge vermehren und sich so großflächig ausbreiten. Sie vermehrt sich auch sehr effektiv über Samen, die, leicht an Gewicht, vom Wind verbreitet werden. Wie die meisten Pappeln ist sie zweihäusig (weibliche und männliche Blüten stehen auf getrennten Bäumen).

Der Blattstiel ist so gestaltet, dass bereits der leiseste Windstoß die Blätter in Bewegung versetzt. Reiben sie aneinander, erzeugen sie ein angenehm raschelndes Geräusch. Auf die zitternde Bewegung der Blätter bezieht sich das volkstümliche Sprichwort „Zittern wie Espenlaub". Das Holz ist weich und wird zur Herstellung von Streichhölzern verwendet.

Die Amerikanische Zitter-Pappel (*P. tremuloides*) wächst in Nordamerika bis in den Norden Mexikos. Man kann sie gut an ihren feiner gezähnten Blättern erkennen. Im Nordosten Nordamerikas findet man eine weitere Pappelart, die Großzähnige Pappel (*P. grandidentata*), deren Blattränder schärfer gezähnt sind. Beide Arten werden in Europa gepflanzt oder zu Züchtungszwecken verwendet.

Die Zitter-Pappel bildet einen Baum mit säulenförmiger Krone und wird häufig von einem Ring Schösslinge umgeben. Ihre Herbstfärbung ist außergewöhnlich.

RINDE
Glatt und graugrün an jungen Bäumen, mit vorstehenden Atemporen. An der Stammbasis undeutlich gefurcht. An älteren Exemplaren ebenfalls glatt.

Schwarz-Pappel

Populus nigra

Blätter in ihrer Gestalt variierend, an kräftigen Ästen rundlich bis rautenförmig, an dünneren Zweigen dreieckig, 5 – 8 cm lang, 6 – 8 cm breit, Spitze schlank und zugespitzt, Basis keilförmig. Blattrand mit kleinen Zähnen. Oberseite glänzend grün, unterseits heller.

Blätter wechselständig an schlanken, weißlich bis gelbbraunen Trieben. Knospen schmal, zugespitzt, die Basis am Trieb angedrückt, Spitze abstehend.

Blattstiel abgeflacht, 3 – 4 cm lang, häufig gedreht. Bei var. *betulifolia* häufig mit Gallen (hervorgerufen durch *Pemphigus*-Blattläuse).

Männliche Bäume im Frühjahr mit karmesinroten Kätzchen, entfaltet 6 – 7 cm lang.

Weibliche Bäume mit kleinen grünlichen Blüten, die sich zu 10 – 15 cm langen Kätzchen entwickeln und im Sommer flaumbesetzte Samen entlassen.

sommergrün, 20 – 30 m

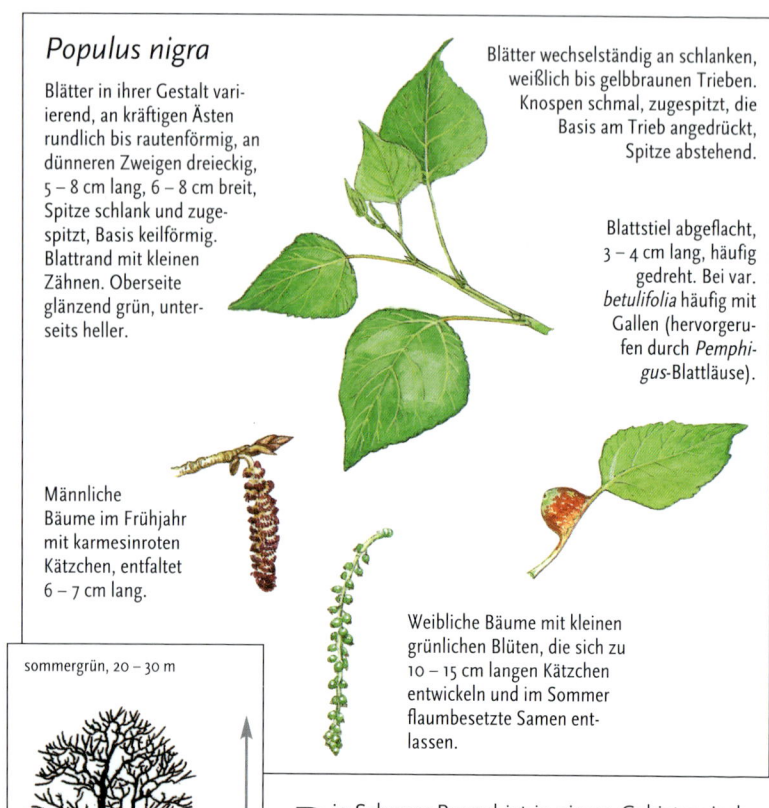

Die Schwarz-Pappel ist in einem Gebiet zwischen Westeuropa und Zentralasien bis in den Süden Nordafrikas beheimatet. Sie wurde in diesem Bereich häufig in Kultur angepflanzt, so dass ihre natürliche Herkunft noch ungeklärt ist. Die Sorte 'Italica' mit ihrer ausgeprägten schmalen Säulenform trägt ihren Namen nach ihrem Vorkommen in Norditalien, stammt aber vermutlich nicht von dort, sondern wurde aus Zentralasien eingeführt. Die typischen, säulenförmigen Exemplare sind männliche Bäume, die weiblichen Bäume sind breitkroniger. Die Varietät var. *betulifolia* aus Westeuropa besitzt eine runde, kuppelförmige Krone wie eine typische Schwarz-Pappel, ist jedoch dichter im Laub, stärker verzweigt, und die Blätter und Blattstiele sind anfangs behaart. Sie ist möglicherweise in Großbritannien beheimatet. Man findet hauptsächlich männliche Exemplare. Sie wird häufig von *Pemphigus* befallen, einer Blattlausart, deren Larven eine Gallenbildung am Blattstiel hervorrufen.

Schwarz-Pappeln wurden früher vielerorts zur Holzproduktion angepflanzt, da sie sehr raschwüchsig sind und nach wenigen Jahren bereits Gewinn bringen. Seit 1700 wird sie zunehmend durch Hybriden ersetzt, die aus Kreuzungen mit der nordamerikanischen Virginischen Pappel (*P. deltoides*) hervorgegangen sind.

Die Sorte 'Italica' wird am häufigsten angepflanzt. Sie wächst auch abseits von feuchten Flussufern, dem Standort, den die Schwarz-Pappel natürlicherweise besiedelt.

RINDE
Graubraun, später rissig und mit tiefen, breiten Furchen. Stamm oft mit Wasserreisern besetzt.

Haarfrüchtige Pappel

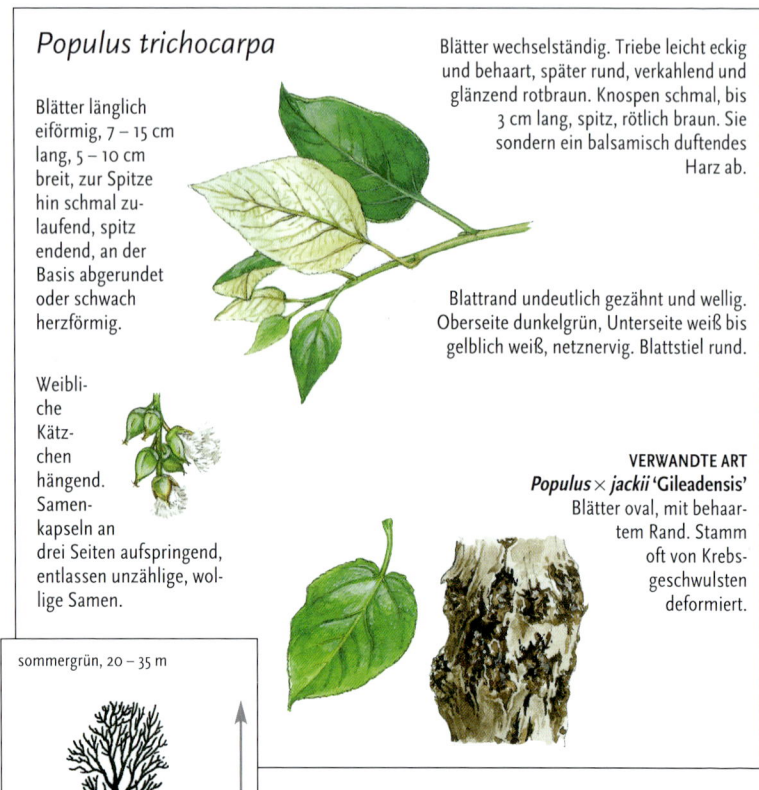

Populus trichocarpa

Blätter länglich eiförmig, 7 – 15 cm lang, 5 – 10 cm breit, zur Spitze hin schmal zulaufend, spitz endend, an der Basis abgerundet oder schwach herzförmig.

Weibliche Kätzchen hängend. Samenkapseln an drei Seiten aufspringend, entlassen unzählige, wollige Samen.

Blätter wechselständig. Triebe leicht eckig und behaart, später rund, verkahlend und glänzend rotbraun. Knospen schmal, bis 3 cm lang, spitz, rötlich braun. Sie sondern ein balsamisch duftendes Harz ab.

Blattrand undeutlich gezähnt und wellig. Oberseite dunkelgrün, Unterseite weiß bis gelblich weiß, netznervig. Blattstiel rund.

VERWANDTE ART
Populus × ***jackii*** 'Gileadensis'
Blätter oval, mit behaartem Rand. Stamm oft von Krebsgeschwulsten deformiert.

sommergrün, 20 – 35 m

Die Haarfrüchtige Pappel ist im Westen Nordamerikas beheimatet, von Alaska südlich bis zur Baja California in Nordmexiko und im Binnenland bis Alberta, Montana und South Dakota. Sie bildet einen Baum mit schmaler, säulenförmiger Krone, ist dicht belaubt und verfärbt sich im Herbst gelb. Sie wird als Zierbaum gepflanzt und liebt, wie andere Pappeln auch, feuchten Grund. Das Holz ist typisch für Pappeln, leicht und weich. Der ebenfalls gebräuchliche Name Westamerikanische Balsam-Pappel bezieht sich auf den Geruch der Blätter, die nach dem Laubaustrieb etwas streng balsamisch duften. Die lateinische Bezeichnung *trichocarpa* = behaarte Frucht weist auf die wollig behaarten Samen hin. Diese werden durch den Wind verbreitet. Sie sind winzig klein und mit zahlreichen langen Samenhaaren ausgestattet. Durch ihr geringes Gewicht können sie über große Distanzen verfrachtet werden und vom Ursprungsbaum weit entfernte Standorte besiedeln.

Pappeln sind sehr kreuzungsfreudig und ihre Herkunft ist nicht immer eindeutig geklärt. *P.* × *jackii* 'Gileadensis' ist ein weiblicher Baum unbekannten Ursprungs. Sie ist möglicherweise aus einer Kreuzung der Virginischen Pappel (*P. deltoides*) mit der Balsam-Pappel (*P. balsamifera*) hervorgegangen. 'Gileadensis' bildet einen kleinwüchsigen Baum mit angenehm balsamischem Duft.

Die Haarfrüchtige Pappel entwickelt eine säulenförmige Krone und bildet Schösslinge an der Stammbasis.

RINDE
Graugrün oder gelblich grün und glatt an jungen Bäumen, später grau und rissig an älteren Exemplaren.

Silber-Pappel, Weiß-Pappel

Populus alba

Junge Triebe lebhaft weiß und wollig behaart, später verkahlend, erst grün, dann braun. Blätter und Knospen wechselständig. Knospen eiförmig, spitz, orangebraun, weiß behaart.

Junge Blätter stets silbrig weiß und wollig behaart, später auf der Oberseite verkahlend und glänzend dunkelgrün, die Unterseite bleibt grauweiß. Die Blattform ist variabel, drei- bis fünflappig, der Rand wenig gezähnt. An der Basis abgerundet oder undeutlich herzförmig. Stiel leicht abgeflacht, wollig behaart.

Männliche Kätzchen erscheinen im Frühjahr vor dem Laubaustrieb. Sie sind karmesinrot, grauwollig, bis 8 cm lang.

Weibliche Kätzchen grün, während der Reife sich auf 8 – 10 cm streckend.

VERWANDTE ART
Populus × canescens
Junge Blätter grau und unterseits behaart, gezähnt aber nicht lappig, außer an den stärkeren Zweigen.

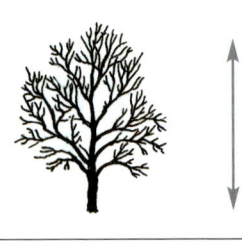

sommergrün, 15 – 25 m

Die Silber-Pappel ist in Europa weit verbreitet. Sie kommt von Portugal und Spanien im Westen nördlich bis Mittelfrankreich und Deutschland vor, von dort nach Osten bis Zentralasien sowie an der Küste Nordafrikas. Sie wurde wegen ihrer dekorativen, silbrigen Belaubung auch außerhalb dieses ausgedehnten Gebietes angepflanzt. Die Silber-Pappel bildet Wurzelschösslinge und vermehrt sich auf diese Weise großräumig über weite Areale. Sie gedeiht am natürlichen Standort auf nährstoffreichen, gut drainierten, aber feuchten Böden in vollem Sonnenlicht. Wie alle Pappeln verträgt sie keinen Schatten und toleriert auch keine überfluteten Plätze. Das Holz ist weich und hell. Man findet sie heute zunehmend als Straßenbaum, da sie mit ihren behaarten Blättern viel Staub binden kann.

Die Grau-Pappel (*P. × canescens*) ist ein Kreuzungsprodukt aus Silber-Pappel (*P. alba*) und Zitter-Pappel (*P. tremula*). Sie zeigt Merkmale beider Eltern und ist ausgesprochen vital. Sie kommt gemeinsam mit beiden Eltern am selben Standort vor, wird aber gebietsweise auch allein angepflanzt. Ihre Blätter sind anfangs behaart, wie die der Silber-Pappel, später allerdings eher grau als silbrig. Die Blattform, insbesondere der Blätter an den dünneren Ästen, ist rund wie bei der Zitter-Pappel, nur die am stärksten entwickelten Äste tragen ausgeprägt gelappte Blätter.

Die runde, kuppelige Krone der Silber-Pappel wirkt besonders dekorativ, wenn die Blätter sich im Wind bewegen und die silbrige Unterseite zeigen. Hier abgebildet ist ein alter Baum, der am Yarlung Tsangpo in Südosttibet wächst.

RINDE
Graugrün oder cremeweiß, glatt, mit kleinen schwarzen Punkten an jungen Bäumen. An älteren Exemplaren schwarz, aufspringend und rissig gefurcht.

Sal-Weide

Salix caprea

Blätter wechselstän-
dig, eiförmig bis läng-
lich, 5 – 10 cm lang,
6 cm breit, vorn mit
deutlicher oder
stumpfer Spitze, an der
Basis rund. Blattrand
rundlich oder spitz gezähnt.
Oberseite rau mit eingesenkten
Blattnerven, Unterseite grau-
wachsig, weich behaart, mit
vorstehenden Blattnerven.
Blattstiel 1 cm, dunkelrot.

Triebe anfangs behaart,
später rötlich braun oder
gelbgrün. Rinde an einjähri-
gen Zweigen abschälend,
das glatte Holz freilegend.
Knospen 0,4 cm, eiförmig
und spitz.

Kätzchenblüten er-
scheinen vor dem
Laubaustrieb.
Männliche Blüten
knospig, jung silbrig,
voll entwickelt gelb und Pollen
verstäubend. Weibliche Blüten hellgrün, von Mai bis
Juni fruchtend, 3 – 7 cm lang.

VERWANDTE ART
Salix cinerea
Blätter eiförmig länglich, 2 – 9 cm lang,
1 – 3 cm breit, unterseits mit rötlichen
Haaren.

Triebe schlanker, mit
geraden Streifen, wenn
sich die Rinde von den
zweijährigen Trieben
schält.

sommergrün, 6 – 12 m

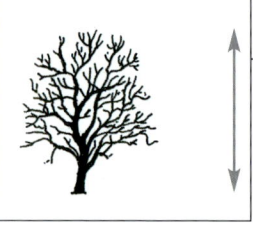

Die Sal-Weide ist in ganz Europa beheimatet, mit Ausnahme des südlichen Bereiches der Iberi-
schen Halbinsel und des hohen Nordens. Sie bildet meist einen mäßig verzweigten, mehrstämmigen Strauch, in Waldbeständen aber durchaus auch bis zu 20 m hohe Bäume. Die Sal-Weide ist zweihäusig, wobei die männlichen Bäume mit ihren weichen, silbrigen Kätzchen attraktiver wir-
ken als die weiblichen Exemplare mit ihren eher unscheinbaren Blüten. Die Früchte reifen im frühen Sommer und entlassen Massen dicht weißflockig behaarter Samen, die selbst bei geringstem Wind über weite Strecken verweht werden. Die Samen sind nur wenige Tage keimfähig und benötigen bewuchsfreien, feuchten Grund. Das Heranwachsen der Keimlinge ist erst dann gesichert, wenn im frühen Sommer eine feuchtnasse Periode einsetzt. Einmal etabliert gedeiht die Sal-Weide allerdings auf verschiedenen Böden gut.

Die Grau-Weide (*S. cinerea*) gleicht der Sal-Weide im Wuchs und vielen anderen Eigenschaften. Beide Arten treten häufig gemeinsam am selben Standort auf. Die Grau-Weide besitzt schmalere Blätter (unterseits rostrot und behaart), woran man sie recht eindeutig erkennen kann. Die zweijährigen Triebe der Grau-Weide sind streifig, die der Sal-Weide sind glatt.

Die Sal-Weide kommt an verschiedenen Standorten zurecht, ihre Samen benötigen aber, nachdem sie vom Wind verbreitet werden, offenen, feuchten Grund. Sal-Weiden bilden dicht belaubte, kuppelartig gewölbte Kronen.

RINDE
Glatt und hellgrau an jungen Bäumen, später orange gefurcht an älteren Exemplaren.

Reif-Weide

Salix daphnoides

Blätter wechselständig, länglich bis schmal eiförmig, 7 – 12 cm lang, 2 – 3 cm breit, zugespitzt, an der Basis keilförmig. Blattrand mit regelmäßigen spitzen Zähnen. Oberseite anfangs glänzend dunkelgrün und silbrig behaart, unterseits matt graugrün mit netzartigen Blattnerven.

Blattstiel 2 cm lang, dicht behaart, mit kleinen Nebenblättern.

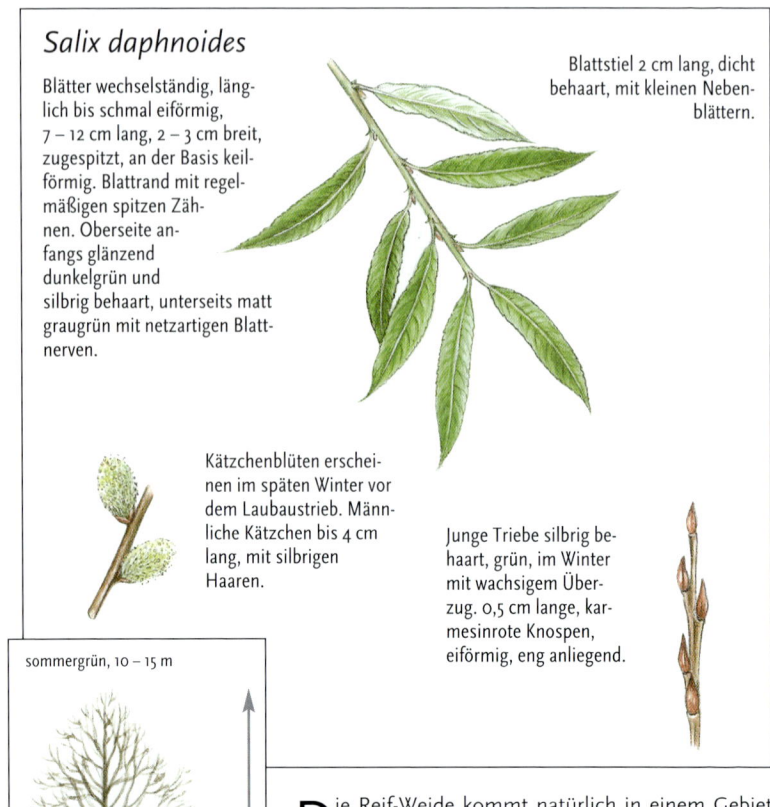

Kätzchenblüten erscheinen im späten Winter vor dem Laubaustrieb. Männliche Kätzchen bis 4 cm lang, mit silbrigen Haaren.

Junge Triebe silbrig behaart, grün, im Winter mit wachsigem Überzug. 0,5 cm lange, karmesinrote Knospen, eiförmig, eng anliegend.

sommergrün, 10 – 15 m

Die Reif-Weide kommt natürlich in einem Gebiet Mitteleuropas vor, das sich von Italien und den Balkanländern nördlich durch den Osten Frankreichs bis nach Südskandinavien und östlich bis nach Finnland und in die Ukraine erstreckt. Außerhalb dieser Region wird sie wegen ihrer attraktiven Belaubung und der silbrig behaarten männlichen Blütenkätzchen kultiviert. Auch unbelaubt im Winter präsentiert sie sich noch sehr ansehnlich mit ihren stark bereiften Trieben. Man kann diesen Effekt erhöhen, indem man den Baum im Frühjahr zurückschneidet, so dass er neue Stockausschläge bildet oder an der Basis verstärkt austreibt. Diese Ruten können im Verlauf des Sommers mehr als 2 m Länge erreichen und sind stark wachsig bereift. In den Alpen findet man die Reif-Weide häufig entlang der Flüsse, wo sie sich nach Uferabspülungen durch Hochwasser oft als Erstbesiedler und Pioniergehölz wieder etabliert.

Die eng verwandte Spitzblättrige Weide (*S. acutifolia*) stammt aus Russland und Zentralasien. Deren Triebe sind weniger bereift, aber sie bietet im Sommer einen hübschen Anblick mit ihren schmalen Blättern und den stärker als bei der Reif-Weide herabhängenden Zweigen. Die Blätter weisen 15 Seitennerven auf, während die der Reif-Weide nur zwölf besitzen.

Die Reif-Weide kommt an Flussufern und an sandigen und kiesigen Standorten vor. Junge Bäumen bilden eine konische, spitz zulaufende Krone, die sich im Alter abrundet.

RINDE
Glatt und grau an jungen Bäumen, später an der Stammbasis gefurcht.

Silber-Weide

Salix alba

Blätter wechselständig, lanzettlich, 5 – 10 cm lang, von der breiten Mitte in eine schlanke Spitze auslaufend, zur Basis hin verschmälert. Blattrand fein regelmäßig gezähnt. Oberseite graugrün, anfangs seidig behaart, Unterseite bleibend filzig behaart, Blattstiel 0,5 – 1 cm lang, an der Basis mehrere schwärzliche Drüsen.

Kätzchenblüten erscheinen im April/Mai mit dem Laubaustrieb, männliche Kätzchen blassgelb, 4 – 5 cm lang, weibliche Kätzchen 3 – 4 cm lang, Samenflug im Juli.

♂

Triebe anfangs graugrün, seidig behaart, später im Herbst oliv bis braun, bei der Sorte 'Britzensis' im späten Dezember hellrot. Knospen länglich kegelförmig, am Trieb eng angeschmiegt.

♀

sommergrün, 10 –30 m

Die Silber-Weide kommt natürlich vom Süden Englands über Europa bis nach Zentralasien vor. Sie gedeiht an feuchten bis nassen Standorten, in Auenwäldern, die periodisch überflutet werden, oder wächst gemeinsam mit anderen feuchtetoleranten Gehölzen wie Pappeln an Ufern von Seen oder entlang der Flüsse und großen Ströme. Man kann sie auch auf weniger feuchten Böden anpflanzen, dort vermehrt sie sich allerdings nicht auf natürlichem Wege. Das Holz der Silber-Weide ist weich und leicht, dabei aber elastisch und schlagfest. Wird sie beschnitten, treibt sie rasch neu aus. Diese elastischen Ruten wurden zu Flechtarbeiten, z. B. zur Herstellung von Weidenkörben, verwendet. Man „erntete" die nachwachsenden langen Stockausschläge regelmäßig, indem man Stamm und Zweige jährlich beschnitt. Durch diese Art der Baumbewirtschaftung entstanden die so genannten Kopfbäume, die in vielen Gebieten Deutschlands in Flussniederungen ein landschaftsbestimmendes Element darstellten.

Von der Silber-Weide gibt es viele Formen. Zwei werden heute bevorzugt kultiviert: Die Sorte 'Britzensis', deren rote Zweige im Winter besonders in der winterlichen Sonne eindrucksvolle Farbakzente setzen, sowie die Varietät var. *argentea*, die durch ihre silbrig behaarten Blätter besticht.

Die Silber-Weide ist entlang von Flussufern weit verbreitet. Sie wirkt mit ihrer dichten Belaubung sehr dekorativ. Die Krone ist anfangs kegelförmig, im Alter verbreitert rund bis kuppelförmig.

RINDE
Anfangs graubraun, später tiefrissig mit deutlichen Furchen.

Bruch-Weide

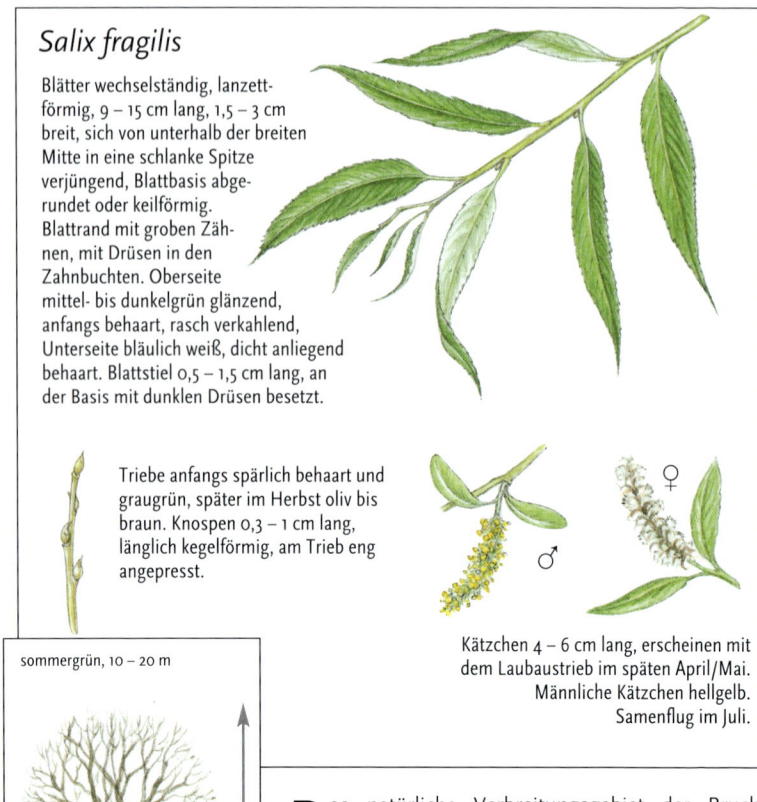

Salix fragilis

Blätter wechselständig, lanzett-
förmig, 9 – 15 cm lang, 1,5 – 3 cm
breit, sich von unterhalb der breiten
Mitte in eine schlanke Spitze
verjüngend, Blattbasis abgerundet oder keilförmig.
Blattrand mit groben Zäh-
nen, mit Drüsen in den
Zahnbuchten. Oberseite
mittel- bis dunkelgrün glänzend,
anfangs behaart, rasch verkahlend,
Unterseite bläulich weiß, dicht anliegend
behaart. Blattstiel 0,5 – 1,5 cm lang, an
der Basis mit dunklen Drüsen besetzt.

Triebe anfangs spärlich behaart und
graugrün, später im Herbst oliv bis
braun. Knospen 0,3 – 1 cm lang,
länglich kegelförmig, am Trieb eng
angepresst.

sommergrün, 10 – 20 m

Kätzchen 4 – 6 cm lang, erscheinen mit
dem Laubaustrieb im späten April/Mai.
Männliche Kätzchen hellgelb.
Samenflug im Juli.

Das natürliche Verbreitungsgebiet der Bruch-
Weide erstreckt sich von Norwegen und Großbritannien bis nach Spanien und östlich nach Rumänien. Sie bildet einen kleineren Baum als die nahe
verwandte Silber-Weide (*S. alba*). Beide Gehölze kann
man an der Behaarung und Größe der Blätter unter-
scheiden. Die der Bruch-Weide sind weniger behaart und größer als die der Silber-
Weide, außerdem oberseits glänzend. Der Name Bruch-Weide (ebenfalls die wissenschaftliche Bezeichnung *fragilis* = zerbrechlich) leitet sich von der Brüchigkeit
der Zweige ab. Auf das knackende Geräusch, welches beim Brechen entsteht, beziehen sich die regional gebräuchlichen, volkstümlichen Namen Knackwied oder
Prasselwied. Abgebrochene Zweige bewurzeln sich auf geeignetem, feuchtem
Grund und bilden Bestände kleiner Schösslinge. Die Bruch-Weide besiedelt wie die
Silber-Weide periodisch überflutete Ufer von Flüssen. Wie die Silber-Weide bildet
sie nach Beschneiden rasch neue Stockausschläge. Früher kappte man den Stamm
in einer Höhe von ca. 3 m, so dass so genannte Kopfbäume mit jungen, gerten-
artigen Trieben entstanden, die aufgrund ihrer Höhe nicht von Pferden oder dem
Weidevieh erreicht werden konnten. Sie wurden im Winter geschnitten und als
Brennholz oder Winterfutter für das Vieh verwendet.

Frei stehend bildet die Bruch-Weide
eine runde Krone. In der Jugend sind
die Bäume noch spitz und kegelförmig. Alte Exemplare wirken häufig
zerfleddert, da die Äste bei heftigem
Wind leicht brechen.

RINDE
An jungen Bäumen grau
und schuppig, später grob
und tief gefurcht mit dicken,
vorstehenden Leisten.

Goldene Trauer-Weide

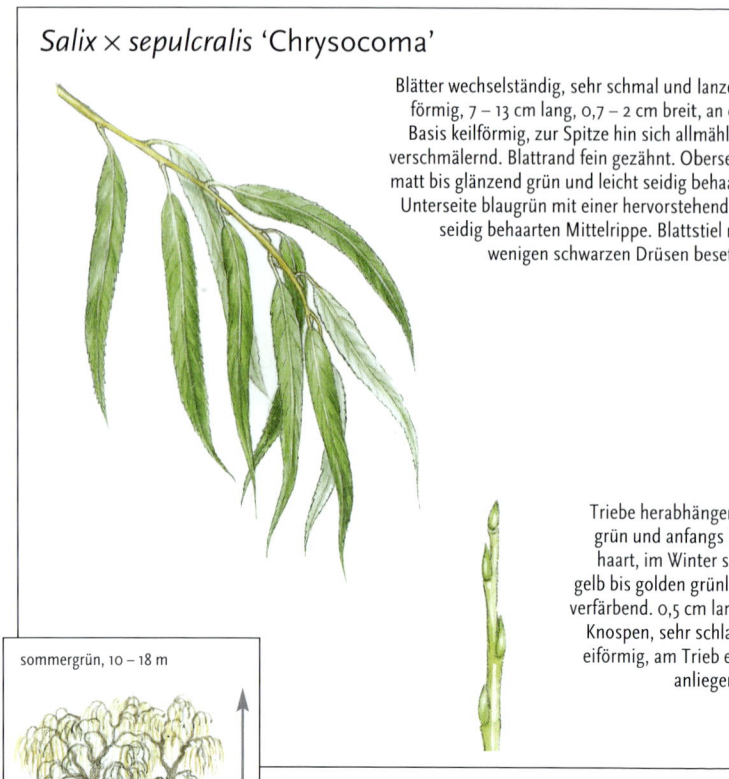

Salix × sepulcralis 'Chrysocoma'

Blätter wechselständig, sehr schmal und lanzett-förmig, 7 – 13 cm lang, 0,7 – 2 cm breit, an der Basis keilförmig, zur Spitze hin sich allmählich verschmälernd. Blattrand fein gezähnt. Oberseite matt bis glänzend grün und leicht seidig behaart, Unterseite blaugrün mit einer hervorstehenden, seidig behaarten Mittelrippe. Blattstiel mit wenigen schwarzen Drüsen besetzt.

Triebe herabhängend, grün und anfangs be-haart, im Winter sich gelb bis golden grünlich verfärbend. 0,5 cm lange Knospen, sehr schlank eiförmig, am Trieb eng anliegend.

sommergrün, 10 – 18 m

Diese Weide ist aus einer Kreuzung der Silber-Weide (*S. alba* 'Vitellina') mit der Trauer-Weide (*S. babylonica*) hervorgegangen. Sie ist winterhärter als die Trauer-Weide. Am häufigsten findet man heute die Sorte 'Chrysocoma' mit ihren gold schim-mernden Ästen und ihrem ausgeprägt hängenden Habitus. Sie hat als Park- und Zierbaum viele andere Sorten und Weidenarten ver-drängt. Wie bei den meisten Weiden entwickeln abgeschnittene Zweige sehr rasch Wurzeln, wenn man sie in den Boden steckt, und wachsen zu einer neuen Pflanze heran. Stellt man Weidenruten im Winter auf der Fensterbank in Wasser, bewurzeln sie sich ebenso rasch wie im Boden. Bereits nach einer Woche erscheinen die ers-ten weißen Wurzeln am Zweigende direkt unter der Wasseroberfläche.

Die Trauer-Weide bekam ihren wissenschaftlichen Namen *S. babylonica*, bevor man wusste, dass sie aus China stammt. Ursprünglich glaubte man, sie sei der Baum, unter dem die Juden in Babylon gefangen gehalten wurden. Heute weiß man jedoch, dass es sich bei diesem historischen Baum um eine Pappel gehandelt haben muss. *S. babylonica* wird heute seltener angepflanzt, denn sie ist nicht sehr winterhart. Man kann sie leicht an den grünen oder bräunlich grünen Trieben und den gedrehten Spitzen der Blätter erkennen.

Trauerweiden wirken mit ihren herabhängenden Ästen sehr stimmungsvoll an Flussufern oder am Rande eines Sees.

RINDE
An jungen Bäumen glatt und goldgrün. Später verfärbt sie sich braun und es bilden sich grobe Furchen und vorstehende Leisten.

Lorbeer-Weide

Salix pentandra

Die Blüten erscheinen im Mai/Juni an kurzen, beblätterten Seitentrieben. Männliche Kätzchen gelb, zylindrisch, 2 – 8 cm lang.

Blätter wechselständig, in der Form recht variabel von eiförmig bis breit lanzettlich, 5 – 12 cm lang, 2 – 5 cm breit, mit schlanker Spitze, an der Basis rund bis keilförmig. Blattrand fein gezähnt mit Drüsen. Oberseite glänzend dunkelgrün, Unterseite heller, unbehaart. Blattstiel 1 cm lang, mit zahlreichen Drüsen besetzt.

Junge Triebe glänzend olivgrün, später im Herbst braun oder rot gefärbt.

Früchte mit Samen reifen im Juli, Kapseln ca. 1 cm.

sommergrün, 10 – 20 m

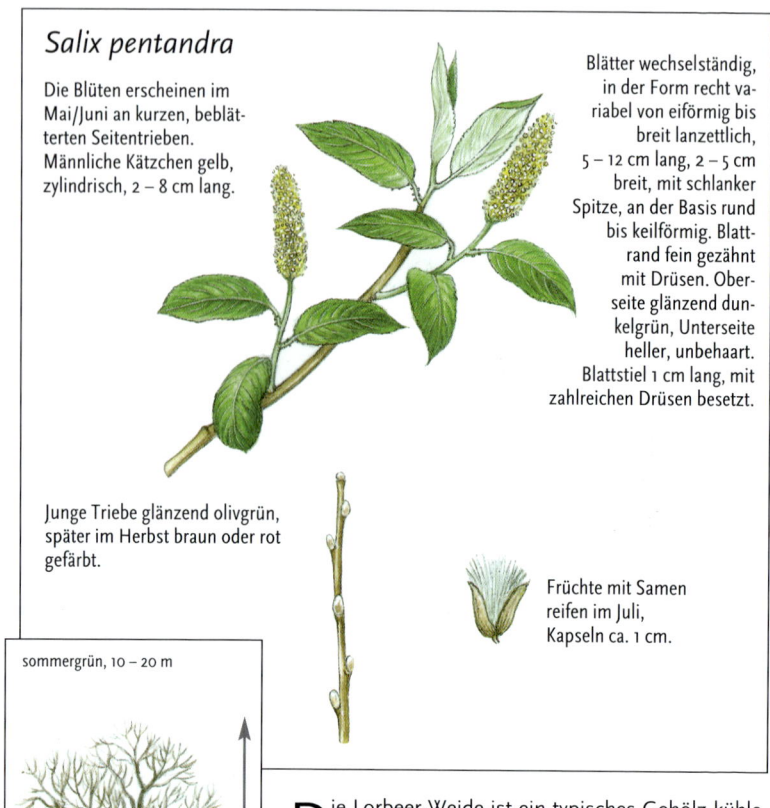

Die Lorbeer-Weide ist ein typisches Gehölz kühlerer Regionen. Sie kommt in Nord- und Mitteleuropa, im Osten bis nach Asien vor. Kleinere Bestände in südlichen Gebieten findet man nur in höheren Gebirgslagen bis zur Baumgrenze. Sie besiedelt bevorzugt dauerfeuchte Böden an Ufern von Bächen und Flüssen. Die Lorbeer-Weide ist ein attraktiver Baum, zum einen wegen ihrer glänzenden Blätter, die eine gewisse Ähnlichkeit mit den Blättern des Lorbeerbaums (S. 283) aufweisen, und zum anderen wegen ihrer Kätzchenblüten. Diese stehen im Frühjahr an kurzen, beblätterten Trieben. Wie bei allen Weiden sind die männlichen Kätzchen größer und auffälliger als die weiblichen Blüten. Die wissenschaftliche Bezeichnung *pentandra* bezieht sich auf die fünf Staubgefäße der männlichen Blüten.

Weiden sind eng verwandt mit Pappeln, beide sind zweihäusig mit weiblichen und männlichen Blüten auf getrennten Bäumen. Sie unterscheiden sich in zwei Faktoren: Weiden werden durch Bienen bestäubt, während Pappeln zu den Windbestäubern gehören. Weiden besitzen keine endständigen Knospen an den Trieben, die Triebspitzen fallen beim jährlichen Neuzuwachs ab, die neuen Triebe entwickeln sich aus Seitenknospen. Die jährlichen neuen Triebe der Pappeln hingegen entwickeln sich aus endständigen Knospen.

Die Lorbeer-Weide bildet eine rundliche oder kuppelförmige Krone. Die weiblichen Bäume verstreuen im Juli ihre flaumig behaarten Früchte.

RINDE
An jungen Bäumen graubraun, später mit flachen, orangen Rissen.

Stiel-Eiche

Quercus robur

Triebe glänzend graugrün. Knospen eiförmig mit stumpfer Spitze. Blätter wechselständig, zur Triebspitze hin dichter stehend, steif und hart, 4 – 12 cm lang, 2 – 6 cm breit, im oberen Drittel am breitesten, vorn abgerundet, zur Basis hin verschmälert und am Grund deutlich geöhrt. Blattrand tief gebuchtet, beidseitig mit 4 – 6 runden Lappen, die sich unsymmetrisch gegenüberstehen. Blattstiel kurz, selten länger als 1 cm.

Blätter matt dunkelgrün auf der Oberseite, unterseits heller, wachsig blaugrün, mit vorstehenden Blattnerven.

♂

Männliche Kätzchen im Frühjahr mit den jungen Blättern erscheinend, hängend. Ein bis vier länglich eiförmige Eicheln, jeweils in einem flachen Becher an einem 2 – 10 cm langen, schlanken Stiel sitzend, im Herbst reifend.

VERWANDTE ART
Quercus frainetto
Blätter deutlich größer, 10 – 25 cm lang, 6 – 14 cm breit, an der Basis keilförmig oder undeutlich geöhrt, beidseitig etwa neun Lappen, die größten an der breitesten Stelle der Blattspreite.

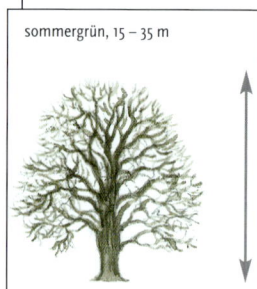

sommergrün, 15 – 35 m

Die Stiel-Eiche ist in ganz Europa zu Hause mit Ausnahme des hohen Nordens. Im Osten kommt sie bis in den Kaukasus vor. Sie ist ein wichtiger Forstbaum, denn ihr Holz ist von hoher Qualität, hart und dauerhaft, mit einer sehr schönen Maserung. Diese ergibt sich aus dem periodischen Wechsel zwischen hellem Frühholz und dunklerem Spätholz. Holz, welches im Frühjahr gebildet wird, besitzt wegen des verstärkten Wasserbedarfs weite Wasserleitgefäße, was ihm eine lockere Struktur verleiht. Das im Spätsommer produzierte Holz ist dichter und fester. Es trägt durch enge Wasserleitgefäße und harte Holzfasern zur Erhöhung der Festigkeit des Stammes und der Äste bei. Die Stiel-Eiche gedeiht auch auf feuchten Lehmböden und erträgt stärkere Klimaschwankungen als die verwandte Trauben-Eiche (S.150). Sie erreicht ein beachtliches Alter, 1.000-jährige Stiel-Eichen sind in einer Region im Münsterland dokumentiert. Sie stehen unter Naturschutz und werden sorgfältig gepflegt. Um die „Deutsche Eiche", der die Stiel-Eiche in Gestalt und Blattform am nächsten kommt, ranken sich viele Geschichten, Legenden und Mythen.

Die Ungarische Eiche (*Q. frainetto*) stammt aus Süditalien und vom Balkan. Die großen Blätter mit tief eingeschnittenen Lappen sind für diese Art charakteristisch.

Die Stiel-Eiche ist ein weit verbreite-
ter Baum in den Wäldern des europäischen Flachlandes. In einigen
Regionen in Deutschland stehen alte
Eichen unter Naturschutz. Frei
stehend entwickelt sie eine ausladende, abgerundete Krone, im
forstlichen Bestand verliert sie
jedoch leicht ihre unteren Äste.

RINDE
An jungen Bäumen glatt,
graugrün glänzend, rasch
rissig werdend. An älteren
Bäumen graubraun, tief-
rissig mit ausgeprägten
Furchen und Leisten.

Trauben-Eiche

Quercus petraea

Blätter eiförmig oder breit oval, 8 – 14 cm lang, 4,5 – 8 cm breit, an der Basis schmal keilförmig, nicht geöhrt, an der Spitze abgerundet. Blattrand gebuchtet mit beidseitig fünf bis neun runden Lappen. Blattumriss symmetrisch. Oberseite matt oder schwach glänzend dunkelgrün, Unterseite heller, mit vorstehenden Blattnerven. Blattstiel 1,5 – 2 cm lang.

Eicheln oval, in Gruppen zu zwei bis mehreren zusammenstehend, ohne Stiel oder an einem kurzen gemeinsamen Stiel sitzend. Becher umschließt das untere Drittel der Eichel. Reifen im Herbst.

VERWANDTE ART
Quercus pubescens
Blätter eiförmig oder breit lanzettlich, 5 – 9 cm lang, 3,5 – 5 cm breit, an grauen, flaumig behaarten Trieben. Blätter vorn abgerundet oder gekerbt, an der Basis keilförmig, beidseitig tief eingeschnitten mit vier bis acht runden Lappen. Blattstiel behaart, 0,4 – 1,2 cm lang. Becher die untere Hälfte der Eichel umschließend.

sommergrün, 20 – 35 m

Die Trauben-Eiche stammt ursprünglich aus einem Gebiet, das sich von Norwegen und Großbritannien südlich bis Spanien und Portugal, östlich bis nach Polen und südwestlich bis Russland, die Krim und Nordgriechenland erstreckt. In Italien kommt sie nicht vor, dort findet man nahe verwandte Arten. Ihr Holz ist von ähnlich guter Qualität wie das der Stiel-Eiche, sie eignet sich jedoch besser als Forstbaum zur Holzproduktion, da sie längere und sehr gerade Stämme bildet. Sie benötigt leichten, feuchten Boden und gedeiht nur schlecht auf den von der Stiel-Eiche besiedelten schweren Lehmböden. Beide Arten sind an ihren Blättern und den Eicheln eindeutig unterscheidbar. Die Blätter der Trauben-Eiche sind regelmäßiger gebuchtet mit langem Stiel, die Eicheln sind kurz gestielt oder ohne Stiel. Die Blätter der Stiel-Eiche sind ungleichmäßig gebuchtet, kurzstielig und an der Basis deutlich geöhrt, die Eicheln sitzen an einem langen Stiel. Beide Arten kreuzen miteinander.

Die Flaum-Eiche (*Q. pubescens*) ist in den Regionen zwischen Westfrankreich und Nordspanien, nach Osten bis in die Türkei und den Kaukasus beheimatet. Sie wächst weit verbreitet an sonnigen Standorten auf Kalkstein- und Schluffböden. Die Triebe sind dicht flaumig behaart. In Mitteleuropa wird sie selten angepflanzt.

Die Trauben-Eiche ist ein wichtiger Waldbaum. Sie produziert ausgezeichnetes Holz. Frei stehend bildet sie eine ausladende Krone.

RINDE
An jungen Bäumen graubraun und glatt. An älteren Bäumen erst feinrissig, dann in Leisten und tiefen Furchen aufbrechend.

Stein-Eiche

Quercus ilex

Blätter wechselständig an behaarten, grauen Trieben. Blätter variabel, an ausgewachsenen Bäumen überwiegend oval oder lanzettlich, 4 – 8 cm lang, 2 – 3 cm breit, derb und ledrig, an der Basis keilförmig, Spitze schlank zugespitzt. Blattrand nicht gezähnt aber häufig gewellt. Oberseite glänzend dunkelgrün, Unterseite weißgrau, filzig behaart.

Blätter an jungen Bäumen und an Schösslingen an der Stammbasis breit oval mit bis zu fünf Paar kleinen, scharfen, dornigen Spitzen am Blattrand.

Eicheln eiförmig, deutlich scharf zugespitzt, 1,5 – 2 cm lang, bis zur Hälfte oder zum oberen Drittel von einem Becher umschlossen. Reifen im ersten Herbst.

immergrün, 15 – 25 m

Männliche Kätzchenblüten goldgelb, herabhängend, 4 – 7 cm lang, erscheinen mit den neuen Blättern im frühen Sommer.

Die Stein-Eiche kommt an den Mittelmeerküsten und im Süden des Schwarzen Meeres vor, sie fehlt aber in den Küstenzonen Ägyptens und Israels. Sie toleriert heiße, trockene Standorte und Meeresklima. An ihrem natürlichen Standort bildet sie zum Teil noch dichte Stein-Eichenwälder. Seit einiger Zeit, vermutlich bedingt durch die globale Klimaerwärmung, breitet sie sich auch in anderen Regionen aus. In Lagen mit milden Wintern wird sie als immergrüner Zierbaum in Parks und Gärten gepflanzt. Der Baum erscheint mit seiner breiten Krone recht stattlich, doch wirkt er elf Monate des Jahres düster und matt. Die älteren Blätter werden im frühen Sommer zum Verdruss des ordentlichen Gärtners abgeworfen. Die Stein-Eiche beschattet den Untergrund sehr stark und trocknet ihn aus, so dass keine anderen Pflanzen unter ihr oder auch in ihrer unmittelbaren Nähe gedeihen. Das Holz ist fest und dauerhaft, aber schwer zu verarbeiten, man nutzt es zur Herstellung von Holzkohle. Der Artname *ilex* bezieht sich auf die Ähnlichkeit der Blätter mit denen der Gewöhnlichen Stechpalme (*Ilex aquifolium*, S. 216). Beide Gehölze besitzen Blätter mit glattem, ungezähntem Rand an ausgewachsenen Bäumen, während junge Bäume und Stockausschläge an der Stammbasis stachelige, spitz gezähnte Blätter aufweisen.

Die Krone der Stein-Eiche ist abgerundet und reicht teilweise bis auf den Boden. Im Sommer, wenn sie frische Blätter bildet und die goldgelben Kätzchenblüten erscheinen, erwacht sie förmlich zu neuem Leben.

RINDE
An jungen Bäumen glatt und schwarz oder dunkelbraun. An älteren Exemplaren reißt sie in kleine, dünne Felder auf.

Zerr-Eiche

Quercus cerris

Blätter wechselständig, länglich eiförmig, 5 – 14 cm lang, 3,5 – 6 cm breit, mit beidseitig ungleichen, zugespitzten Lappen, die durch tief eingeschnittene, spitz zulaufende Buchten getrennt sind. An der Basis abgerundet oder wie abgeschnitten, an der Spitze rund. Oberseite tiefgrün und rauhaarig, Unterseite weißlich behaart, mit sechs bis zehn Paar vorspringenden Blattnerven. Blattstiel 1 – 2 cm lang.

Triebe behaart, Knospen eiförmig, von langen, derben Haaren umgeben.

Die Eicheln sitzen in den Blattachseln an schlanken Trieben. Sie reifen im zweiten Sommer, im ersten Jahr sind sie klein, bei der Reife im zweiten Jahr entwickeln sie sich zu einer Größe von 1,5 – 2 cm. Der Becher umschließt das untere Drittel der Eichel, ist grob geschuppt, die Schuppen an der Basis zurückgebogen, am oberen Becherrand anliegend.

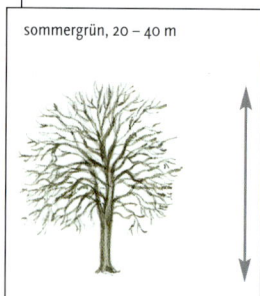

sommergrün, 20 – 40 m

Die Zerr-Eiche kommt natürlich in Südeuropa in einem Verbreitungsgebiet vor, das sich vom Südosten Frankreichs bis zur Türkei, nördlich bis in die Tschechische Republik und nach Rumänien erstreckt. Junge Bäume bilden eine schmal kegelförmige oder säulenförmige Krone. Wenn sie nicht von umstehenden Bäumen beschattet wird und von allen Seiten Licht erhält, entwickelt sie eine ausgesprochen breite und ausladende Krone. Sie wächst schneller als die Stiel- oder Trauben-Eiche. Ihr Holz ist nicht so hart und dauerhaft wie das der beiden verwandten Arten, wird aber gern zur Herstellung von Möbeln genutzt. Die Rinde der Zerr-Eiche enthält wie viele Eichen Gerbstoffe, die zum Gerben von Leder verwendet werden. Sie machen das Leder weich und haltbar. Man kann diese Eiche im Winter nach dem Laubfall eindeutig an den Haarbüscheln rund um die Knospen identifizieren. Es ist ein kennzeichnendes Merkmal. Die Zerr-Eiche gedeiht auf verschiedenen Böden gut und wird in Parks angepflanzt. Als ein Baum, der ursprünglich im südlichen Bereich Europas beheimatet ist, benötigt sie jedoch für ihre Entwicklung wärmere klimatische Bedingungen, wie sie im Norden nur innerhalb der Städte (Wärmeinseln) anzutreffen sind. Zerr-Eichen sind nicht so langlebig wie Stiel-Eichen und werden selten älter als einige wenige Jahrhunderte.

Die Zerr-Eiche ist häufig in Parks zu finden. Sie wächst zu einem großen, stattlichen Baum heran. Junge Bäume behalten ihr braunes Herbstlaub oft über den Winter.

RINDE
Grau bis silbrig grau, auch an jungen Bäumen in Furchen und abstehende Platten aufreißend.

Kork-Eiche

Quercus suber

Blätter wechselständig an graubraunen, flaumig behaarten Trieben. Knospen nicht behaart. Blätter über zwei Jahre am Baum bleibend, länglich eiförmig, 2,5 – 7 cm lang, 1,5 – 4 cm breit, an der Spitze abgerundet oder leicht spitzig, Blattbasis rund. Blattrand zurückgebogen, mit kleinen, dornig spitzen Zähnen besetzt. Oberseite glänzend dunkelgrün mit gewellter Mittelrippe, Unterseite weißlich, graufilzig. Blattstiel 0,7 – 1,5 cm lang.

Eicheln oval, 1,5 – 3 cm lang, untere Hälfte in einem Becher mit langen, abstehenden Schuppen sitzend. Reifen im ersten Sommer.

VERWANDTE ART
Quercus × hispanica
Blätter 10 – 12 cm lang, 3 – 4 cm breit, mit keilförmiger Basis. Blattrand mit großen, dreieckigen Zähnen besetzt. Eicheln reifen im zweiten Herbst. Triebe mit wuscheligen, schuppigen Haaren an den endständigen Knospen.

immergrün, 10 – 20 m

Beheimatet in den westlichen Regionen des Mittelmeerraumes mit östlicher Grenze in Kroatien und südlicher in Marokko, ist die Kork-Eiche ein wichtiger Wirtschaftsbaum in Portugal und Spanien. Dort wird er als Produzent von Kork kultiviert und genutzt. Die Rinde junger Bäume kann nach ca. 20 – 25 Jahren das erste Mal geschält werden, wobei dieser Erstkork in seiner Qualität noch minderwertig ist. Die Korkernte an ausgewachsenen Bäumen erfolgt in einem Rhythmus von sieben bis zehn Jahren. Kork wird zur Herstellung von Korken für die Weinindustrie verwendet, man fertigt aus minderwertigem Kork auch Isolationsmaterial zur Wärmedämmung in Gebäuden oder zur Dekoration. Die Nutzung der Kork-Eichenbestände ist aus Sicht des Naturschutzes von großem Interesse. Es sichert zum einen das Überleben dieser Art, zum anderen dient sie der Erhaltung des Lebensraums für eine Vielzahl von Tier- und Pflanzenarten, die auf die Kork-Eichen angewiesen sind.

Die Spanische Eiche (*Q. × hispanica*) ist ein natürlicher Bastard zwischen der Kork-Eiche (*Q. suber*) und der Zerr-Eiche (*Q. cerris*). Sie kommt überall dort vor, wo sich die Verbreitungsgebiete beider Arten überschneiden oder wo sie gemeinsam angepflanzt werden. Man findet sie häufig in Parks und Gartenanlagen.

Kork-Eichen bilden eine runde Krone, bei frei stehenden Bäumen häufig breiter als hoch.

RINDE
Außenschicht borkig, korkig, graubraun, tief gefurcht mit dicken Leisten, innere Rindenschicht rotbraun.

Rot-Eiche

Quercus rubra

Blätter 7 – 20 cm lang,
5 – 14 cm breit, im Umriss
oval, beidseitig mit drei bis
fünf großen, gezähnten, durch
tief eingeschnittene
Buchten von-
einander
getrenn-
ten Lappen.

Eicheln in den Blattachseln sitzend, im ersten
Sommer klein, reifen erst im zweiten Sommer.

Vordere Spitze und Blattrand
enden in einer schlanken
Spitze, Blattbasis keilförmig.
Oberseite leicht glänzend
dunkelgrün mit vorstehenden
Blattnerven, Unterseite hellgrün mit erhabenen, weißlichen Nerven und braunen
Haarbüscheln in den Achseln
der Blattadern. Blattstiel
1 – 4 cm lang.

Eicheln eiförmig,
1,5 – 3 cm lang.
Becher flach,
umhüllt weniger als
ein Drittel der Eichel.

sommergrün, 20 – 25 m

Triebe leuchtend
graubraun, mit
kegelförmigen
oder rundlichen
Knospen.

Männliche Kätz-
chenblüten gelb,
hängend,
gemeinsam an
Trieben mit den
neuen Blättern.

Das natürliche Vorkommen der Rot-Eiche ist auf den Osten Nordamerikas beschränkt. Man findet sie südlich des St. Lawrence Stromes bis Oklahoma und Georgia, westlich bis Minnesota. Sie ist die in Europa am häufigsten kultivierte amerikanische Eiche und wird in forstlich genutzten Wäldern angepflanzt, denn sie wächst schneller als die Stiel-Eiche, gedeiht auch auf sauren Böden und besitzt ebenfalls ein hochwertiges Holz. Sie toleriert allerdings keine flachgründigen Kalkböden. Die Rot-Eiche ist als Zierbaum in Parks sehr beliebt, denn sie bildet mit ihren seitlich abstehenden Hauptästen einen stattlichen Baum. Junge Bäume verfärben sich im Herbst intensiv rot, worauf sich ihr deutscher Name und die wissenschaftliche Bezeichnung *rubra* beziehen. Ältere Bäume lassen diese beeindruckende Herbstfarbe vermissen, sie färben sich gelblich und braun. Der Frühjahrsaspekt macht eine Anpflanzung ebenfalls attraktiv. Nach dem Laubaustrieb im Frühjahr bleiben die jungen Blätter über einen Zeitraum von mehreren Tagen gelb und färben sich erst allmählich grün.

Die Rot-Eiche gehört unter den amerikanischen Eichenarten zu einer Gruppe, deren Blattlappen außergewöhnlich spitz auslaufen. Dies beruht auf den Blattnerven, die bis an den Blattrand reichen und stachelig in einer Borste enden.

Die Rot-Eiche wächst zu einem
großen Baum mit weit ausladenden
Ästen heran. Ihre Kronenstruktur ist
offener und sonnendurchlässiger als
bei anderen Eichen.

RINDE
An jungen Bäumen dunkel-
oder silbergrau und glatt.
An älteren Exemplaren rissig gefeldert, die inneren
Rindenschichten zwischen
den Furchen rötlich.

Scharlach-Eiche

Quercus coccinea

Blätter 7 – 20 cm lang, 5 – 20 cm breit, im Umriss oval, an der Basis keilförmig, in der Regel am zugespitzten Vorderende am breitesten. Blattrand mit drei bis vier Paar parallelen, großen, durch weite Buchten voneinander getrennten Lappen. Lappen mit borstenartigen Zähnen. Oberseite leuchtend dunkelgrün, glatt, Unterseite heller grün mit vorstehenden Blattnerven, Blattstiel 2 – 5 cm lang.

Triebe glänzend grau mit spitzen, eiförmigen Knospen.

Männliche Kätzchenblüten hängend, im Frühjahr mit dem Laubaustrieb erscheinend. Weibliche Blüten kurz gestielt in den Blattachseln.

Eicheln reifen im zweiten Herbst. Sie sind eiförmig, 1 – 2,5 cm , das untere Drittel ist von einem flachen Becher umhüllt.

VERWANDTE ART
Quercus palustris
Blätter kleiner, das mittlere Lappenpaar breiter, Blattnerven auf der Oberseite behaart, in den Achseln der unterseitigen Blattadern deutliche braune Achselbärte.

sommergrün, 20 – 30 m

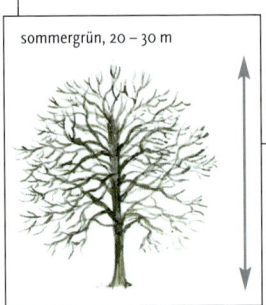

Die Scharlach-Eiche kommt im Osten Nordamerikas von Maine bis Georgia und westlich bis Mississippi und Indiana vor. Man findet sie in Wäldern mit nährstoffarmen Böden. Sie ist nach der Rot-Eiche (S. 158) die häufigste amerikanische Eichenart, die in Europa kultiviert wird. Wie bei der Rot-Eiche weisen auch ihre Blätter die charakteristisch spitzen und in einer kleinen Borste endenden Blattlappen auf. Unterscheiden kann man beide Arten an den Buchten zwischen den Blattlappen. Bei der Scharlach-Eiche sind sie sehr regelmäßig und reichen tief bis fast an die Mittelrippe, während die Blätter der Rot-Eiche weniger tief eingeschnitten sind. Die Blätter der Scharlach-Eiche sind darüber hinaus unbehaart. Die Krone ist schmaler, dichter beastet und die Hauptäste sind in die Höhe, weniger in die Breite ausgerichtet. Der deutsche und der wissenschaftliche Name *coccinea* beziehen sich auf die intensive und dekorative scharlachrote Herbstfärbung.

Die Sumpf-Eiche (*Q. palustris*) kommt im Osten Nordamerikas von Vermont bis in den Süden Ontarios und von Iowa südlich bis South Carolina vor. Sie wächst an feuchten bis nassen Standorten und wird wegen ihrer tief weinroten Herbstfärbung in Parks angepflanzt. Die Zweige des unteren Kronenbereichs hängen oft weit herab, die Eicheln sitzen in Bechern, die das untere Drittel der Eichel umhüllen.

Die Scharlach-Eiche beeindruckt durch ihre außergewöhnliche Herbstfärbung. Sie bildet stattliche Bäume mit kuppelartig gewölbter Krone, deren Hauptäste im oberen Bereich steil aufrecht stehen, anders als bei anderen Eichenarten mit seitlich abstehenden Ästen.

RINDE
Silbergrau bis dunkelgrau, glatt an jungen Bäumen. An ausgewachsenen Bäumen feinrissig, mit kleinen Schuppen und feinen Leisten, dunkelgrau.

Esskastanie, Edelkastanie

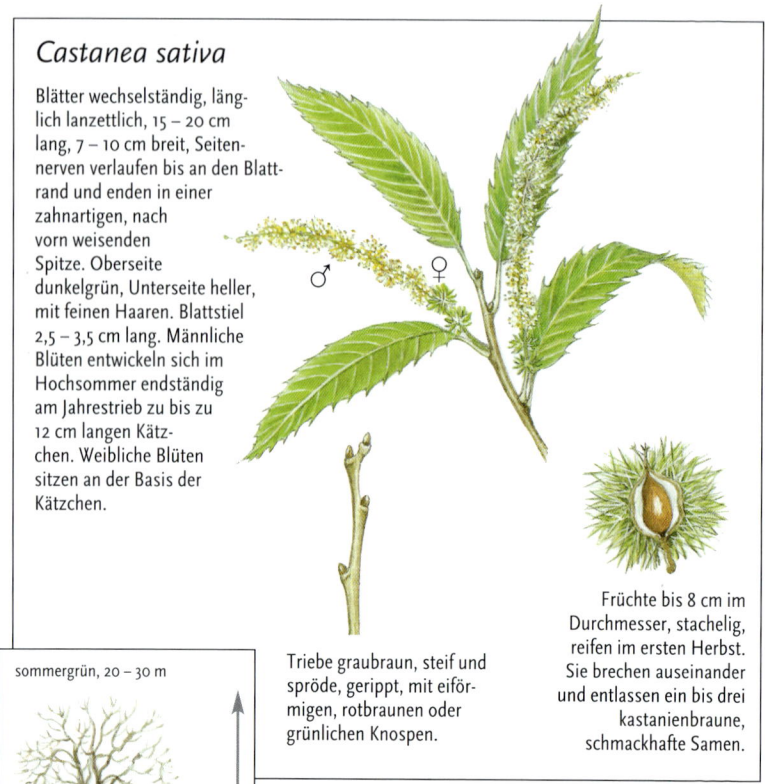

Castanea sativa

Blätter wechselständig, länglich lanzettlich, 15 – 20 cm lang, 7 – 10 cm breit, Seitennerven verlaufen bis an den Blattrand und enden in einer zahnartigen, nach vorn weisenden Spitze. Oberseite dunkelgrün, Unterseite heller, mit feinen Haaren. Blattstiel 2,5 – 3,5 cm lang. Männliche Blüten entwickeln sich im Hochsommer endständig am Jahrestrieb zu bis zu 12 cm langen Kätzchen. Weibliche Blüten sitzen an der Basis der Kätzchen.

sommergrün, 20 – 30 m

Triebe graubraun, steif und spröde, gerippt, mit eiförmigen, rotbraunen oder grünlichen Knospen.

Früchte bis 8 cm im Durchmesser, stachelig, reifen im ersten Herbst. Sie brechen auseinander und entlassen ein bis drei kastanienbraune, schmackhafte Samen.

Die Esskastanie stammt aus dem Süden Europas. Ihr natürliches Verbreitungsgebiet erstreckt sich von Spanien über die Türkei östlich bis zum Kaukasus. In Nordafrika findet man sie auch in Tunesien. Die Esskastanie profitiert von der globalen Erwärmung und breitet sich zunehmend nach Nordeuropa aus. Sie wurde von den Römern nach Mitteleuropa gebracht. Hier pflanzt man sie in Parks und Gartenanlagen an. Sie liebt sommerliche trockene und heiße Bedingungen, wächst bevorzugt auf sauren, sandigen und kiesigen Böden und meidet Kalkböden. Sie verträgt keine feuchten oder nassen Bodenverhältnisse, an solchen Standorten wird sie häufig durch den Befall mit *Phytophthora*, einem parasitischen Pilz, geschwächt und geht ein. Esskastanien werden häufig noch von einem weiteren Pilz, *Endothia*, infiziert, der aus Ostasien nach Europa eingewandert ist.

Das Holz der Esskastanie gleicht dem der Stiel-Eiche, allerdings ohne dessen charakteristische Maserung. Wird der Baum gefällt, treibt er neu aus und die nachwachsenden Triebe können alle 15 Jahre geerntet werden. Man verwendet sie zur Herstellung von Pfählen und Zäunen. Das Beste der Esskastanie sind allerdings ihre Samen, die Maronen. Besonders geröstet schmecken sie hervorragend und finden auch sonst in der Küche vielseitige kulinarische Verwendung.

Alte Esskastanienbäume wirken mit ihrer riesigen, kuppelförmigen Krone sehr imposant. Sie bilden an der Stammbasis oft einige Schösslinge. Junge Bäume sind eher säulenförmig und weniger quirlig verzweigt als ältere Exemplare.

RINDE
An jungen Bäumen glatt und leuchtend grün, später mit einem Netz von Furchen und spiraligen Leisten, dunkel graubraun.

Rot-Buche

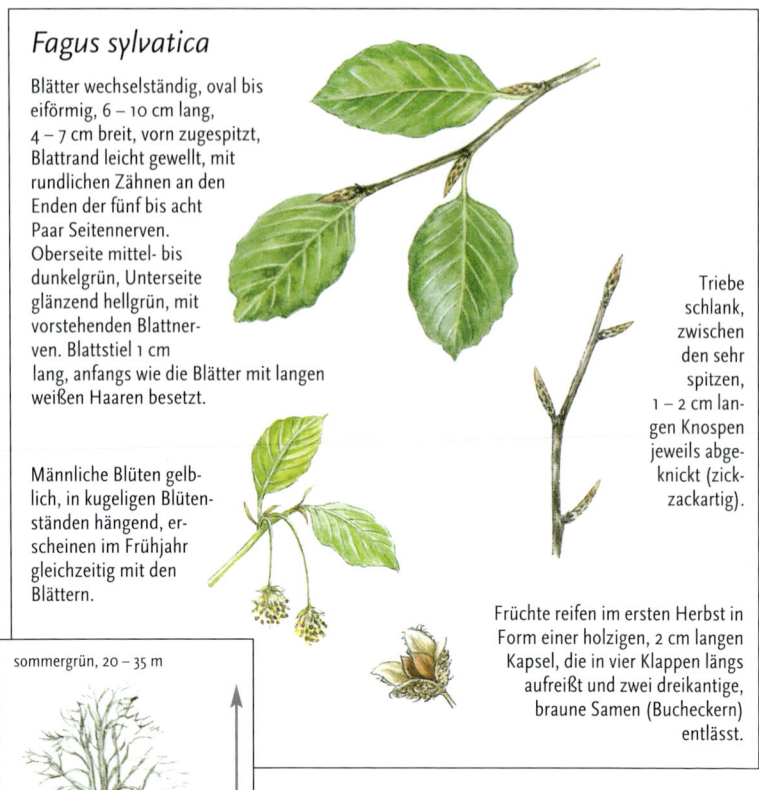

Fagus sylvatica

Blätter wechselständig, oval bis eiförmig, 6 – 10 cm lang, 4 – 7 cm breit, vorn zugespitzt, Blattrand leicht gewellt, mit rundlichen Zähnen an den Enden der fünf bis acht Paar Seitennerven. Oberseite mittel- bis dunkelgrün, Unterseite glänzend hellgrün, mit vorstehenden Blattnerven. Blattstiel 1 cm lang, anfangs wie die Blätter mit langen weißen Haaren besetzt.

Männliche Blüten gelblich, in kugeligen Blütenständen hängend, erscheinen im Frühjahr gleichzeitig mit den Blättern.

Triebe schlank, zwischen den sehr spitzen, 1 – 2 cm langen Knospen jeweils abgeknickt (zickzackartig).

Früchte reifen im ersten Herbst in Form einer holzigen, 2 cm langen Kapsel, die in vier Klappen längs aufreißt und zwei dreikantige, braune Samen (Bucheckern) entlässt.

sommergrün, 20 – 35 m

Die Rot-Buche stammt aus West- und Südeuropa, sie kommt vom Balkan und der Ukraine bis zu den Pyrenäen vor, im Südosten Englands und in Südschweden. Sie mag wie die Esskastanie (S. 162) keine nassen Bodenverhältnisse oder schwere Lehmböden, sondern bevorzugt gut drainierte Standorte, sowohl mit sauren als auch mit alkalischen Böden. Sie ist ein Flachwurzler und benötigt kühlen und nährstoffreichen Grund. In weiten Teilen Mitteleuropas ist sie der am besten an die klimatischen Bedingungen angepasste Laubbaum. Sie ist sehr regenerationsfähig und würde in manchen Regionen ohne menschliche Einflussnahme auf geeigneten Flächen reine Rot-Buchenwälder bilden. Die Keimlinge entwickeln sich aus den glänzend braunen, dreikantigen Bucheckern, die besonders von Eichhörnchen oder Eichelhähern gefressen oder als Wintervorrat verschleppt werden. Auf diese Weise werden Rot-Buchen weit verbreitet und besiedeln rasch neue Standorte. Bucheckern wurden früher als Wintermastfutter für das Vieh gesammelt.

Das Holz der Rot-Buche ist von ausgezeichneter Qualität, leicht zu verarbeiten und von der Möbelindustrie sehr begehrt. Rot-Buchen sind Schattenbäume. Nach dem Kronenschluss im Frühjahr herrscht am Waldboden Lichtmangel, so dass nur wenige Pflanzen im Unterwuchs ausreichende Wachstumsbedingungen finden.

Rot-Buchen wachsen zu prächtigen Einzelbäumen heran und bilden ausgedehnte Wälder. Gesunde Bäume haben eine dichte, runde Krone. Ist die Krone schütter und licht, weist dies auf eine Beeinträchtigung des Baumes hin. Im Herbst verfärbt sie sich rotbraun.

RINDE
Dauerhaft glatt und silbergrau, im hohen Alter etwas rau und an der Stammbasis leicht schuppig, nie rissig oder furchig.

Berg-Ulme, Weißrüster

Ulmus glabra

Blätter oval bis länglich, 8 – 18 cm lang, 4 – 10 cm breit, mit schlanker Spitze. Unterhalb der Spitze oft schulterartig verbreitert. Blattrand grob doppelt gezähnt. Blattbasis deutlich asymmetrisch. Oberseite sehr rau, mit 14 – 20 Paar eingesenkten Blattnerven, Unterseite behaart, mit vorstehenden Nerven. Blattstiel kürzer als 0,6 cm.

Blüten purpurrot, erscheinen im späten Winter vor dem Laubaustrieb.

Triebe stämmig und braun, oft geknickt (zickzackartig), mit spitzen, schokoladenbraunen Knospen.

Früchte in Büscheln, anfangs hellgrün, nach der Reife braun. Samen von einem Hautsaum umgeben, der an der Spitze gekerbt ist, Samen mittig sitzend.

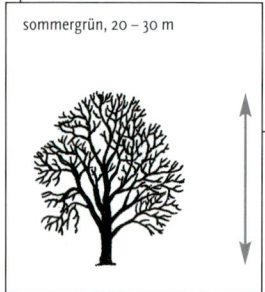

sommergrün, 20 – 30 m

Die Berg-Ulme ist fast in ganz Europa heimisch mit Ausnahme des hohen Nordens, Teilen von Spanien und Portugal. Die Blätter haben eine schlanke Spitze und weisen häufig Lappen oder große Zähne an der schulterartigen Erweiterung der Blattspreite auf. Dieses Merkmal fehlt bei Populationen in Nordengland und Skandinavien. Die Berg-Ulme ist die einzige Art, die eindeutig aus Großbritannien stammt. Man vermehrt sie über Samen, während andere Ulmenarten meist vegetativ aus Schösslingen nachgezogen werden. Die Berg-Ulme wird bei uns als Ziergehölz in Parks gepflanzt. Man sieht sie manchmal auch als Straßenbaum. Sie ist gegen die verbreitete Ulmenkrankheit etwas resistenter als andere Ulmenarten.

Die Berg-Ulme besitzt ein recht passables Holz, das im Möbelbau Verwendung findet, jedoch seit der Dezimierung der Ulmenbestände durch das Ulmensterben in ganz Europa selten geworden ist. Als Weißrüster ist sie hauptsächlich im Holz verarbeitenden Gewerbe bekannt. Die wissenschaftliche Bezeichnung *glabra*, übersetzt glatt, bezieht sich auf die glatte Rinde. Ulmen zeichnen sich durch ihre attraktiven Blütenbüschel aus, die bereits lange vor dem Laubaustrieb erscheinen. Auch die kleinen Nussfrüchte entwickeln sich vor der Entfaltung der Blätter.

Die runde, kuppelförmige Krone wirkt im späten Winter mit den büscheligen männlichen Blüten an den Ästen sehr dekorativ.

RINDE
Über mehrere Jahre glatt und silbergrau, später graubraun verfärbend, mit untereinander verbundenen Längsfurchen und -leisten.

Bastard-Ulme

Ulmus × hollandica

Blätter wechselständig, 10 – 15 cm lang, 5 – 8 cm breit, oval oder eiförmig, deutlich in einer schlanken Spitze endend, an der Basis unsymmetrisch, rund oder herzförmig an einer Seite, gegenüberliegende Seite keilförmig. Blattrand doppelt gezähnt. Oberseite glatt und leuchtend grün, Unterseite hell mit Haaren auf den vorstehenden Blattnerven. Blattstiel kräftig, behaart, 1 – 2 cm lang.

Triebe braun, anfangs mit langen, weißen Haaren besetzt, bis zum Herbst verkahlend, mit eiförmigen bis 1 cm großen, glänzend rotbraunen Knospen.

Früchte reifen im späten Frühjahr, Flügelsaum vorn gekerbt.

sommergrün, 15 – 30 m

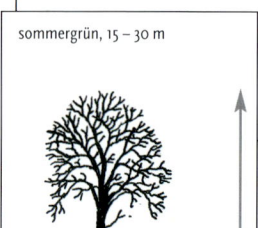

Die Bastard-Ulme ist als Kreuzungsprodukt aus der Berg-Ulme (*U. glabra*, S. 166) und der Feld-Ulme (*U. minor*, S. 170) hervorgegangen. Deren natürliche Verbreitungsgebiete überschneiden sich nicht, jedoch wurden beide Arten über Jahrhunderte gemeinsam angepflanzt und stehen auch in Parks und Gartenanlagen zusammen. Die Bastard-Ulme wächst schneller als beide Eltern und formt rasch einen hohen Baum. Sie wird in verschiedenen Sorten gezüchtet und angepflanzt. Die Bastard-Ulme ist wie andere Ulmenarten durch eine Infektionskrankheit dezimiert worden, die durch einen Pilz verursacht wird. Der Pilz dringt in die Leitgefäße der jüngsten Holzschicht unter der Rinde ein und blockiert diese, so dass der Transport und die Versorgung mit Nährstoffen nicht mehr gesichert ist. Selbst kräftige, ausgewachsene Bäume sterben innerhalb kurzer Zeit ab. Der Pilz wird von einem Borkenkäfer übertragen, der seine Eier im Frühjahr in frisch abgestorbene Stämme legt, in denen sich die Larven entwickeln. Nach dem Schlüpfen ernährt sich die neue Borkenkäfergeneration von den Blättern gesunder Ulmen und infiziert diese mit dem Pilz. Die Infektionskrankheit trat zu Beginn des 20. Jahrhunderts zum ersten Mal in den Niederlanden auf. Erst zwischen 1920 und 1930 konnten die Zusammenhänge des Krankheitsverlaufs aufgeklärt werden.

Die Bastard-Ulme gibt es in verschiedenen Sorten. Eine der dekorativsten ist die hier abgebildete 'Vegata' mit besonders hoher und weit ausladender Krone.

RINDE
An jungen Bäumen graubraun und glatt, an älteren Bäumen furchig und rissig oder in kleinen Schuppen gefeldert.

Feld-Ulme

Ulmus minor

Blüten purpurrot, erscheinen im zeitigen Frühjahr, Früchte 1 – 1,5 cm, im frühen Sommer reifend.

Triebe anfangs glänzend braun und behaart, später graubraun mit 0,2 – 0,4 cm kleinen, leuchtend dunkelroten Knospen. Blätter wechselständig, eiförmig oder oval, 4 – 12 cm lang, 2 – 5 cm breit mit schlanker Spitze, an der Basis unsymmetrisch, eine Seite rund, andere Seite keilförmig. Blattrand doppelt gezähnt. Oberseite glatt und glänzend grün, Unterseite heller mit 10 – 13 Paar Seitennerven, abstehend behaart. Blattstiel 0,5 cm lang, behaart.

VERWANDTE ART
Ulmus procera
Blätter rundlich eiförmig, manchmal oval, 4 – 10 cm lang, 3,5 – 7 cm breit. Blattrand grob doppelt gezähnt. Oberseite rau. Triebe schlanker als bei der Feld-Ulme, bleibend behaart.

sommergrün, 15 – 30 m

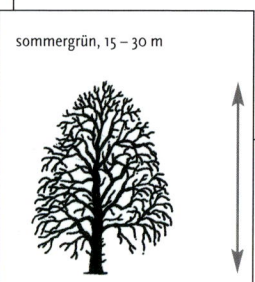

Die Feld-Ulme ist ursprünglich in Europa von Großbritannien im Westen bis nach Westasien beheimatet und kommt auch in Nordafrika vor. In diesem weiten Gebiet tritt sie sehr formenreich in Erscheinung. Die Feld-Ulme gedeiht bevorzugt auf feuchten, lockeren Böden und verträgt auch zeitweise überfluteten Grund. Sie wird bis zu 30 m hoch, die Kronenform variiert sehr stark. Obwohl Ulmen ein gutes Holz besitzen, wurden sie in der Vergangenheit oft nur als Viehfutter angepflanzt und genutzt. Man kappte die Bäume, verfütterte die Blätter direkt an das Vieh oder trocknete sie als Winterfutter.

Die Haar-Ulme (*U. procera*) kommt ursprünglich auf den Britischen Inseln vor. Man kann sie gut an der rauen Oberseite ihrer Blätter erkennen. Sie produziert keine keimfähigen Samen und wird über Schösslinge vermehrt. Sie formt einen dekorativen Baum und produziert rasch große Mengen Holz. Sie wurde in der Vergangenheit häufig zur Einfriedung von Ländereien genutzt. Heute sind die Ulmenvorkommen durch die verbreitete Ulmenkrankheit stark dezimiert, wobei einzeln stehende Bäume seltener betroffen werden als Ulmen in dichten Beständen. Die Suche nach einem wirksamen Mittel zur Bekämpfung der Krankheit gestaltet sich aufgrund der komplexen Zusammenhänge sehr schwierig.

Die Feld-Ulme formt einen reich verzweigten Baum mit glänzenden Blättern. Die vielen kleinen Blätter lassen
die kegel- oder breit kuppelartige
Krone sehr dicht erscheinen.

RINDE
Silbergrau und glatt, später
mit tiefen Furchen und vorspringenden Leisten.

Flatter-Ulme

Ulmus laevis

Triebe dunkel rotbraun, anfangs flaumig behaart, Knospen orangebraun. Blätter rund bis oval, oft auch länglich, mit einer schlanken Spitze. Blätter an der Basis asymmetrisch, mit zwei bis drei zusätzlichen Nerven auf der Außenseite. Blattrand mit einwärts gebogenen, doppelten Zähnen. Oberseite glatt und leuchtend grün, Unterseite hell, mit 12 – 19 Paar vorstehenden, behaarten Blattnerven. Blattstiel 0,3 – 0,6 cm lang, behaart.

Blüten weiß, in Büscheln an langen Stielen, erscheinen im Frühjahr.

Früchte denen anderer Ulmenarten ähnlich, jedoch kleiner, 1 – 1,2 cm, am Rand behaart und an langen Stielen sitzend.

sommergrün, 15 – 35 m

Das Verbreitungsgebiet der Flatter-Ulme erstreckt sich fast über ganz Europa, von den Pyrenäen durch den Nordwesten Frankreichs bis Belgien, im Norden nach Finnland, im Osten bis zum Balkan und Südrussland, bis in die Türkei und den Kaukasus. Sie bildet selten größere Bestände und steht häufig einzeln oder in kleinen Gruppen. Sie ist weniger anfällig für die Ulmenkrankheit als andere Arten und wird als Parkbaum oder Alleebaum gepflanzt.

Der Name Flatter-Ulme weist auf die langen Stiele der Blüten und Früchte hin. Sie versetzen die Blüten und Früchte bereits bei leisem Wind in heftige Bewegung. Die wissenschaftliche Bezeichnung *laevis* bedeutet glatt und bezieht sich auf die glatte Oberseite der Blätter. Die Flatter-Ulme bildet Ausläufer, vermehrt sich jedoch vorwiegend durch Samen, die im Frühsommer verweht werden, wobei die geflügelten Samen weite Strecken überwinden können. Unter geeigneten Bedingungen und Standortverhältnissen keimen sie rasch. Zwischen Blüte und dem Auskeimen der Samen liegen bei den Ulmen oft nur wenige Wochen. Die Flatter-Ulme bevorzugt warme Lehmböden oder wächst auf sandigen Regionen in Auwäldern. Das Holz ist fest und zäh. Die Äste im mittleren Kronenbereich sind etwas gebogen und hängend, was dem Baum ein charakteristisches und typisches Aussehen verleiht.

Die Flatter-Ulme ist ein Baum der Flussniederungen. Die bogigen Äste sind ein charakteristisches Merkmal der winterlichen Silhouette, während im Sommer die dichte Belaubung den Baum unverwechselbar macht.

RINDE
Graubraun und glatt an jungen Bäumen, ältere Bäume mit sehr tiefen Furchen und breiten, erhabenen Leisten.

Japanische Zelkowe

Zelkova serrata

Triebe schlank, anfangs silbrig behaart, später graubraun, mit kleinen, eiförmigen Knospen.

Früchte runde oder herzförmige Nüsschen, 0,5 cm, grün, in den Blattachseln stehend.

Blätter wechselständig, eiförmig bis länglich lanzettlich, 3 – 12 cm lang, 1,5 – 4 cm breit, verschmälernd, in einer deutlichen Spitze endend, an der Basis rund. Blattrand mit 6 – 13 großen dreieckigen, groben Zähnen, oberseits dunkelgrün, unterseits heller, beide Seiten behaart. Blattstiel ca. 0,7 cm lang.

VERWANDTE ART
Zelkova carpinifolia
Blätter länglich, 3 – 9 cm lang, 1,5 – 4 cm breit, in der Regel an Basis und Spitze abgerundet. Die Basis ist asymmetrisch. Blattrand mit runden Zähnen, in einer kurzen Spitze auslaufend. Seitennerven gegabelt, ein Strang in der Zahnspitze, ein Strang in der Zahnbucht endend.

sommergrün, 10 – 25 m

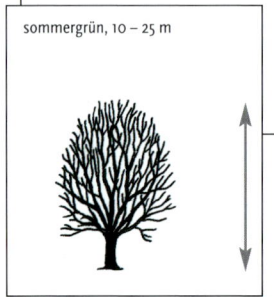

Früchte eiförmig, gestriemt, 0,5 cm.

Die Japanische Zelkowe ist in Südjapan, Taiwan, Korea und im Nordwesten Chinas beheimatet. Sie bildet einen hohen Baum, häufiger sieht man sie jedoch in jüngeren Anpflanzungen, wo sie etwas flachkroniger, zum Teil auch breiter als hoch ist. In Europa findet man sie nur als Zierbaum.

Die Kaukasische Zelkowe (*Z. carpinifolia*) kommt ursprünglich aus einem Gebiet, das sich vom Osten der Türkei bis Armenien und Georgien erstreckt, darüber hinaus bis zum Kaspischen Meer im Iran. Sie ist eine bizarre Erscheinung mit einer Vielzahl an aufrechten Ästen, die wie die Pfeifen einer Orgel auf einem kräftigen Stamm sitzen. Früher war sie weiter verbreitet als die Japanische Zelkowe. Ein Großteil der Bestände fiel in den Jahren um 1970 jedoch der Ulmenkrankheit zum Opfer. Die Zelkowe ist kaum anfällig für die Krankheit. In den siebziger Jahren war aber die Population an Borkenkäfern, den Überträgern der Krankheit, derart groß, die Restbestände an Ulmen aber so gering, dass die Käfer auch auf Zelkowen als Nahrungsquelle übergingen und sie ebenfalls infizierten.

Beide Arten können an ihren Blättern unterschieden werden. *Z. carpinifolia* besitzt am Blattrand rundliche Zähne, während die Zähne an *Z. serrata*-Blättern dreieckig sind.

Die Japanische Zelkowe bildet einen kleinen, verzweigten Baum, dicht belaubt und grün im Sommer, Herbstlaub gelb, orange und rosa gemischt.

RINDE
Glatt und grau, mit vorstehenden rosa, orangen oder braunen Atemporen (Lentizellen).

Südlicher Zürgelbaum

Celtis australis

Triebe schlank und leicht geknickt (zickzackartig). Knospen 0,5 cm, flach kegelförmig.

Früchte rundliche, fleischige Steinfrüchte, 1,2 cm, an einem 2 – 2,5 cm langen Stiel hängend, reifen von grün über rötlich bis schwarz.

Blätter wechselständig, oval bis länglich lanzettlich, 10 – 15 cm lang, 2 – 6 cm breit, vorn in einer lang gestreckten Spitze auslaufend, an der Basis abgerundet und meist mit regelmäßigen, dreieckigen Zähnen oder Zacken besetzt. Oberseite glänzend dunkelgrün, rauhaarig, Unterseite hell, weißlich grün, mit drei an der Basis zusammenlaufenden, vorstehenden, behaarten Blattadern. Stiel 1 – 2 cm lang.

sommergrün, 10 – 25 m

Das natürliche Verbreitungsgebiet des Südlichen Zürgelbaums dehnt sich in Europa von Portugal und Spanien, durch Südfrankreich bis zum Balkan und in die Türkei aus, jedoch nie weit über die mediterrane Klimazone hinaus. In Asien erstreckt es sich bis zum Kaukasus und zur Krim, in Nordafrika von Marokko bis Tunesien. Wie das Verbreitungsmuster zeigt, ist er ein Baum der Regionen mit heißen, trockenen Sommern und kühlen, nassen Wintern. In kälteren Gebieten gedeiht er nur schlecht. In Europa wird er gern als Schatten spendender Baum angepflanzt. Die Früchte sehen aus wie Kirschen und sind essbar. Sie besitzen wie die Kirschen eine fleischige Fruchthülle um einen harten Steinkern. Das Holz des Zürgelbaums ist grauweiß, hart und elastisch. Es eignet sich gut für Drechselarbeiten. Die lang ausgezogenen Spitzen der Blätter bezeichnet man als Träufelspitze. Sie erleichtern den Abfluss von Wasser nach heftigen und ergiebigen Niederschlägen. Dieses Merkmal kommt häufig im tropischen Regenwald, bei Pflanzen der gemäßigten Zonen jedoch sehr selten vor. Viele verwandte Arten des Zürgelbaumes sind allerdings in tropischen Regionen zu Hause. Von Blättern des Südlichen Zürgelbaumes gibt es fossile Funde aus Braunkohleflözen, was als ein Hinweis gedeutet wird, dass das Klima in Mitteleuropa vor der Eiszeit milder war.

Die gewölbte Krone eines ausgewachsenen Zürgelbaums liefert im
Sommer in heißen Gebieten wohltu-
enden Schatten.

RINDE
Glatt und grau, etwas runzelig an älteren Bäumen, an
der Basis manchmal furchig.

Schwarzer Maulbeerbaum

Morus nigra

Blätter wechselständig, breit eiförmig, 8 – 12 cm lang, 6 – 8 cm breit, spitz zulaufend, an der Basis herzförmig. Blattrand grob gezähnt, teilweise mit einem Paar Seitenlappen. Oberseite mattgrün, rauhaarig, Unterseite weichhaarig, Blattstiel behaart, 1,5 – 2,5 cm lang.

Blüten erscheinen im Frühjahr mit dem neuen Laub. Früchte oval, ähnlich wie Brombeeren, mit vielen Samen, jeder einzelne von einer fleischigen Schicht umgeben, reifen von grün zu schwarzrot, sehr wohlschmeckend.

Triebe kräftig und bleibend behaart, braun bis purpurgrau, mit spitzen, glänzend purpurbraunen Knospen.

VERWANDTE ART
Morus alba
Früchte reifen von grün nach weiß bis rosa, 1 – 2,5 cm, Geschmack schal.

Blätter größer als die des Schwarzen Maulbeerbaums, 7 – 20 cm lang, 5 – 12 cm breit, zarter und weicher, Oberseite glänzend grün, kahl.

sommergrün, 8 – 15 m

Der Schwarze Maulbeerbaum stammt vermutlich aus China oder Zentralasien, er wurde allerdings vor Jahrhunderten bereits in Europa eingeführt und kultiviert, so dass man seine natürliche Verbreitung nicht mehr eindeutig nachweisen kann. Er wird wegen seiner essbaren Früchte angepflanzt, die von Juli bis in den September hinein reifen. Es gibt kaum einen vergleichbaren Anblick wie den eines Schwarzen Maulbeerbaumes beladen mit Früchten. Die vollreifen Früchte sind schwarz, saftig, außergewöhnlich wohlschmeckend.

Der Weiße Maulbeerbaum (*M. alba*) ist in China beheimatet und wurde in gleichem Maße wie sein Verwandter seit Jahrhunderten auch außerhalb Chinas kultiviert. Die Früchte schmecken schal, man überlässt sie besser den Vögeln als Nahrung. Der Weiße Maulbeerbaum stellt die Hauptnahrungsquelle der Seidenraupe dar. In Ostasien werden Weiße Maulbeerbäume jährlich beschnitten, die abgestreiften Blätter an die Raupen verfüttert, die sich nach ausgiebigem Fraß in einem selbst gesponnenen Kokon verpuppen. Sie werden abgetötet und die Seidenfäden der Kokons zu Seide versponnen. In Deutschland wurde die Seidenraupenzucht im zweiten Weltkrieg eingeführt. Aus dieser Zeit stammen viele der hiesigen Vorkommen an Weißen Maulbeerbäumen.

Der Schwarze Maulbeerbaum wirkt rasch alt und hinfällig. Die Krone ist breiter als hoch, der Stamm neigt sich oft zur Seite.

RINDE
Orangebraun, mit orangen Furchen und Längsrissen oder Schuppen, oft mit knolligen Verdickungen.

Vogel-Kirsche

Prunus avium

Früchte 2 cm groß, rund, fleischig, einen harten, holzigen Samen umschließend, reifen im Sommer gelblich rot oder rotschwarz.

Blätter wechselständig, länglich bis oval, 7 – 12 cm lang, 4 – 5 cm breit, junge Blätter an der Mittelrippe gefaltet, mit schlanker Spitze, an der Basis abgerundet oder keilförmig. Blattrand scharf gesägt. Oberseite dunkelgrün, Unterseite heller, auf den vorstehenden Blattnerven behaart. Blattstiel 2 – 3,5 cm lang, mit zwei bis fünf Drüsen.

Triebe leuchtend purpurbraun, mit leicht zugespitzten, 0,5 cm langen, eiförmigen Knospen.

Blüten weiß, erscheinen im Frühjahr mit dem neuen Laub, hängen zu mehreren beisammen, lang gestielt.

sommergrün, 15 – 25 m

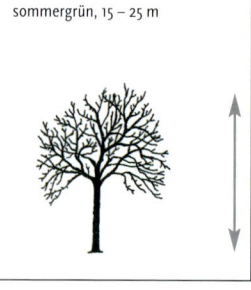

Die Heimat der Vogel-Kirsche erstreckt sich über ganz Europa mit Ausnahme des hohen Nordens, sie kommt ebenfalls in Russland bis nach Sibirien vor. Ein weiteres natürliches Verbreitungsgebiet liegt in der Türkei, im Nordiran und in Nordafrika. Die Früchte schmecken zum Teil süß, zum Teil bitter, sind aber nie sauer. Die Vogel-Kirsche ist eine Stammform der zahlreichen Kirschbaumsorten, die weltweit gekreuzt und als Obstbäume kultiviert werden.

Die Vogel-Kirsche wächst auf verschiedenen Böden, auf sandigen und trockenen Böden wird sie allerdings nicht sehr alt. Am besten gedeiht sie auf sickerfeuchten Ton- oder Lehmböden und erreicht dort eine vergleichbare Höhe wie Eichen in Mischwäldern. Das Holz ist ausgesprochen wertvoll und von hoher Qualität, hart, leicht und von rötlicher Farbe. Es wird zu Möbeln verarbeitet, zu Parkettböden oder für künstlerische Arbeiten verwendet und ist begehrter als Eichenholz.

Die Samen benötigen eine bestimmte Abfolge geeigneter Keimbedingungen. Zuerst eine feuchte, warme Periode zum Aufbrechen der harten Samenschale und anschließend eine kühle Phase zur Inaktivierung keimhemmender Substanzen.

Wenn die Samen im Sommer reifen, wird die erste Bedingung häufig erfüllt, aber oft ist ein weiteres Jahr nötig, um den Keimprozess abzuschließen.

Die Vogel-Kirsche wirkt besonders im Frühjahr, wenn sie in voller Blüte steht. In Mischwäldern, in Gärten oder Obstplantagen setzt sie weiße, eindrucksvolle Farbakzente. Die Krone junger Bäume ist aufgelockert, später wird sie dichter und rund.

RINDE
An jungen Bäumen glänzend purpurbraun, mit ringförmig angeordneten Atemporen (Lentizellen). Die obere Rindenschicht schält sich leicht ab. Später grau, mit schwarzen Furchen.

Gewöhnliche Traubenkirsche

Prunus padus

Blüten weiß, 1,5 cm, in langen Rispen (7 – 15 cm) an den Enden der beblätterten Triebe, seitlich abstehend oder aufrecht, erscheinen im späten Frühjahr.

Triebe glänzend dunkelbraun, mit sehr spitzen, eng anliegenden Knospen.

Blätter wechselständig, oval bis eiförmig, 7 – 13 cm lang, 4 – 7 cm breit. Junge Blätter an der Mittelrippe nach oben gefaltet, vorn mit schlanker Spitze, an der Basis rund. Blattrand fein gezähnt. Oberseite matt dunkelgrün mit eingesenkten Blattnerven, Unterseite auf den vorstehenden Nerven behaart oder kahl. Blattstiel mit zwei bis vielen gestielten Drüsen.

Früchte rund, 1 cm groß, reifen im späten Sommer, schwarz, Geschmack herb und bitter.

VERWANDTE ART
Prunus serotina
Blätter länglich, oberhalb der Mitte am breitesten, etwas derb, mit zwei Drüsen an der Blattbasis. Kennzeichnendes Merkmal ist die rotbraune Behaarung längs der unterseitigen Mittelrippe.

sommergrün, 10 – 20 m

Die Gewöhnliche Traubenkirsche ist in ganz Europa beheimatet, den Balkan ausgenommen. Ihr Vorkommen erstreckt sich bis in den Norden nach Norwegen und Schweden. Sie kommt in natürlichen Beständen auch von Sibirien bis nach Nordostchina und auf der nördlichen Insel Hokkaido in Japan vor. Sie bevorzugt kühle, feuchte Klimaverhältnisse, an heiße oder trockene Bedingungen ist sie nur schlecht angepasst. Sie gedeiht besonders gut auf feuchten, tiefgründigen und nährstoffreichen Böden in Laubwäldern, auch in Auenwäldern. Die Blätter, Früchte und das Holz enthalten cyanogene Verbindungen, ein kennzeichnendes Merkmal der verschiedenen Arten der Gattung *Prunus*. Sie sind in großen Mengen giftig, allerdings sind sie nur in wenigen Arten in toxischen Konzentrationen vorhanden.

Die Späte Traubenkirsche (*P. serotina*) stammt aus Nordamerika und kommt dort im Osten von New Scotland südlich bis Florida und westlich bis Arizona und Dakota vor. Sie ist in verschiedenen Regionen Mitteleuropas eingebürgert. Sie besitzt ähnliche Blüten und Früchte wie die einheimische Art, wächst allerdings zu wesentlich größerer Höhe heran. Der deutsche Name und die wissenschaftliche Bezeichnung *serotina* = spät weisen auf den späten Blühzeitpunkt dieser Art hin.

Die Gewöhnliche Traubenkirsche wird wegen ihrer weißen Blütenfülle gern als Zierbaum angepflanzt. Die Blüten überdecken oft die grüne Belaubung. Die Krone älterer Bäume ist meist breiter als hoch.

RINDE
Dunkel graubraun, anfangs glatt, später furchig. Bei Verletzung einen säuerlichen Geruch verbreitend.

Grannen-Kirsche

Prunus serrulata

Triebe hellbraun, glänzend, mit spitzen rotbraunen Knospen. Blätter wechselständig, eiförmig bis länglich, 7 – 13 cm lang, 3 – 7 cm breit, deutlich zugespitzt, an der Basis rund. Junge Blätter an der Mittelrippe aufwärts gebogen. Blattrand gezähnt, Zähne nach vorn weisend. Blattstiel bis 3 cm lang, mit zwei bis mehreren gestielten Drüsen.

Blüten gestielt, im Frühjahr in Büscheln zu zwei bis fünf an der Unterseite des Triebes hängend. Blüten einfach oder gefüllt (Kronblätter vervielfacht).

VERWANDTE ART
Prunus subhirtella
Blüten rosa, Zweige schlank mit stumpfen Knospen und kleineren Blättern als die Grannen-Kirsche. Blattrand grob doppelt gezähnt.

sommergrün, 10 m

Die Grannen-Kirsche ist in den Bergregionen Japans, in Zentral- und Nordchina sowie in Korea beheimatet. In diesen weit voneinander entfernten und abgegrenzten Gebieten zeigt sie eine große Variationsbreite. Die Wildform zeichnet sich durch eine hellrote bis orange Herbstfärbung aus.

Die kultivierten Gartenformen bezeichnen die Japaner allgemein als *sato zakura*, was so viel wie Gartenkirsche bedeutet. Es gibt mehr als 50 Sorten in Kultur. Viele der Sorten wurden auf ihre Blütenform, -farbe und -fülle hin selektiert. 'Amanogawa' besitzt aufrechte Zweige, bildet einen bis 8 m hohen, schmalen Baum mit hellrosa Blüten. 'Kanzan' wird häufig wegen ihrer purpurrosa Blüten und vasenförmigen Kronenform angepflanzt. Die Äste von 'Shirofugen' hängen bogig herab und sind mit einer Fülle rosaroter Blüten ausgestattet, die zu weißlich rosa verblassen. 'Shirotae' zeichnet sich durch eine ausladende Krone aus, übersät mit weißen, hängenden Blüten. 'Taihaku' ist die größte Gartenform und weiß blühend. Die kuriosesten Blüten besitzt 'Ukon', sie sind grüngelb gefärbt.

Die Higan-Kirsche (*P. subhirtella*) ist eine halbwilde Kirsche, die einige Sorten hervorgebracht hat. Während 'Autumnalis' im Spätherbst bei milden Wetterlagen blüht, erscheinen die Blüten von 'Rosea' normal im Frühjahr.

Von der Grannen-Kirsche gibt es eine Vielzahl verschiedener Formen. Die Kronenform variiert von schmal aufrecht bei 'Amanogawa' bis weit ausladend bei 'Ukon' oder 'Taihaku'. Die Sorte 'Kanzan' besitzt eine vasenförmige Krone und blüht überwältigend knallrosa.

RINDE
Braun, mit stark vorstehenden, horizontalen Lentizellenbändern (Atemporen). An jungen Bäumen glatt, an älteren Exemplaren rauer.

Kultur-Birne, Garten-Birnbaum

Pyrus communis

Früchte birnenförmig oder rundlich, an der Basis eingekerbt, grün bis rotbraun, mit vielen Atemporen (Lentizellen). Vorn mit vertrockneten Blütenresten.

Triebe glänzend braun, später graubraun, mit leuchtend rotbraunen, spitzen Knospen. Blätter wechselständig, rundlich eiförmig bis oval, 4 – 8 cm lang, 4 – 5 cm breit, Spitze rund oder leicht zugespitzt. Basis rund oder leicht herzförmig. Blattrand fein gezähnt oder glatt. Blattstiel im Querschnitt oval, gelbgrün, 1 – 4 cm lang.

Blüten weiß, in Büscheln, erscheinen vor dem Laubaustrieb.

VERWANDTE ART
Pyrus cordata
Blätter eiförmig, kleiner, 2 – 5 cm lang, 1 – 3 cm breit, mit rundlichen Zähnen am Blattrand. Kleinere, rundliche Früchte, an der Spitze eingesenkt, mit Blütenresten. Dornige Kurztriebe.

sommergrün, 15 – 25 m

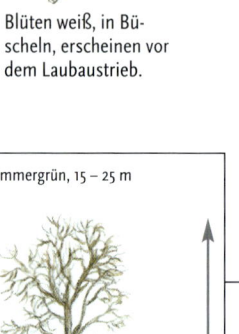

Die Kultur-Birne wird in Europa bis nach Westasien angepflanzt und kultiviert. Ob dieser Bereich ihrem natürlichen Verbreitungsgebiet entspricht ist unklar. Der als Obstbaum gezüchtete Garten-Birnbaum ist ein Bastard, an dessen Entstehung möglicherweise mehrere Wild-Birnenarten und Zuchtsorten aus Süd- und Osteuropa und Westasien beteiligt waren. Von der Kultur-Birne gibt es einige Hundert verschiedene Sorten, die in Größe, Geschmack, Konsistenz oder Reifezeitpunkt der Früchte variieren. Ein gemeinsames Merkmal sind ihre derben, etwas ledrigen, grün glänzenden Blätter. Ein Baum, den man aufgrund seiner Blätter mit der Kultur-Birne verwechseln könnte, ist die Herzblättrige Erle (Alnus cordata, S.110). Sie lässt sich aber eindeutig an den Kätzchenblüten und holzigen Zapfenfrüchten erkennen und abgrenzen. Birnenfrüchte besitzen im Fruchtfleisch Nester dickwandiger, verholzter Zellen, so genannte Steinzellen. Ihre Bedeutung ist noch unklar. Die Früchte reifen schnell und werden sehr saftig. Man kann sie vergären und daraus exzellenten Birnenschnaps destillieren.

Die Holz-Birne (P. cordata) bildet einen kleinen Baum, den man hauptsächlich von Westfrankreich bis Spanien und Portugal findet. Sie besitzt kleinere Blätter und Früchte als die Kultur-Birne.

Die Kultur-Birne ist besonders attraktiv im Frühjahr vor dem Laubaustrieb, wenn der Baum in voller Blüte steht. Junge Bäume entwickeln eine Krone mit unregelmäßig abstehenden Zweigen, im Alter wird sie dicht und rund.

RINDE
An jungen Bäumen braun oder schwarz, anfangs glatt, später reißt sie rasch grobfeldrig oder schuppig auf.

Gewöhnliche Mehlbeere

Sorbus aria

Blätter wechselständig, an der Triebspitze gehäuft, oval oder eiförmig, 6 – 12 cm lang, 3 – 8 cm breit, stumpfspitzig, an der Basis keilförmig oder rund. Blattrand scharf gezähnt, mit größeren Zähnen an den Blattnervenenden, 13 Paar Blattnerven. Oberseite sattgrün, rasch verkahlend, Unterseite bleibend weiß behaart. Blattstiel 1 – 2 cm lang.

Blüten weiß, zahlreich in 5 – 10 cm großen Dolden, erscheinen im Mai/Juni. Früchte eiförmig 0,8 – 1,5 cm, im reifen Zustand scharlachrot.

Junge Triebe dicht mit weißen Haaren besetzt, bald verkahlend, Knospen braun, rund, etwas weiß behaart, grün und braun.

VERWANDTE ART
Sorbus intermedia
Blätter oval, 7 – 12 cm lang, 5 – 7 cm breit. Blattrand beidseitig mit 5 – 7 großen, rundlichen Zähnen, die tief zur Mittelrippe hin eingeschnitten sind. Unterseite grauweiß, wollig behaart.

sommergrün, 15 – 25 m

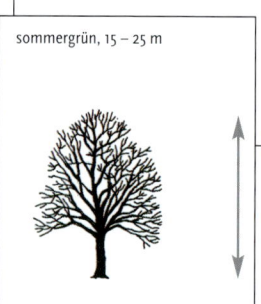

Die Gewöhnliche Mehlbeere ist in England und Irland beheimatet. Auf dem europäischen Kontinent erstreckt sich ihr Verbreitungsgebiet von Süddeutschland östlich bis Rumänien und bis zum Balkan, südlich nach Frankreich und Spanien. Sie kommt auch in Marokko und Algerien vor. Ein charakteristisches Merkmal dieser Art ist die dichte, weißwollige Behaarung, die besonders ausgeprägt auf dem neuen Laub im Frühjahr in Erscheinung tritt. Mit zunehmendem Alter verkahlen Teile des Baumes, die Unterseite der Blätter bleibt allerdings dauerhaft behaart. Der Name Mehlbeere bezieht sich auf die Nutzung der Früchte in Notzeiten, in denen man sie getrocknet und zu Mehl vermahlen hat. Die Früchte bleiben bis lange in den Winter hinein am Baum und dienen Vögeln und kleinen Säugern in der kalten Jahreszeit als Nahrung.

Die Schwedische Mehlbeere (*S. intermedia*) stammt aus Südschweden, Dänemark, Polen und den südlichen Regionen des Baltikums. Sie ist vermutlich als spontane Kreuzung aus der Gemeinen Eberesche (*S. aucuparia*) und der Gewöhnlichen Mehlbeere hervorgegangen. Die Blätter zeigen die wollige Behaarung der Gewöhnlichen Mehlbeere, der tief eingeschnittene Blattrand deutet auf die Fiederung der Eberescheblätter hin.

Die Gewöhnliche Mehlbeere wird überwiegend als Zierbaum in Parks oder als Straßenbaum gepflanzt. Sie entwickelt eine typische flach abgerundete Krone. Sie wächst bevorzugt auf basenreichen Böden, oft zusammen mit der Eibe im Flachland auf Kalkböden.

RINDE
Glatt und grau an jungen Bäumen. Später schuppig, an der Basis furchig.

Wild-Apfel, Holz-Apfel

Malus sylvestris

Blätter wechselständig, 3 – 7 cm lang, 2 – 4 cm breit, oval bis eiförmig, zur Spitze hin verschmälert, spitz endend, an der Basis rund oder keilförmig. Blattrand mit feinen, rundlichen Zähnen. Oberseite glänzend dunkelgrün, Unterseite heller, in der Regel kahl. Blattstiel 2 – 3 cm lang.

Blüten weiß oder rosa, in Büscheln zu vier bis fünf, erscheinen gemeinsam mit dem neuen Laub.

Triebe graubraun, mit dunkelbraunen ei- bis kegelförmigen Knospen. Kurztriebe teilweise dornig.

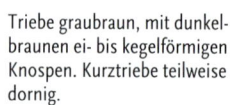

Früchte 2 – 4 cm lang, kugelig oder breiter als lang, an beiden Enden eingesenkt, an der Spitze mit deutlichen Blütenresten. Farbe grün oder rotbraun.

sommergrün, 10 – 15 m

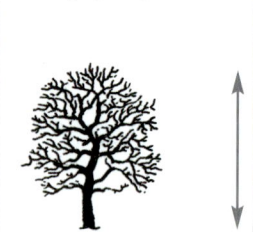

Der Wild-Apfel ist in Europa südlich des 60. Breitengrades, mit Ausnahme Portugals und den angrenzenden Regionen Spaniens, beheimatet. Weiter östlich kommt er an der Küste des Schwarzen Meeres in der Türkei und Georgien vor, darüber hinaus am Kaspischen Meer im Iran. Er ist eine Stammart des Kultur-Apfels und zeigt wie dieser eine Einsenkung der Frucht am Stielansatz. Kultur-Äpfel verwildern häufig und sind dann schwer vom Wild-Apfel zu unterscheiden. Die unterschiedlichen Sorten des Kultur-Apfels sind in allen Teilen stärker behaart und wachsen nicht sehr hoch. Sie sind, was Klima- und Bodenverhältnisse angeht, sehr anpassungsfähig. Die Früchte des Wild-Apfels sind klein, von etwas zäher und harter Konsistenz und schmecken recht sauer. Roh sind sie kaum genießbar, zu Marmelade verarbeitet schmecken sie allerdings gut und sie eignen sich ausgezeichnet zur Herstellung von Apfelmost.

Der Wild-Apfel wächst in Laubmischwäldern, bildet aber keine größeren Bestände. Er liebt tiefgründige, nährstoffreiche Böden. Das Holz wird nicht genutzt, da es nicht in ausreichenden Mengen zur Verfügung steht. Es ist schwer und nicht leicht zu verarbeiten und rosarötlich gefärbt. Der Baum wird selten angepflanzt, am häufigsten verwendet man ihn als Straßenbaum oder in Parkanlagen.

Der Wild-Apfel bildet im Alter eine dichte, kuppelartig runde Krone. Der in verschiedenen Sorten als Obstbaum kultivierte Kultur-Apfel (*M. domestica*) entwickelt wesentlich größere, saftige Früchte.

RINDE
Glatt und grünbraun mit großen, orangen Atemporen (Lentizellen) an jungen Bäumen. An älteren Bäumen aufreißend, stark geschuppt und braun.

Silber-Linde

Tilia tomentosa

Blätter wechselständig, rund oder eiförmig, 3 – 13 cm lang, 4 – 11 cm breit, an der Spitze dreieckig, Basis asymmetrisch, schief herzförmig eingeschnitten. Blattrand regelmäßig gezähnt. Oberseite glänzend grün, Unterseite bleibend silbrig behaart. Blattstiel 2 – 4 cm lang.

Triebe grün, mit weißen Haaren dick filzig überzogen. Knospen spitz, behaart, nur zwei unterschiedlich große Deckschuppen.

Blüten erscheinen im Juli in Blütenständen zu drei bis zehn vereint, weißlich gelb, hängend, mit einem großen Tragblatt.

Früchte eiförmig, spitz, silbrig behaart, warzig mit fünf feinen Rippen.

sommergrün, 20 – 30 m

Die Silber-Linde kommt ursprünglich in einem Gebiet zwischen Ungarn und dem Balkan, dem Nordwesten der Türkei und dem Südwesten Russlands vor. Sie wird in Deutschland gern als Straßenbaum angepflanzt, da sie ausgesprochen unempfindlich gegen Luftverschmutzung ist. Ihr Name beruht auf der silbrig glänzenden Unterseite der Blätter, die durch einen dichten, weißhaarigen Filz verursacht wird. Die wissenschaftliche Bezeichnung *tomentosa* lautet übersetzt behaart. Im Herbst präsentiert sie sich in einer goldgelben Farbe und ist ein geschätzter Baum in Parkanlagen.

Als einzeln stehender Baum entwickelt die Silber-Linde eine dichte Krone. Ihre Blüten duften intensiv und streng und locken zahlreiche Bestäuber an, die Nektar suchen und dabei auch den Pollen weiterverbreiten. Sie blüht erst im Juli, wenn alle anderen, bei uns gepflanzten Linden bereits verblüht sind. Linden werden häufig von Läusen befallen. Sie dringen mit ihrem Saugapparat in die Blattadern ein und ernähren sich von dem süßen Zuckersaft. Ihre Ausscheidungen sind klebrig und Autos, die unter Linden geparkt werden, sind bald klebrig gesprenkelt. Da die Silber-Linde aber eine dichte Behaarung auf der Blattunterseite besitzt, wird sie weit weniger befallen als andere Lindenarten. Das Holz ist weiß und sehr weich.

Die Silber-Linde wächst zu einem großen, stattlichen Baum heran und wird gern als Zierbaum gepflanzt. Besonders beeindruckend wirkt sie, wenn die Blätter bei leichtem Wind ihre silbrig glänzende Unterseite zeigen. Die Kulturform 'Petiolaris' besitzt Zweige, die an den Enden weit herabhängen.

RINDE
Graugrün und glatt, aber leicht gestriemt, an älteren Bäumen grau, von einem Netzwerk flacher Leisten überzogen.

Winter-Linde

Tilia cordata

Blätter wechsel-
ständig, fast
rund oder drei-
eckig eiförmig
im Umriss,
3 – 8 cm lang
und breit, mit
schlanker, deutlicher Spitze, an
der Basis schief herzförmig eingeschnitten. Blattrand regelmäßig ge-
sägt. Oberseite dunkelgrün, Unterseite blaugrün mit
orangebraunen Haarbüscheln in den Achseln der Blattnerven. Blattstiel 2 – 4 cm lang.

Blüten weißlich gelb, duftend, erscheinen im Juli, zu fünf bis elf in
hängenden Blütenständen, mit einem großen Tragblatt.

Früchte oval bis rund, glatt
ohne Rippen.

VERWANDTE ART
Tilia platyphyllos
Blätter größer, breiter als
lang, herzförmig (6 – 15 cm
lang, 7 – 13 cm breit),
auf beiden Seiten
behaart, unterseits
mit weißen Achsel-
bärten.

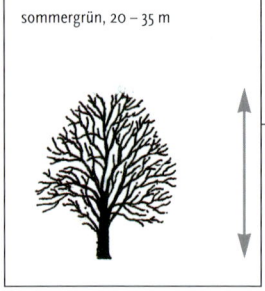

sommergrün, 20 – 35 m

Die Winter-Linde stammt aus einem Gebiet zwischen England und Spanien, das sich nach
Osten über Europa bis zur Ukraine und Nordruss-
land erstreckt. Sie fehlt in der Türkei, im hohen Norden und im Süden. In Deutschland pflanzt man sie
gern als Straßenbaum oder in Parks und Gartenanla-
gen. In der Vergangenheit wurde sie vielseitig genutzt. In Wäldern setzte man sie in
Abständen weniger Jahre regelmäßig auf den Stock, indem man sie über dem
Boden absägte. Die neuen Stockausschläge wurden als Brennholz genutzt oder geschält. Aus der abgelösten Rinde gewann man durch eine spezielle Behandlung die
langen Fasern, aus denen man Seile und Taue fertigte.

Linden erreichen ein hohes Alter, 2.000 Jahre sind keine Seltenheit. Ihre
Stämme können dann einen Durchmesser von 6 m aufweisen, wobei sich allerdings
der innere Holzkern auflöst und das äußere Splintholz neben der Versorgungs-
auch die Stützfunktion für den Baum übernimmt.

Die verwandte Sommer-Linde (*T. platyphyllos*) kommt im gleichen Verbreitungsgebiet vor, man findet sie jedoch auch in der Türkei. Sie besitzt größere Blätter, die
auf der Unterseite weiße Haarbüschel aufweisen, im Gegensatz zu den braunen
Achselbärten der Winter-Linde.

Die Winter-Linde kommt in natürlichen Beständen in Wäldern vor, wird aber häufig als Einzelbaum angepflanzt, besonders gern als Alleebaum an Straßen. Die Krone ist rundlich und in der Regel breiter als hoch.

RINDE
Anfangs glatt und grau, später dunkler, an älteren Bäumen in flache Schuppen und Felder aufreißend.

Breitblättrige Steinlinde

Phillyrea latifolia

Blätter gegenständig, eiförmig bis lanzettlich im Umriss, 1,5 – 6 cm lang, 1 – 4 cm breit. Blattrand entweder glatt oder gezähnt. Oberseite leuchtend dunkelgrün, Unterseite heller, drüsig gepunktet. Blattstiel 0,5 cm lang.

Triebe graubraun, anfangs fein behaart, später dunkelgrau, an den kleinen, spitzen Knospen abgeflacht.

Blüten erscheinen im späten Winter oder Frühjahr, sie sitzen büschelig in den Achseln der letztjährigen Blätter, weiß oder gelb und sehr klein, 0,2 cm.

Frucht eine Steinfrucht mit hartem Samen und fleischiger Hülle, reifen im ersten Herbst von grün nach schwarz, 0,5 – 1 cm groß.

immergrün, Baum oder Strauch, 6 – 10 m

Die Breitblättrige Steinlinde ist in der Mittelmeerregion beheimatet. Ihr Verbreitungsgebiet umfasst Portugal im Westen bis Westasien im Osten und Nordafrika. Sie ist ein typisches Gehölz der Macchie, einer charakteristischen Vegetationsform in den Ländern am Mittelmeer. Dieser 1 – 2 m hohe Buschwald vereint verschiedene immergrüne Hartlaubgehölze, die optimal an trockenen, steinigen Untergrund angepasst sind. Sie besitzen in der Regel harte, glänzende Blätter, die vor starkem Wasserverlust schützen. In Nordeuropa wird sie selten als Zierbaum angepflanzt, obwohl sie auch in diesem Klima gedeiht.

Meist wächst die Breitblättrige Steinlinde nur als kleiner Strauch, unter besseren Wachstumsbedingungen kann sie jedoch durchaus einen kleinen Baum bilden. Das Holz der Breitblättrigen Steinlinde ist für eine Nutzung weder in Größe noch ausreichender Menge verfügbar und besitzt darüber hinaus einen unangenehmen Geruch. Es gehört zu den wenigen Hölzern, die schwerer sind als Wasser. Die Steinlinde gleicht stark dem Liguster (*Ligustrum*), der als ein überaus beliebter Strauch in Gärten angepflanzt wird. Man kann beide am einfachsten an ihren Blüten unterscheiden: Die Blütenstände des Ligusters stehen am Ende der Triebe, die der Breitblättrigen Steinlinde hingegen in den Blattachseln.

Die Breitblättrige Steinlinde bildet in Kultur einen zierlichen Baum mit einer runden Krone. Sie wird in Gärten wegen ihres immergrünen Laubes angepflanzt.

RINDE
Glatt und dunkelgrau an jungen Bäumen, später an älteren Bäumen feinschuppig und leicht furchig.

Ölbaum, Olive

Olea europaea

Blätter gegenständig, lanzettlich bis schmal eiförmig im Umriss, an beiden Enden spitz zulaufend, 2 – 8 cm lang, 1 – 2 cm breit. Blattrand glatt. Oberseite graugrün, Unterseite weißfilzig behaart. Blattstiel kurz.

Blüten duftend, erscheinen büschelig in den Achseln der jährlichen Triebe.

Triebe silbergrau, anfangs mit dichter Behaarung, später braun und verkahlend, rund oder vierkantig im Querschnitt, mit kleinen Knospen.

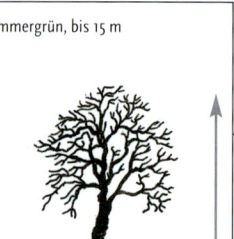

Frucht eine Steinfrucht mit hartem inneren Samen und fleischiger Hülle, eiförmig bis rund, reifen im Verlauf von zwölf Monaten von grün zu schwarz oder braun, Fruchtfleisch ölig.

immergrün, bis 15 m

Dieser Baum ist so charakteristisch für die Landschaft am Mittelmeer, dass die Vermutung nahe liegt, die Olive stamme auch aus diesem Gebiet. Wahrscheinlicher ist es allerdings, dass sie sehr früh von der Arabischen Halbinsel eingeführt wurde und in der trockenen, öden Gebirgsregion zwischen Saudi Arabien und dem Jemen beheimatet ist. Man findet sie dort heute noch in natürlichen Beständen. Ihre Blätter sind kleiner als die der kultivierten Bäume und die Triebe sind dornig. Die Olive verträgt keinen Frost, bereits bei Temperaturen wenige Grade unter dem Gefrierpunkt kann sie Schaden nehmen. Wie viele andere Gehölze, die in heißen Klimaten gedeihen, toleriert sie keine Beschattung. Hat sie sich an einem Standort etabliert, erträgt sie durchaus anhaltende Dürre. Am besten gedeiht sie in den mediterranen heißen Sommern und feuchten Wintern.

Die Olive ist weltweit bekannt als Öllieferant, worauf der Name Ölbaum Bezug nimmt. Das Olivenöl wird aus den fleischigen Früchten gepresst und gehört aufgrund seines hohen Gehaltes an ungesättigten Fettsäuren zu den besten Pflanzenölen. Das Holz des Ölbaums ist schwarz oder braun und glänzt nach der Verarbeitung. Man fertigt daraus kleinere Küchengegenstände oder verwendet es für Bodendielen oder Wandverkleidungen.

Olivenbäume zeichnen sich durch
eine breite, dichte Krone auf einem
kräftigen Stamm aus. In Olivenhai-
nen werden sie oft gestutzt und
zurückgeschnitten.

RINDE
Silbergrau, fein gefurcht
und längsrissig, mit einem
Muster tiefer, sich kreuzen-
der Leisten.

Westlicher Erdbeerbaum

Arbutus unedo

Blätter wechselständig, oval oder eiförmig, 5 – 10 cm lang, 1,5 – 4 cm breit, an der Spitze abgerundet, an der Basis keilförmig, ledrig. Blattrand mit nach vorn weisenden, scharfen Zähnen. Oberseite dunkelgrün, Unterseite hellgrün. Blattstiel rosa, 1 cm lang.

Früchte rund, rau, ähnlich einer Erdbeere, reifen im Herbst, wenn die neuen Blüten erscheinen.

Blüten glockig, weiß oder rosa, in kleinen Büscheln zu 15 – 20, blühen von Oktober bis Dezember.

VERWANDTE ART
Arbutus andrachne
Blätter starr, nicht ledrig, breiter als beim Westlichen Erdbeerbaum.

Blätter wachsig, weißlich blau auf der Unterseite, netznervig. Blattrand fein gezähnt oder glatt, 4 – 10 cm lang, 2 – 6 cm breit. Blattstiel 2 – 4 cm lang, gefurcht.

immergrün, 8 – 13 m

Der Westliche Erdbeerbaum ist in den Küstenregionen des Mittelmeeres beheimatet, von Portugal bis zur Türkei, auf Zypern und in Nordafrika. Darüber hinaus findet man ihn auch entlang der Atlantikküste bis nach Irland. Er gedeiht gut auf sandigem, nährstoffarmem Ödland. Auf den Britischen Inseln wird er gern als Zierbaum in Gärten und Parks angepflanzt. Bei uns findet man ihn seltener. Er wirkt über das Jahr mit seiner immergrünen Belaubung etwas langweilig und zeigt sich erst im Herbst dekorativer, wenn die neuen Blüten erscheinen, während gleichzeitig die Früchte der vergangenen Saison reifen. Die Früchte sind essbar, man kann sie konservieren, mancher empfindet ihren Geschmack allerdings bestenfalls als schal und deshalb ungenießbar. Bezeichnenderweise wählte Linné, der Vater der Systematik in der Biologie, für diese Art die Bezeichnung *unedo*, was so viel wie „Ich aß eine" bedeutet.

Der Östliche Erdbeerbaum (*A. andrachne*) ist in den östlichen Mittelmeerregionen beheimatet. Er kommt im Süden bis Palästina und im Osten bis zum Kaukasus vor. Außer in den Blättern unterscheidet er sich in seinen umfangreicheren Blütenständen, die im Frühjahr erscheinen. Die Früchte reifen im Herbst, nicht wie beim Westlichen Erdbeerbaum gleichzeitig mit den Blüten.

Der Westliche Erdbeerbaum ist ein immergrünes Gehölz, das Hitze und Trockenheit verträgt. Er besitzt eine niedrige, runde Krone.

RINDE
Dunkelrot, an älteren Bäumen zerfasernd, teilweise schuppig, mit graubraunen Leisten.

Gewöhnlicher Judasbaum

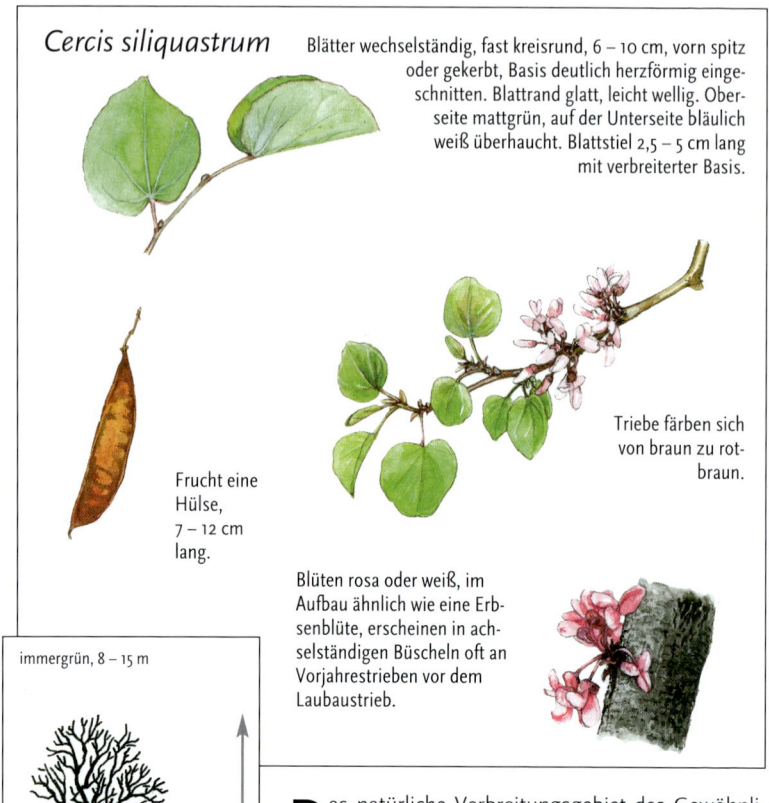

Cercis siliquastrum

Blätter wechselständig, fast kreisrund, 6 – 10 cm, vorn spitz oder gekerbt, Basis deutlich herzförmig eingeschnitten. Blattrand glatt, leicht wellig. Oberseite mattgrün, auf der Unterseite bläulich weiß überhaucht. Blattstiel 2,5 – 5 cm lang mit verbreiterter Basis.

Triebe färben sich von braun zu rotbraun.

Frucht eine Hülse, 7 – 12 cm lang.

Blüten rosa oder weiß, im Aufbau ähnlich wie eine Erbsenblüte, erscheinen in achselständigen Büscheln oft an Vorjahrestrieben vor dem Laubaustrieb.

immergrün, 8 – 15 m

Das natürliche Verbreitungsgebiet des Gewöhnlichen Judasbaums erstreckt sich in einem Streifen nahe der Mittelmeerküste von der Adria bis Südisrael von Südosteuropa bis Westasien. Er kommt auch auf beiden Seiten des Bosporus vor und auf der Krim im nördlichen Schwarzen Meer. Er bevorzugt trockene Standorte und verträgt keine langen und heftigen Frostperioden. Sein Name bezieht sich auf die Legende, nach der sich Judas Ischariot an einem Baum dieser Art nach seinem Verrat erhängt haben soll. Eine andere Interpretation lautet, dass er nach dem Land Judäa benannt wurde, das im südlichen Teil des heutigen Israels lag und in dem der Gewöhnliche Judasbaum noch natürlich vorkommt. Der Gattungsname *Cercis* leitet sich aus dem Griechischen ab und bezeichnet das Schiffchen in der Weberei, dem die Früchte des Judasbaumes ähneln.

Das Holz ist hart und dauerhaft, durchgängig rot, mit sehr schöner dunkler Maserung und im Tischlerhandwerk sehr begehrt. Der Judasbaum wird wegen seines ungewöhnlichen Blühaspekts gern als Zierbaum angepflanzt. Die Blüten entwickeln sich teilweise an alten Ästen, zuweilen auch am Stamm, was man botanisch als Stammblütigkeit bezeichnet, während alle anderen Bäume der gemäßigten Zonen Blüten nur an den Jahrestrieben entwickeln.

Der Gewöhnliche Judasbaum ist im späten Frühjahr nach Entfaltung der Blüten an den Zweigen und Ästen eine sehenswerte Erscheinung. Der Stamm ist oft seitlich geneigt, der gesamte Baum erscheint schief.

RINDE
Gaubraun, glatt, später regelmäßig rechteckig gefeldert, dunkler.

Orange, Apfelsinenbaum

Citrus sinensis

Blätter wechselständig, bis 15 cm lang, lanzettlich bis eiförmig, mit deutlicher Spitze, an der Basis keilförmig. Oberseite glänzend dunkelgrün mit durchscheinenden gelben Drüsen, Unterseite heller. Blattstiel mit seitlichen, schmalen Flügeln.

Blüten 3 cm, in kurzen Büscheln, weiß und stark duftend, blühen vom späten Winter bis zum Frühjahr.

Früchte 7 – 9 cm, rund oder etwas abgeflacht, im Inneren 10 – 13 saftige Segmente, reifen ab Oktober.

Triebe grün, anfangs im Querschnitt dreikantig, später rund, mit schlanken, weichen, biegsamen Dornen und kleinen Knospen.

VERWANDTE ART
Citrus limon
Blätter oval, Blattrand wellig und gezähnt.

immergrün, bis 10 m

Die Orange ist ein fernöstlicher Baum, dessen Verbreitungsgebiet sich über den Osten Chinas südlich des Jangtse erstreckt. Sie wurde bereits sehr früh, noch vor der Zeit des Römischen Reiches, in Europa eingeführt und in Kultur genommen. Sie wird heute in den Mittelmeerländern in zahlreichen Sorten angebaut. In warmen Klimaten reifen die Früchte im Verlauf eines Jahres, unter ungünstigeren Bedingungen benötigen sie bis zur Vollreife eine weitere warme Periode. Die Früchte sind für die Gattung *Citrus* kennzeichnend. Sie bestehen aus acht bis fünfzehn einzelnen Segmenten, die jeweils von einer weißlichen „Haut" umgeben sind. Sie werden wiederum von einer gemeinsamen Außenschale umgeben, die mit vielen Drüsenzellen durchsetzt ist. Aus Schale und Blüten gewinnt man das in der Kosmetik verwendete Orangenöl. Die Samen sitzen in den Segmenten. Das saftige Fruchtfleisch ist mit zahlreichen Safthaaren versehen. Die Blätter sind ungewöhnlich, sie weisen am Blattstiel zwei seitliche Flügel auf, die mit der Blattspreite verbunden sind.

Die Zitrone (*C. limon*) blickt auf eine ähnlich lange Geschichte ihrer Kultivierung zurück und stammt vermutlich aus Südostchina. Der saure Geschmack und die charakteristische Form ihrer Früchte machen sie unverwechselbar.

In Orangenhainen lässt man die Bäume selten höher als ein paar Meter wachsen, um die Ernte der Früchte zu erleichtern. Orangenbäume tragen oft zur gleichen Zeit sowohl Blüten als auch Früchte.

RINDE
Grau, glatt oder runzelig.

Gunns Eukalyptus

Eucalyptus gunnii

Altersblätter ober- und unterseits grün oder wachsig bläulich, lederartig, wechselständig an purpurrosa Trieben, anzettlich bis eiförmig, 6 – 10 cm lang, 3 – 4 cm breit, zugespitzt, an der Basis rund oder keilförmig, hängend. Blattstiel runzelig.

Jugendblätter grün oder wachsig blaugrau, gegenständig, breit oval bis fast rund, sitzend, ohne Stiel.

Frucht eine holzige Kapsel, wie ein Kreisel geformt, im Sommer nach der Blüte reifend.

Blüten weiß, flaumig weich, in Büscheln zu dreien, erscheinen im Sommer.

immergrün, 20 – 30 m

VERWANDTE ART
Eucalyptus pauciflora
Altersblätter lanzettlich, 6 – 10 cm lang, mit deutlicher, gebogener Spitze, derb. Blüten und Früchte zu sieben und mehr in Büscheln.

Gunns Eukalyptus ist in Tasmanien und dem Südosten Australiens beheimatet. Er ist einer der winterhärtesten Eukalyptusarten und wird auch in Europa, jedoch nur in milden Klimazonen, als Zierbaum angepflanzt. Die Arten der Gattung *Eucalyptus* besitzen zwei verschiedenartige Blatttypen. Die Jugendblätter, die zwei bis drei Jahre alt werden, unterscheiden sich in Form, Farbe, Anordnung und Konsistenz völlig von den nachfolgenden Altersblättern. Werden Eukalyptusbäume zurückgeschnitten, entwickeln auch alte Exemplare erst wieder Jugendblätter an den neuen Trieben. Die Jugendblatttriebe wirken besonders dekorativ, man verwendet sie gern in floristischen Blumenarrangements. Typisch für Eukalyptusbäume sind auch ihre eigenartig umgeformten Blüten. Sie besitzen keine Kelch- oder Kronblätter, sondern formen eine Kapsel über der Blütenknospe, deren Deckel beim Aufblühen abgesprengt wird. Die wissenschaftliche Gattungsbezeichnung leitet sich von diesem Kapseldeckel = Calyptra ab. Das Holz der Eukalyptusarten, die in Europa angepflanzt werden, verwendet man für die Herstellung von Zellstoff.

E. pauciflora ist in Südostaustralien beheimatet. Diese Art bildet nur einen kleinen Baum mit einer maximalen Höhe von 10 m, der durch seine blendend schneeweiße Rinde beeindruckt. Er wird manchmal in Parks oder Gärten angepflanzt.

Die neuen Jahrestriebe an alten Bäumen besitzen nur wenige, kleine Blätter. Die Krone erhält dadurch eine ungewöhnliche, locker aufgelöste Form. Junge Bäume sind schmal und aufrecht.

RINDE
Anfangs an jungen Bäumen hellgrün oder cremegelblich, später grau und es lösen sich größere Platten oder Streifen ab.

Blaugummibaum

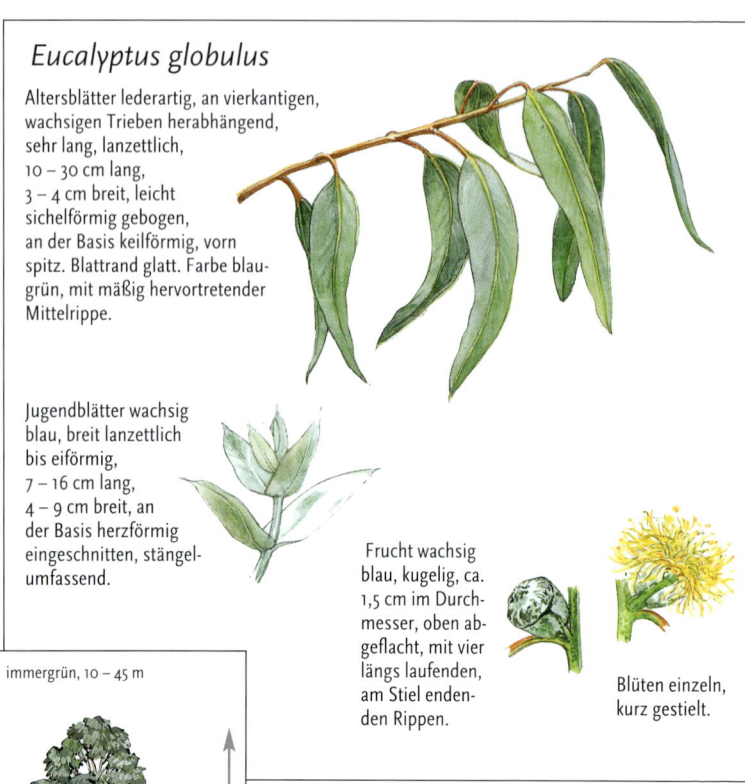

Eucalyptus globulus

Altersblätter lederartig, an vierkantigen, wachsigen Trieben herabhängend, sehr lang, lanzettlich, 10 – 30 cm lang, 3 – 4 cm breit, leicht sichelförmig gebogen, an der Basis keilförmig, vorn spitz. Blattrand glatt. Farbe blaugrün, mit mäßig hervortretender Mittelrippe.

Jugendblätter wachsig blau, breit lanzettlich bis eiförmig, 7 – 16 cm lang, 4 – 9 cm breit, an der Basis herzförmig eingeschnitten, stängelumfassend.

Frucht wachsig blau, kugelig, ca. 1,5 cm im Durchmesser, oben abgeflacht, mit vier längs laufenden, am Stiel endenden Rippen.

Blüten einzeln, kurz gestielt.

immergrün, 10 – 45 m

Der Blaugummibaum ist in Tasmanien und in Australien beheimatet. In Europa ist er der am weitesten verbreitete Baum dieser Gattung. Er gedeiht gut in wärmeren Regionen mit milden Wintern, in winterkalten Gebieten geht er bald ein. Er profitiert von der globalen Erwärmung, so dass sich auch der Versuch einer Anpflanzung in nördlicheren Bereichen Europas lohnt. In seinem Ursprungsgebiet erreicht er Höhen von bis zu 65 m, seine Krone ist allerdings sehr aufgelockert und spendet wenig Schatten. Die Blätter hängen als Schutz vor starker Sonneneinstrahlung senkrecht am Baum, was den Eukalyptusarten den Namen „Baum ohne Schatten" eingebracht hat. In Spanien und anderen südlichen Ländern wird er zur Holzproduktion angepflanzt. Er kann eine jährliche Wuchsleistung von 3 – 10 m erreichen. Er wird teilweise geerntet, indem man ihn im Abstand einiger Jahre über dem Grund abschneidet, woraufhin er äußerst vital neue Stockausschläge bildet. Auf diese Weise erneuert er sich, ohne neu angepflanzt werden zu müssen. Der Blaugummibaum zeichnet sich innerhalb der umfangreichen Gattung *Eucalyptus* durch eine Besonderheit aus. Er besitzt allein stehende Einzelblüten und -früchte, während alle anderen Arten Blütenstände mit 3 – 15 Einzelblüten entwickeln. Die Früchte sind außerdem größer und warziger.

Junge Bäume haben eine sehr schmale Krone. Später wird sie runder aber sehr locker und gibt wenig Schatten.

RINDE
Blättert in großen Platten ab, darunter anfangs weißlich, später verfärbend zu hellbraun, rosa und grau oder auch graubraun. Schält sich dann erneut.

Campbells Magnolie

Magnolia campbellii

Blätter wechselständig, oval, 15 – 33 cm lang, 8 – 15 cm breit, spitz, an der Basis keilförmig. Blattrand ganzrandig, durchscheinend. Oberseite etwas glänzend grün, Unterseite wachsig grün, mit ca. 20 behaarten Blattnerven, die nicht bis zum Blattrand reichen. Blattstiel 3 – 6 cm lang, an der Basis verbreitert.

Blüten entwickeln sich im späten Winter vor dem Laubaustrieb aus Knospen an den Enden der letztjährigen Triebe. Sie sind groß, 20 – 30 cm im Durchmesser, mit 12 – 16 rosafarbigen Kronblättern, sehr frostanfällig.

Junge Triebe wachsig grün, reifen über zwei bis drei Jahre von grün zu braun. Knospen lang und schmal, 1,5 – 4 cm lang.

VERWANDTE ART
Magnolia acuminata
Blätter hell- oder gelbgrün, 8 – 25 cm lang, 5 – 11 cm breit, mit 10 – 14 Paar Seitennerven. Blüten gelbgrün, aufrecht am Ende der beblätterten Triebe stehend, im Juni blühend.

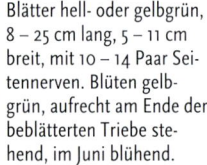

sommergrün, 10 – 25 m

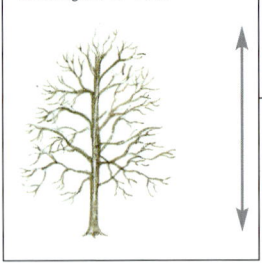

Diese Magnolie ist im Himalaja beheimatet, in einem Gebiet vom östlichen Nepal über Sikkim bis Bhutan. Sie wächst in wärmeren Zonen mit hoher Niederschlagsmenge im Sommer und Schnee im Winter, jedoch nicht zu frostigen Temperaturen. Wenn man sie aus Samen heranzieht, benötigt sie mindestens 25 Jahre, bis sie zum ersten Mal zur Blüte kommt. Das Holz wird nicht genutzt, jedoch wird die Rinde in der chinesischen Heilkunde zur Gewinnung verschiedener Heilmittel verwendet.

Die Gurken-Magnolie (M. acuminata) stammt aus dem Osten des Nordamerikanischen Kontinents. Sie wird hin und wieder als Parkbaum gepflanzt. Bei dieser Art erscheinen die Blüten erst nach dem Laubaustrieb, so dass sie weniger auffallen als bei anderen Magnolien. Ihr Name leitet sich von der gurkenähnlichen Gestalt der jungen Früchte ab.

Die Tulpen-Magnolie (M. × soulangiana) ist eine Kreuzung aus der Yulan-Magnolie (M. denudata) und der Purpur-Magnolie (M. liliflora). Sie blüht bereits vor dem Laubaustrieb. Ihre Blüten sind weiß und mit einem rosaroten Hauch überzogen. Sie wird häufig kultiviert und ihre verschiedenen Sorten gehören zu den beliebtesten Magnolien in Gärten.

Die Campbells Magnolie ist besonders im späten Winter beeindruckend, wenn sie mit ihren großen, rosa Blüten voll beladen ist. Leider wird dieses Arrangement bei Frost oft ruiniert. Die Krone junger Bäume ist spitz säulenförmig, im Alter wird sie rundlicher und breiter.

RINDE
Hellgrün oder graubraun, glatt oder mit feinen Falten, Basis älterer Bäume schuppig und gefurcht.

Immergrüne Magnolie

Magnolia grandiflora

Blüten groß, 15 – 25 cm, an den Enden der Jahrestriebe stehend, im Juni erscheinend, cremeweiß, mit neun oder mehr Kronblättern, sehr intensiv duftend.

Blätter wechselständig, oval, 13 – 25 cm lang, 5 – 10 cm breit, in einer kurzen, schlanken Spitze endend, an der Basis keilförmig bis rund. Blattrand glatt. Oberseite stark glänzend, hellgrün, Unterseite anfangs dicht rötlich behaart, im Verlauf von zwei bis drei Jahren verkahlend. Blattstiel kräftig, 2 – 5 cm lang.

Triebe kräftig, mit rötlichen oder hellbraunen Haaren besetzt, später dunkler. Knospen lang und spitz, 2 – 4 cm lang.

Früchte eiförmig, zapfenartig, 7 – 10 cm lang.

Samen schwarz mit roter Hülle.

immergrün, 10 – 15 m

Die Immergrüne Magnolie stammt ursprünglich aus dem Südosten der USA, aus einem Gebiet von North Carolina südlich bis Florida, entlang der Atlantikküste bis zum Golf von Mexiko vor Texas. Sie wächst in feuchten Niederungen auf nährstoffreichen Böden in Gesellschaft mit sommergrünen Gehölzen und verträgt härtere klimatische Bedingungen, als ihre südliche Verbreitung vermuten lässt. Sie erträgt allerdings keine allzu langen Trockenperioden und gedeiht schlecht auf Kalkböden.

In Westeuropa wird sie seit Jahrhunderten wegen ihrer glänzenden Blätter und großen Blüten, die sich von Juli bis zum Oktober am Baum entfalten, kultiviert und ist die Stammform zahlreicher Sorten. Diese variieren in Größe und Form der Blätter und in der dichten Behaarung der Blattunterseite. Sie werden durchweg als Zierbäume angepflanzt und beeindrucken im Jahresverlauf mit ihrem außergewöhnlichen Blühaspekt und dem zum Teil intensiven Duft der Blüten. Die Sorte 'Exmouth' mit schmalen Blättern bildet einen aufrechten Baum und 'Goliath' besitzt besonders große (bis 30 cm) Blüten. Die Bezeichnung *grandiflora* bezieht sich auf die riesigen, cremefarbigen Blüten, die sich weit öffnen und zum Zeitpunkt der Namensgebung zu den größten innerhalb der Gattung *Magnolia* zählten.

Die Immergrüne Magnolie besitzt eine aufrechte Krone, deren untere Äste sich leicht abwärts biegen. Sie wirkt gut an Mauern, Hauswänden oder als frei stehender Baum.

RINDE
Hellbraun, später an der Stammbasis rau und schuppig.

Amerikanischer Tulpenbaum

Liriodendron tulipifera

Blüten endständig, im frühen Sommer an den Jahrestrieben erscheinend, 4 – 5 cm im Durchmesser. Sie besitzen sechs gelbe bis grünliche Kronblätter.

Blätter wechselständig, 7 – 20 cm lang und breit, mit eigentümlicher Form. An der Spitze wie abgeschnitten oder leicht gekerbt, an der Basis herz- oder keilförmig, mit zwei spitzen Seitenlappen. Oberseite grün glänzend, Unterseite blaugrün. Blattstiel 5 – 10 cm lang, an der Basis verbreitert.

Triebe glänzend braun, mit flachen, ovalen, blaugrünen, kurz gestielten Knospen.

Früchte zapfenförmig, 4 – 5 cm lang.

sommergrün, 25 – 30 m

Der Amerikanische Tulpenbaum ist, wie sein Namen besagt, im Osten Nordamerikas, von Neu-Schottland und dem Süden Ontarios südlich bis Florida und Louisiana beheimatet. In diesem Gebiet wächst er in feuchten, aber gut drainierten Niederungen und Tälern und erreicht eine Höhe von 45 m. Der Name Tulpenbaum erklärt sich aus der Gestalt der Blüten, die aber bei genauem Hinsehen nur entfernt einer Tulpe gleichen. Trotzdem sind sie überaus dekorativ, werden aber leider oft von den großen Laubblättern verdeckt. Im Herbst erscheinen die Blätter in einem gelbgoldenen, warmen Farbton. Der Tulpenbaum wird auch wegen seines hellgelben Holzes angepflanzt. Es ist von guter Qualität, wird zur Herstellung von Möbeln verwendet und ist resistent gegen Holzwurmbefall. Der Tulpenbaum ist ein gutes Beispiel für die enge Verwandtschaft zwischen der Flora im Osten Nordamerikas und Chinas. Die Gattung umfasst nur zwei Arten. Die zweite, *L. chinense,* ist in Ostchina und Vietnam beheimatet. Deren Blätter besitzen einen tieferen Einschnitt zwischen den mittleren Blattlappen und sind unterseits stärker wachsig blau. Der Amerikanische Tulpenbaum wird seit über 300 Jahren in Europa als Zierbaum in Gärten und Parks angepflanzt. Man findet ihn vielerorts auch als Straßenbaum.

Junge Tulpenbäume zeigen noch eine zierliche Säulenform, mit zunehmendem Alter werden sie runder, mit hoch angesetzten Ästen, so dass man nicht an ihre dekorativen Blüten heranreicht.

RINDE
An jungen Bäumen graubraun oder grau, glatt, an älteren Exemplaren grau oder silbergrau mit einem Muster aus Leisten und orangebraunen Furchen.

Gewöhnliche Stechpalme

Ilex aquifolium

Blüten entwickeln sich im Frühjahr aus blattachselständigen, in Büscheln zusammenstehenden Knospen. Blüten getrenntgeschlechtlich, männliche Blüten nur mit vier Staubgefäßen, weibliche Blüten nur mit Fruchtblättern.

Blätter stachelspitzig, wechselständig, breit bis schmal oval, 5 – 12 cm lang, 2 – 6 cm breit. Blätter im oberen Kronenbereich nur am Ende spitz, sonst glattrandig. Oberseite leuchtend grün, Unterseite heller. Blattstiel 1 cm lang.

Triebe bleiben mehrere Jahre grün oder purpurn. Knospen klein.

Früchte 0,6 – 1 cm groß, im Herbst reifend, rot.

Blätter im unteren Kronenbereich und an jungen Bäumen mit welligen Blatträndern und sehr scharfer Spitze.

immergrün, 10 – 25 m

Die Stechpalme ist in den milden Zonen in Westeuropa beheimatet. Ihr Verbreitungsgebiet erstreckt sich von Südnorwegen bis Spanien und Portugal, östlich bis zum Schwarzen Meer. Sie kommt auch in Nordafrika und der Türkei an der Küste vor. In den kalten Regionen Mittel- und Nordeuropas ist sie nicht zu finden. Oft werden mit der Stechpalme rote Früchte und stachelige Blätter verbunden. Dabei sind bei den meisten Exemplaren die Blätter in den oberen Kronenbereichen glattrandig oder nur mit wenigen Stacheln versehen. Die Stacheln werden als Schutz vor Fraß durch größere Tiere betrachtet. Da deren Reichweite jedoch nicht über 3 – 4 m Höhe hinausgeht, brauchen die oberen Blätter diesen Schutz nicht. Die Stechpalme ist zweihäusig, männliche und weibliche Blüten sitzen auf verschiedenen Bäumen. Wegen ihrer rot leuchtenden Früchte ist sie ein beliebtes Ziergehölz in Gärten und Parks. Heute gibt es viele Sorten, die sich durch unterschiedliche Farbe und Form der Blätter auszeichnen. Wild wächst die Stechpalme in lichten Wäldern oder Gebüschen. Sie besitzt ein graues Holz, das sich sehr leicht verarbeiten lässt. Überwiegend werden jedoch die immergrünen Zweige mit den roten Früchten zu Dekorationszwecken verwendet, vor allem in der Blumenbinderei.

Die Stechpalme findet man in Wäldern oder Buschsäumen. Meist sieht man sie als kleinen Baum, sie kann aber durchaus eine Höhe von 25 m erreichen. Sie lässt sich leicht schneiden und als Hecke trimmen.

RINDE
Grau und glatt, dunkel gefleckt, an alten Bäumen silbergrau.

Gewöhnlicher Trompetenbaum

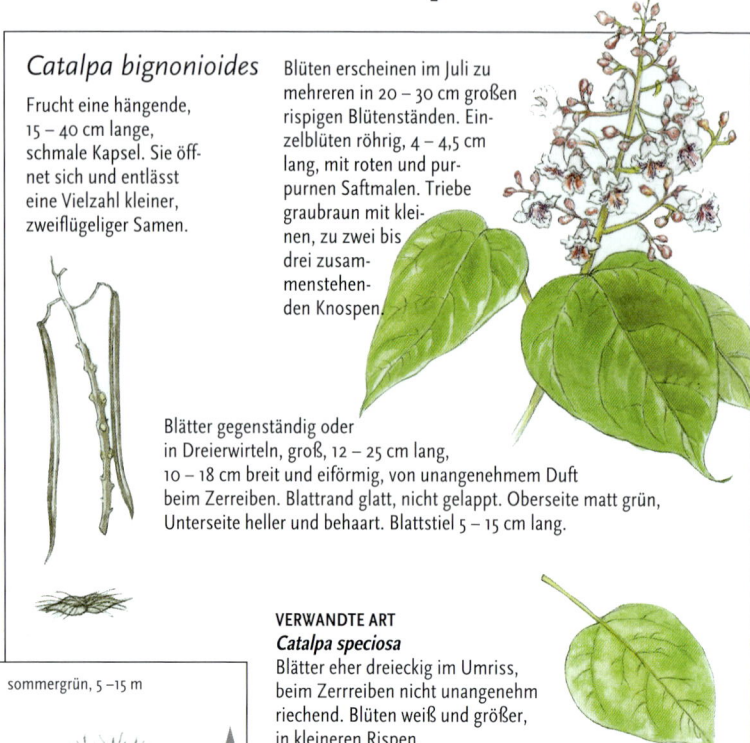

Catalpa bignonioides

Frucht eine hängende, 15 – 40 cm lange, schmale Kapsel. Sie öffnet sich und entlässt eine Vielzahl kleiner, zweiflügeliger Samen.

Blüten erscheinen im Juli zu mehreren in 20 – 30 cm großen rispigen Blütenständen. Einzelblüten röhrig, 4 – 4,5 cm lang, mit roten und purpurnen Saftmalen. Triebe graubraun mit kleinen, zu zwei bis drei zusammenstehenden Knospen.

Blätter gegenständig oder in Dreierwirteln, groß, 12 – 25 cm lang, 10 – 18 cm breit und eiförmig, von unangenehmem Duft beim Zerreiben. Blattrand glatt, nicht gelappt. Oberseite matt grün, Unterseite heller und behaart. Blattstiel 5 – 15 cm lang.

VERWANDTE ART
Catalpa speciosa
Blätter eher dreieckig im Umriss, beim Zerrreiben nicht unangenehm riechend. Blüten weiß und größer, in kleineren Rispen.

sommergrün, 5 –15 m

Der Gewöhnliche Trompetenbaum stammt aus dem Südosten der USA. Dort kommt er von Georgia und Florida westlich bis nach Alabama und Mississippi vor. Er wächst bevorzugt an den Waldrändern. Außerhalb dieses natürlichen Verbreitungsgebietes wurde er häufig angepflanzt, da er trotz seines südlichen Vorkommens recht winterhart ist. Während bei den meisten frei stehenden Laubbäumen der Kronendurchmesser fast identisch mit der Höhe ist, macht der Trompetenbaum hier eine Ausnahme. Seine Krone ist deutlich breiter als hoch. Die langen, braunen Früchte entwickeln sich aus den vorjährigen Blütenständen und hängen wie Bleistifte an den Ästen. Die Blätter sind ungewöhnlich groß, aber sehr dünn. Während länger anhaltender Trockenperioden hängen sie schlaff herab. Sie entwickeln, wenn sie verletzt werden, einen unangenehmen Geruch. Der Trompetenbaum färbt sich im Herbst nicht bunt, sondern behält seine grüne Belaubung, bis die Blätter bei Frost absterben und schwarz werden.

Der Prächtige Trompetenbaum (C. speciosa) stammt aus dem Mittleren Westen der USA und kommt im Tal des Mississippi von Arkansas bis Indiana vor. Er bildet mit bis zu 30 m einen höheren Baum als sein Verwandter und entwickelt auch eine schmalere Krone. Aufgrund seiner nördlicheren Verbreitung ist er winterhärter.

Der Trompetenbaum bietet im Juli, wenn er in voller Blüte steht, einen großartigen Anblick. Den Rest des Jahres ist er mit seinen großen, aber schlaffen Blättern nicht besonders attraktiv und seine Blätter verfärben sich im Herbst auch nicht.

RINDE
Rosa und braun, an jungen Bäumen glatt, an älteren Bäumen bilden sich dünne, graue Schuppen.

Chinesischer Blauglockenbaum

Paulownia tomentosa

Blüten erscheinen vor dem Laubaustrieb im späten Frühjahr. Überwintern in braunen Knospen in rispigen Blütenständen. Einzelblüten, glockenförmig, 4 – 5 cm lang, violett bis blauviolett, von angenehmem Geruch.

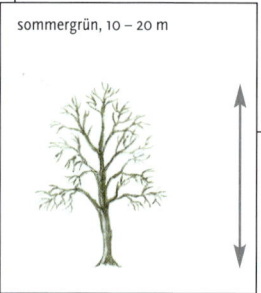

Blätter gegenständig, groß, weich und schlaff, eiförmig, 10 – 35 cm lang, 10 – 25 cm breit, deutlich zugespitzt, an der Basis tief herzförmig eingeschnitten. Blattrand glatt, teilweise mit ein bis zwei Paar dreieckiger Lappen. Oberseite matt grün, Unterseite heller.

Triebe kräftig, braun und anfangs behaart, an den paarigen, kleinen Knospen abgeflacht.

Frucht eine spitze, holzige Kapsel, 4 – 5 cm, öffnet sich im ersten Herbst und entlässt eine Vielzahl kleiner, geflügelter Samen.

sommergrün, 10 – 20 m

Der Chinesische Blauglockenbaum ist in Nordchina beheimatet, wurde allerdings sehr früh nach Japan eingeführt und gelangte um 1830 nach Europa. Er ist außerordentlich raschwüchsig. Seine Jahrestriebe sind kräftig und werden bis zum Herbst sehr dick und produzieren ein fein gemasertes Holz, welches in Asien zur Herstellung von Essstäbchen verwendet wird. In Europa findet man ihn als Zierbaum in Parkanlagen und Gärten. Man kann ihn auch zum strauchartigen Wachstum zwingen, indem man ihn im Frühjahr zurückschneidet. Er entwickelt daraufhin 2 – 3 m lange Triebe mit ausgesprochen großen Blättern, die zum Teil bis 60 cm lang sind. Auch im Winter bietet der Blauglockenbaum einen schönen Anblick, da die Blüten bereits an rispigen Blütenständen in Blütenknospen angelegt sind, die auffallend braun oder braunrot behaart den Winter überdauern. Der Name leitet sich von den prächtigen, blauen, glockigen Blüten ab, die im Frühjahr vor dem Laub den Baum förmlich überladen. Sie duften sehr intensiv, sind aber leider nicht sehr langlebig. Der Gattungsname *Paulownia* wurde zu Ehren von Anna Paulovna, der Tochter des russischen Zaren Peter I, gewählt. Pflanzen nach bekannten Persönlichkeiten zu benennen, war und ist auch heute noch eine gängige Praxis in der botanischen Nomenklatur.

Um die Pracht eines in voller Blüte stehenden Blauglockenbaumes zu erleben, muss man ihn im Kontrast zu einem dunklen Hintergrund oder von oben betrachten.

RINDE
Grau, purpurn, glatt, mit Atemporen (Lentizellen).

Gewöhnliche Platane

Platanus × hispanica

Blätter wechselständig, variabel in der Form, 20 – 23 cm lang und breit, gelappt mit fünf Hauptlappen, jeder gezähnt mit runden Buchten. An der Basis keilförmig bis herzförmig oder am Stiel herablaufend. Oberseite glänzend grün, Unterseite heller. Stielbasis verbreitert, die blattachselständigen Knospen umschließend.

Früchte in rauen, braunen, kugelförmigen, 2 – 3,5 cm großen Fruchtständen, meist zu zwei, gelegentlich auch bis zu sechs an einem gemeinsamen Stiel herabhängend. Sie enthalten mehrere Früchte mit je einem einzelnen Samen.

Triebe leuchtend gelbgrün und braun, später rötlich braun oder grau. Knospen kegelförmig, bis 1 cm lang.

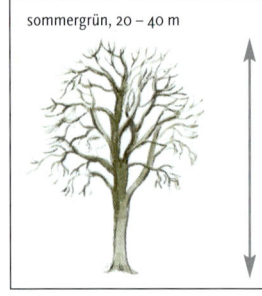

sommergrün, 20 – 40 m

VERWANDTE ART
Platanus orientalis
Blätter deutlich tiefer gelappt.

Die Gewöhnliche Platane ist vermutlich eine Hybride zwischen der Nordamerikanischen Platane (*P. occidentalis*) und der Morgenländischen Platane (*P. orientalis*). Als Beleg dafür wird angesehen, dass meist zwei kugelige Fruchtstände an einem langen Stiel hängen, während es bei den Eltern immer drei bzw. ein Fruchtstand sind. In diesem Merkmal liegt die Bastard-Platane tatsächlich exakt in der Mitte zwischen beiden Elternarten. Sie besitzt, wie bei Kreuzungsprodukten häufig zu beobachten, eine ausgesprochen hohe Vitalität und wächst rasch zu einem großen Baum heran. In Städten wird sie in zunehmendem Maße als Straßenbaum angepflanzt, denn sie ist ausgesprochen resistent gegen Luftverschmutzung und erträgt mit Abgasen und Staub belastete Luft weitaus besser als andere Gehölze. In städtischen Parkanlagen ist sie aus diesem Grund ebenfalls häufiger zu finden. Ihre Blätter färben sich im Herbst rotbraun und lassen sich nur schwer kompostieren. Die behaarten jungen Blätter können nach Berührung bei empfindlichen Menschen Allergien auslösen.

Die Morgenländische Platane (*P. orientalis*) stammt aus Griechenland, Zypern, Bulgarien und der Türkei. Sie wächst bevorzugt in Talsohlen auf feuchten, gut drainierten Böden entlang von Flussufern.

Die Gewöhnliche Platane ist ein typischer Straßenbaum in den Städten Mitteleuropas. Er wird von Stadtplanern gern zur Betonung einer „grünen" Architektur gepflanzt.

RINDE
Glatt, besonders im Herbst in großen Platten abblätternd und große Areale cremeweißer bis gelber Flecken hinterlassend, die später braun nachdunkeln. An der Stammbasis älterer Bäume dicker, schuppig.

Amerikanischer Amberbaum

Liquidambar styraciflua

Blätter wechselständig, 7 – 15 cm breit, 9 – 17 cm breit, mit fünf, selten sieben länglichen bis eiförmigen Lappen, die sehr spitz und durch tiefe Einschnitte voneinander getrennt sind. Blattrand mit kleinen, rundlichen, gebogenen Zähnen. Oberseite matt grün, mit eingesenkten Blattnerven, Unterseite blasser und glänzend. Blattstiel 5 – 15 cm lang, an der Basis verdickt.

Triebe reifen zu grünbraun oder graubraun, mit spitzen, glänzend grünen, 0,5 cm langen Knospen.

Früchte Kapseln, enthalten je einen oder zwei schwarze, geflügelte Samen. Mehrere Kapseln zu hängenden, kugeligen Fruchtständen vereint, 2 – 3 cm im Durchmesser.

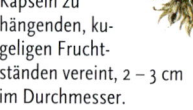

sommergrün, 20 – 30 m

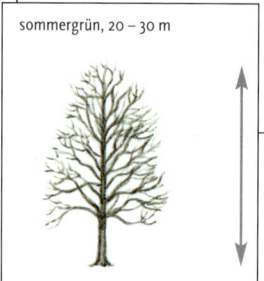

Der Amerikanische Amberbaum ist im Osten der USA zu Hause. Er kommt in einem Gebiet von Conneticut über Illinois bis in den Süden Floridas und Texas vor. Man findet ihn auch in Nord- und Ostmexiko. In seinem südlichen Verbreitungsgebiet kann er in milden Klimaregionen auch als immergrüne Form vorkommen. Aus seiner Rinde gewinnt man ein duftendes Harz, welches in der Parfümindustrie als Duftstoff begehrt ist, früher wurde es auch zum Aromatisieren von Kaugummi verwendet. Die Blätter duften beim Zerreiben ebenfalls sehr intensiv.

Die ursprüngliche Quelle zur Gewinnung des Harzes war allerdings der Orientalische Amberbaum (*L. orientalis*), der aus dem Westen und Südwesten der Türkei und von der Insel Rhodos stammt. Die Amberbäume gleichen einigen Ahornarten, z. B. dem Berg-Ahorn (*Acer pseudoplatanus*, S. 226). Man kann sie allerdings eindeutig an den Trieben unterscheiden. Beim Amberbaum sind die Blätter und Knospen wechselständig schraubig angeordnet, während sie bei den Ahornarten paarig gegenständig am Zweig sitzen. Die Blätter besitzen auch eine gewisse Ähnlichkeit mit Platanenblättern, die Blattstiele der Amberbäume bedecken jedoch nie die blattachselständigen Knospen und die Blattränder sind stets gezähnt.

Der Amberbaum wird bevorzugt als Zierbaum gepflanzt. Er beeindruckt in seiner herbstlichen, roten oder tief scharlachroten Laubfärbung. Junge Bäume sind säulen- oder kegelförmig, ältere Exemplare besitzen eine gewölbte Krone.

RINDE
Grau, an jungen Bäumen häufig schwach borkig, später an älteren Bäumen rau, mit dicken Leisten und tiefen Furchen.

Berg-Ahorn

Acer pseudoplatanus

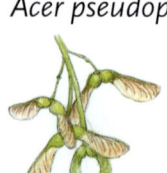

Blätter gegenständig, 10 – 20 cm lang und breit, mit drei großen und zwei kleineren, dreieckigen, kurz zugespitzten Lappen, die durch spitz zulaufende Buchten getrennt sind. Blattrand grob gezähnt. Oberseite dunkelgrün, an den Hauptnerven eingesenkt, Unterseite wachsgrün, beidseitig mit einem Netzmuster kleiner Blattnerven, Blattstiel 4 – 17 cm lang, mit wässrigem Saft.

Früchte paarig, Samen mit einem großen Flügel (Propellerfrucht), Flügelpaar rechtwinklig zueinander stehend.

Triebe grünbraun, mit 0,5 – 1 cm großen, spitzen Knospen, Knospenschuppen grün mit braunen Spitzen.

Blüten in langen, hängenden Rispen, mit dem Laubaustrieb erscheinend.

VERWANDTE ART
Acer opalus
Blattlappen flacher, Blattrand weniger stark gezähnt. Blüten gelb, erscheinen vor dem Laub im zeitigen Frühjahr.

sommergrün, 15 – 35 m

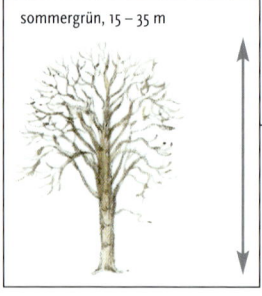

Der Berg-Ahorn kommt natürlich in einem Gebiet Mittel- und Südeuropas zwischen dem Norden Spaniens und der Türkei, dem Kaukasus und bis zum Kaspischen Meer vor. In Frankreich findet man ihn nur in den zentralen und östlichen Regionen, in Spanien entlang der Atlantikküste. Die Ahornarten zeichnen sich durch geflügelte Früchte aus, die wie ein Propeller Drehbewegungen ausführen und auf diese Weise vom Wind weit verbreitet werden. Die Samen des Berg-Ahorns keimen besonders gut auf frisch gedüngter Erde, so dass man sie oft als Keimlinge in Gärten antrifft. Man erkennt sie an den zwei großen, länglichen Keimblättern, die sehr einfach gestaltet sind. Die typischen Laubblätter erscheinen als Folgeblätter später. Der Berg-Ahorn ist sehr anspruchslos und widerstandsfähig. Er gedeiht auf fast allen Böden und erträgt städtische Schadstoffbelastungen sehr gut. Oft weisen die Blätter kreisrunde, schwarze Flecken auf, die von einem Pilz verursacht werden. Die Herbstfärbung des Berg-Ahorns ist recht unspektakulär.

Der Schneeballblättrige Ahorn (*A. opalus*) ist im Südosten Spaniens, in Frankreich, der südlichen Schweiz, Italien und Nordafrika beheimatet. Seine Blätter gleichen denen des Berg-Ahorns. Man kann beide während der Blüte im Frühjahr unterscheiden; die Blütenstände des Schneeballblättrigen Ahorns sind kleiner.

Ein ausgewachsener Berg-Ahorn bildet eine mächtige, gewölbte Krone. Junge Bäume wirken schmal und hoch aufragend und besitzen eine kegelförmige, spitze Krone.

RINDE
Glatt und silbergrau oder braun an jungen Bäumen, später an älteren Bäumen plattig aufreißend und in großen Schuppen ablösend.

Spitz-Ahorn

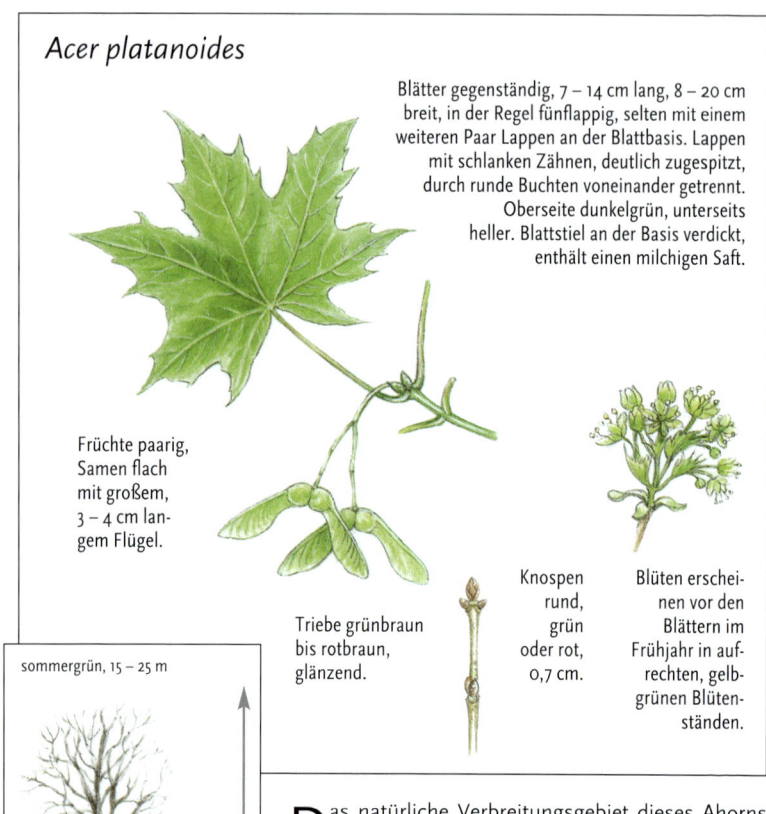

Acer platanoides

Blätter gegenständig, 7 – 14 cm lang, 8 – 20 cm breit, in der Regel fünflappig, selten mit einem weiteren Paar Lappen an der Blattbasis. Lappen mit schlanken Zähnen, deutlich zugespitzt, durch runde Buchten voneinander getrennt. Oberseite dunkelgrün, unterseits heller. Blattstiel an der Basis verdickt, enthält einen milchigen Saft.

Früchte paarig, Samen flach mit großem, 3 – 4 cm langem Flügel.

Triebe grünbraun bis rotbraun, glänzend.

Knospen rund, grün oder rot, 0,7 cm.

Blüten erscheinen vor den Blättern im Frühjahr in aufrechten, gelbgrünen Blütenständen.

sommergrün, 15 – 25 m

Das natürliche Verbreitungsgebiet dieses Ahorns erstreckt sich vom Südosten Norwegens und von Südschweden östlich nach Russland. Er kommt auch auf dem Balkan, in Mittelitalien, Ostfrankreich und Nordspanien vor. In vielen Regionen wird er angepflanzt und etabliert sich sehr rasch. Wild findet man ihn bevorzugt in feuchten Auenwäldern oder in verschiedenen, artenreichen Laubwäldern. Die Blätter gleichen denen des Berg-Ahorns, sind aber deutlich spitzer gelappt. Man kann beide Arten auch anhand des aus dem Stiel austretenden Saftes unterscheiden: Beim Spitz-Ahorn ist er milchig, beim Berg-Ahorn wässrig. Der Spitz-Ahorn ist die Stammform zahlreicher Kultursorten. Besonders viele Varietäten mit purpurfarbener Belaubung sind daraus hervorgegangen. Außerordentlich beliebt sind 'Crimson King' und 'Goldsworth Purple', die im Verlauf des Jahres ein interessantes Farbspektakel liefern. Ihre anfangs hell purpurfarbenen Blätter dunkeln im Sommer kräftig nach und werden im Herbst allmählich wieder heller. Andere Sorten wie 'Schwedleri' verlieren ihre Rottönung und sind zum Herbstende bronzefarben. Alle purpurfarbenen Formen besitzen an den gelben Blütenständen rötliche Tragblätter, so dass sie auch während der Blüte sehr dekorativ wirken. Man findet den Spitz-Ahorn häufig in Parkanlagen oder seltener als Straßenbaum.

Der Spitz-Ahorn ist im Frühjahr, wenn die Blüten voll entwickelt sind, ein attraktiver Baum. Junge Bäume zeigen noch eine spitze Krone, später wird sie kuppelförmig. Das Herbstlaub ist von einer ansprechenden, gelben Färbung. Oft als Park- oder Straßenbaum angepflanzt.

RINDE
Grau oder braunrosa, glatt an jungen Bäumen, später rissig. An älteren Bäumen fein längsfurchig mit flachem Leistenmuster, dunkelgrau gefärbt.

Kolchischer Ahorn

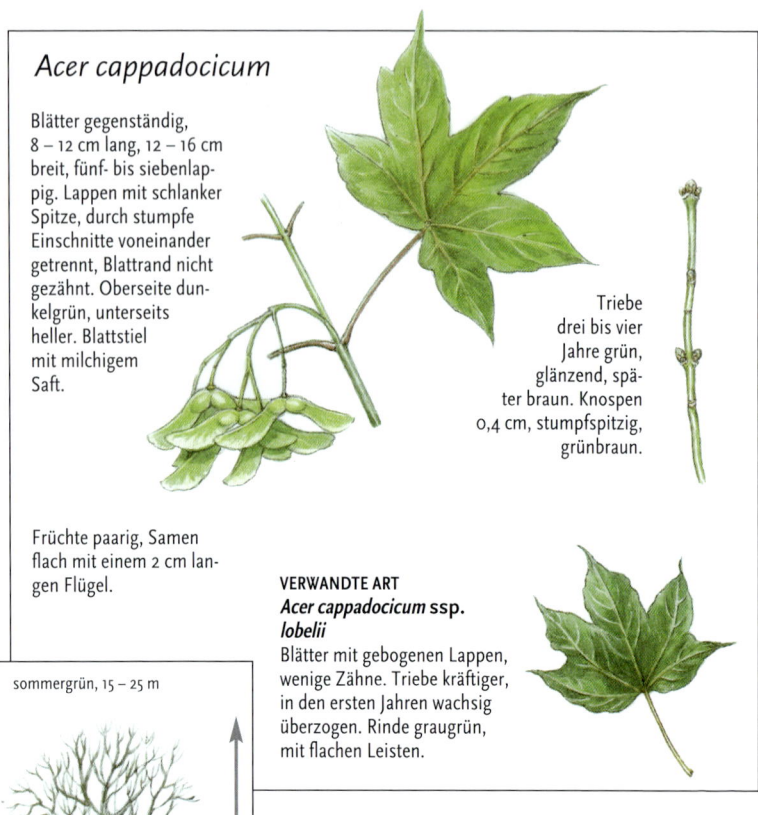

Acer cappadocicum

Blätter gegenständig, 8 – 12 cm lang, 12 – 16 cm breit, fünf- bis siebenlappig. Lappen mit schlanker Spitze, durch stumpfe Einschnitte voneinander getrennt, Blattrand nicht gezähnt. Oberseite dunkelgrün, unterseits heller. Blattstiel mit milchigem Saft.

Triebe drei bis vier Jahre grün, glänzend, später braun. Knospen 0,4 cm, stumpfspitzig, grünbraun.

Früchte paarig, Samen flach mit einem 2 cm langen Flügel.

VERWANDTE ART
Acer cappadocicum ssp. *lobelii*
Blätter mit gebogenen Lappen, wenige Zähne. Triebe kräftiger, in den ersten Jahren wachsig überzogen. Rinde graugrün, mit flachen Leisten.

sommergrün, 15 – 25 m

Der Kolchische Ahorn stammt ursprünglich aus der östlichen Türkei, dem Kaukasus und dem Nordiran. Die Bezeichnung *cappadocicum* bezieht sich auf eine Provinz im Landesinneren der Türkei. Einige Quellen besagen, dass sein Verbreitungsgebiet auch Regionen im westlichen Himalaja und Zentralchina umfasst. In diesen Arealen wachsen sehr ähnliche Exemplare, deren Zugehörigkeit zur Art *cappadocicum* jedoch umstritten ist. Die Blätter sind schmaler gelappt und tiefer eingeschnitten, die Rinde grober gefurcht und die Bäume entwickeln keine Schösslinge. Der Kolchische Ahorn wird außerhalb seines Verbreitungsgebietes nur als Zierbaum in Gärten und Parks angepflanzt. Seine Blüten sind zwar sehr unauffällig, aber in seiner Herbstfärbung zeigt er ein außergewöhnlich klares, intensives Buttergelb, eine Färbung, die sonst nur noch der Ginkgo (S. 14) aufzuweisen hat. Der Kolchische Ahorn wird in verschiedenen Sorten kultiviert. Die verbreitetste Form ist 'Rubrum', deren junge Blätter intensiv rot gefärbt sind, oder 'Aureum' mit einer hell goldgelben Herbstbelaubung.

Der Italienische Ahorn (*A. cappadocicum* ssp. *lobelii*) stammt aus Süditalien. Er formt eine schmale, aufrechte Krone und wird in Deutschland sehr selten angepflanzt. Er wirkt aber mit seinen wachsig überzogenen Trieben durchaus attraktiv.

Der Kolchische Ahorn wächst nur zu
einem kleinen bis mittelgroßen
Baum mit einer runden Krone heran.
Er ist oft von einem Kranz Schösslinge umgeben. Die Abbildung zeigt
die Sorte 'Aureum'.

RINDE
Grau und später etwas
aufgeraut.

Feld-Ahorn

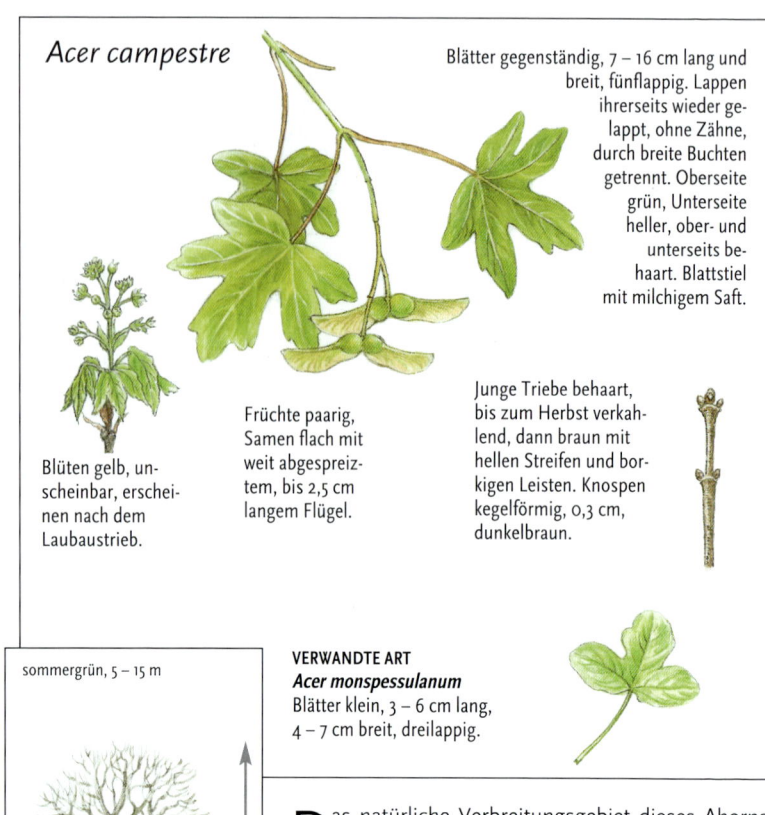

Acer campestre

Blätter gegenständig, 7 – 16 cm lang und breit, fünflappig. Lappen ihrerseits wieder gelappt, ohne Zähne, durch breite Buchten getrennt. Oberseite grün, Unterseite heller, ober- und unterseits behaart. Blattstiel mit milchigem Saft.

Junge Triebe behaart, bis zum Herbst verkahlend, dann braun mit hellen Streifen und borkigen Leisten. Knospen kegelförmig, 0,3 cm, dunkelbraun.

Früchte paarig, Samen flach mit weit abgespreiztem, bis 2,5 cm langem Flügel.

Blüten gelb, unscheinbar, erscheinen nach dem Laubaustrieb.

sommergrün, 5 – 15 m

VERWANDTE ART
Acer monspessulanum
Blätter klein, 3 – 6 cm lang, 4 – 7 cm breit, dreilappig.

Das natürliche Verbreitungsgebiet dieses Ahorns erstreckt sich von England über Mitteleuropa nach Spanien, über Südeuropa bis zur Türkei und den Kaukasus und auf eine kleine Region in Nordafrika. In Skandinavien kommt er mit Ausnahme Dänemarks nicht vor. Er wächst bevorzugt an Waldrändern und in Buschsäumen und liebt nährstoffreiche Böden. Das Holz ist fest und dauerhaft und wird wegen seiner rötlichen Farbe gern für Drechselarbeiten verwendet. Heute wird er bevorzugt als Ziergehölz in Parks und Gärten gepflanzt. Er verfärbt sich im Herbst kräftig gelb. Der Feld-Ahorn eignet sich auch als Heckenanpflanzung. Nach dem Rückschnitt bildet er oft rosa bis purpurfarbene neue Triebe, die Farbe bleibt über einen längeren Zeitraum erhalten.

Der Französische Ahorn (*A. monspessulanum*) ist in Südeuropa mit Ausnahme Westspaniens und Portugals beheimatet und kommt in natürlichen Beständen in der Türkei, dem Kaukasus und in Nordafrika vor. Diese Ahornart ist sehr gut an heiße Klimate angepasst. Obwohl er einige Ähnlichkeiten mit dem Feld-Ahorn aufweist, ist er nicht besonders eng mit ihm verwandt. Der Saft im Blattstiel ist wässrig, der des Feld-Ahorns von milchiger Konsistenz. Er ist in Deutschland relativ unbekannt und wird selten angepflanzt.

Man findet den Feld-Ahorn häufig als kleineren, mehrstämmigen Baum, er kann aber auch in Konkurrenz mit anderen Bäumen hoch aufragen.

RINDE
Graubraun und blass, an älteren Bäumen dunkler, rechteckig gefeldert oder schuppig.

Fächer-Ahorn

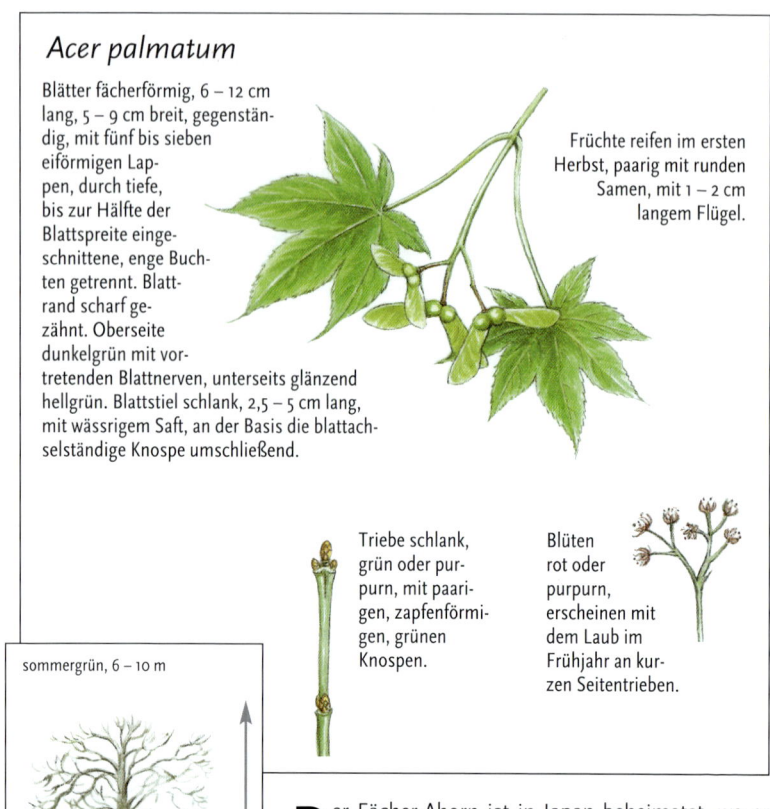

Acer palmatum

Blätter fächerförmig, 6 – 12 cm lang, 5 – 9 cm breit, gegenständig, mit fünf bis sieben eiförmigen Lappen, durch tiefe, bis zur Hälfte der Blattspreite eingeschnittene, enge Buchten getrennt. Blattrand scharf gezähnt. Oberseite dunkelgrün mit vortretenden Blattnerven, unterseits glänzend hellgrün. Blattstiel schlank, 2,5 – 5 cm lang, mit wässrigem Saft, an der Basis die blattachselständige Knospe umschließend.

Früchte reifen im ersten Herbst, paarig mit runden Samen, mit 1 – 2 cm langem Flügel.

Triebe schlank, grün oder purpurn, mit paarigen, zapfenförmigen, grünen Knospen.

Blüten rot oder purpurn, erscheinen mit dem Laub im Frühjahr an kurzen Seitentrieben.

sommergrün, 6 – 10 m

Der Fächer-Ahorn ist in Japan beheimatet, wo er hauptsächlich in den Gebirgsregionen vorkommt. Er bildet darüber hinaus in Asien und Korea, in Nordost- und Zentralchina natürliche Bestände. Wegen seiner leuchtenden Spätsommer- und Herbstfarben, Rotorange oder Gelb, ist er ein ausgesprochen beliebter Zierbaum in Gärten. In Japan wurden seit Jahrhunderten verschiedene Sorten gezüchtet, die sich in der Färbung der Blätter, ihrer Form und Gestalt unterscheiden. Es gibt Sorten mit tief eingeschnittenen Blättern, grün-, purpur-, rotblättrige, goldene, bronzefarbene, einfarbige, marmorierte und bunte Formen. Die meisten wachsen sehr langsam und bilden selten höhere Bäume, sondern bleiben strauchförmig und kleinwüchsig. Die rötliche Farbe wird durch ein Pigment, Xanthocyanin, welches in unterschiedlichen Konzentrationen in den Blättern vorliegt, hervorgerufen. In grünblättrigen Sorten kommt es nur in geringer Menge vor und wird von dem grünen Blattfarbstoff Chlorophyll überdeckt. Selektiert man auf den Gehalt an rotem Farbstoff, ergeben sich Pigmentverhältnisse unterschiedlichster Art und entsprechend vielfältige Laubfärbungen. Besonders eindrucksvoll ist die Sorte 'Osakazuki' mit einer geradezu rot glühenden Belaubung im Herbst. Beliebt ist auch 'Dissectum Atropurpureum' mit tief geschlitzten, purpurroten Blättern.

Der Fächer-Ahorn bildet eine dicht belaubte, runde Krone. In der Regel ist er kleinwüchsig, er kann aber in geschützten Lagen auf feuchtem Grund durchaus eine Höhe von 15 m erreichen.

RINDE
Graugrün, glatt und gestreift an jungen Bäumen, an älteren Exemplaren grau oder graubraun und leicht furchig.

Silber-Ahorn

Acer saccharinum

Blätter gegenständig, im Umriss rund, 8 – 15 cm lang und breit, fünflappig. Lappen durch tiefe, enge Einschnitte getrennt, am Blattrand grob, oft doppelt gezähnt. Oberseite glänzend grün mit vorstehenden Blattnerven, Unterseite silberweiß. Blattstiel 5 – 15 cm lang, mit wässrigem Saft.

Triebe im ersten Jahr grün mit rosa Ringen rund um die paarig angeordneten Blätter, später braun oder purpurn. Knospen 1 cm, spitz, leicht gebogen, rot oder grün.

Blüten rot oder grünlich rot, an den seitlichen Blattknospen herabhängend, blühen vor dem Laubaustrieb im Frühjahr.

Früchte reifen im späten Frühjahr, Samen mit 3 – 5 cm langen, rundlichen Flügeln, an 2 – 5 cm langen, schlanken Stielen hängend.

VERWANDTE ART
Acer saccharum
Blätter gleichen denen des Spitz-Ahorns (S. 228), aber ohne die großen, borstenartigen Zähne. Saft im Blattstiel wässrig, nicht milchig.

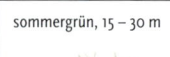
sommergrün, 15 – 30 m

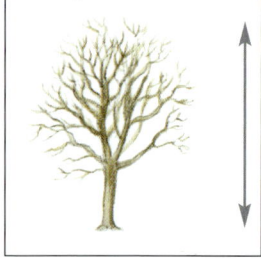

Der Silber-Ahorn stammt aus dem Osten Nordamerikas. Seine nördliche Verbreitungsgrenze liegt auf der Höhe von Minnesota und Südontario, die südliche Grenze erstreckt sich von Nordflorida bis ins östliche Oklahoma. In Europa wird er als Zierbaum in Parkanlagen angepflanzt. Er ist sehr schnellwüchsig und bildet rasch einen stattlichen Baum. Allerdings neigt er zu Brüchigkeit der Äste, besonders wenn vor dem Laubfall stärkere Herbstwinde auftreten und die Krone eine große Angriffsfläche bietet. Die Früchte reifen bereits im späten Frühjahr. Dies stellt eine ideale Anpassung an seinen natürlichen Standort in Auenwäldern auf feuchtnassem Grund dar. Diese werden periodisch im Herbst und Winter überflutet und fallen im Frühjahr trocken. Zur Keimzeit der Samen enthält der Boden ausreichend Feuchtigkeit und die jungen Keimlinge können sich etablieren, bevor sie im Herbst überschwemmt werden.

Die Rinde des Zucker-Ahorns (A. saccharum) wird zur Gewinnung von Ahornsirup angezapft. Die Bäume speichern zuckerhaltigen Saft in ihren Wurzeln und im Stamm, der im Frühjahr vor dem Blattaustrieb in die Äste transportiert wird, um für die Blattentwicklung die nötige Energie zu liefern. Der Saft des Zucker-Ahorns enthält Zucker in ungewöhnlich hohen Konzentrationen.

Der Silber-Ahorn bildet einen sehr großen Baum, ideal für Parkanlagen. Seine Krone ist ausladend und kuppelförmig gewölbt.

RINDE
Silbergrau und glatt. An alten Bäumen gefurcht und plattig gefeldert, an der Basis mit Schösslingen.

Elsbeere

Sorbus torminalis

Blätter wechselständig, oval im Umriss, mit einer runden, herzförmig eingeschnittenen oder geraden wie abgeschnittenen Basis. Am Blattgrund ein Paar dreieckiger Lappen, darüber folgen mehrere zugespitzte Lappen, die zur Spitze hin immer kleiner werden. Blattrand fein gesägt. Oberseite tiefgrün, Unterseite blassgrün, wollig behaart, mit fünf bis sechs hervortretenden Blattnerven. Blattstiel 2,5 – 5 cm lang.

Blüten weiß, 1,5 cm im Durchmesser, mit fünf ausgebreiteten Kronblättern, 20 Staubblättern und zwei Griffeln, in rispigen Blütenständen zusammenstehend, 5 – 12 cm Durchmesser. Im Juni blühend, stark duftend.

Früchte eiförmig bis kugelig, 1 – 1,5 cm, im reifen Zustand grün bis braun, mit vielen Atemporen (Lentizellen) besetzt.

Junge Triebe grün und wollig behaart, später verkahlend und glänzend braun. Knospen kugelig bis eiförmig, ca. 0,5 cm, leuchtend grün mit bräunlichen Haaren an der Spitze.

sommergrün, 15 – 25 m

Die Elsbeere wächst verbreitet im südlichen und zentralen Europa, ihr Vorkommen erstreckt sich bis Marokko und Algerien, vom Osten der Türkei bis in den Kaukasus und den Nordiran. Sie unterscheidet sich von anderen Sorbusarten, z. B. gleichen die Blätter in ihrer Form und Ausprägung der Lappen eher denen des Weißdorns (*Crataegus*). Die Arten der Gattung *Sorbus* neigen generell zur Bastardbildung und sind nicht leicht zu bestimmen. Die Elsbeere ist Wärme liebend und wächst wild an trockenen Standorten auf lockeren Böden, oft in wärmeren Rotbuchen- oder Eichenwäldern. Man findet sie auch in Gebüschsäumen. Sie bildet Schösslinge und vermehrt sich auf diese Art recht erfolgreich. In Norddeutschland wird sie als Straßenbaum angepflanzt.

Das Holz der Elsbeere wird zur Herstellung von Musikinstrumenten, kleineren Möbeln oder anderen Gebrauchsgegenständen genutzt, denn in ausreichender Menge oder Größe steht es nicht zur Verfügung. Die bräunlichen Früchte sind essbar, sie enthalten allerdings in geringen Mengen Parasorbinsäure, die in höherer Dosierung giftig wirkt. Früher wurden sie als Heilmittel gegen Durchfall und Ruhr verwendet, worauf der wissenschaftliche Namensbestandteil *torminalis* = Ruhr hinweist. Heute ist dieses Heilmittel nicht mehr gebräuchlich.

Die Elsbeere steht häufig in Wäldern und Gebüschen, oft vereinzelt, selten in größerer Anzahl. Alte Bäume entwickeln eine breite, kuppelförmige Krone.

RINDE
Glatt und dunkelbraun oder grau an jungen Bäumen, an älteren Bäumen wird sie rissig, fein schuppig gefeldert und dunkelgrau.

Eberesche, Vogelbeere

Sorbus aucuparia

Blätter unpaarig gefiedert (mit Endfieder), wechselständig, 20 cm lang, 12 cm breit, 13 – 15 Fiedern, diese 3 – 7 cm lang, 1,5 – 2,5 cm breit, nicht gestielt, länglich eiförmig. Blattrand grob gezähnt. Oberseite matt grün, Unterseite hellgrün und in der Regel weiß behaart.

Blüten in 10 – 15 cm großen, flachen, rispigen Blütenständen an den Enden der Triebe stehend. Einzelblüten klein, cremeweiß, duftend. Blühzeitpunkt im späten Frühjahr.

Früchte reifen ab August von grün über orange zu scharlachrot, ca. 1 cm dick.

Triebe grün, anfangs fein behaart, im zweiten Jahr graubraun. Knospen ei- bis zapfenförmig, 1 – 1,7 cm, mit weißen Haaren.

sommergrün, 8 – 10 m

Die Eberesche ist in ganz Europa weit verbreitet, ihre Bestände dehnen sich bis in den Kaukasus und in das nördliche Atlasgebirge aus, sie wächst auch in Sibirien und China. Entsprechend ihres überaus weiten Vorkommens in unterschiedlichsten Regionen weist die Eberesche eine große Anzahl verschiedener Formen auf. Die systematische Einordnung der Arten innerhalb der Gattung *Sorbus* gestaltet sich daher recht kompliziert. Je nach Verbreitungsgebiet werden sie von einigen Botanikern als Arten, von anderen als Unterarten bewertet.

Der Namensbestandteil „-esche" bezieht sich auf die Ähnlichkeit der Blätter mit denen der Eschen (*Fraxinus*). Sie sind gleichermaßen unpaarig gefiedert. Die Eberesche kommt gemeinsam mit der Weiß-Birke (S. 114) im Gebirge bis zur Baumgrenze vor und ist ein Pioniergehölz bei der Besiedlung von Brachflächen. Sie ist ausgesprochen anspruchslos und wird gern in Gärten und Parks gepflanzt. Ihre roten Früchte bleiben über den Winter am Baum und sind ein wichtiges Winterfutter für kleine Säugetiere und Vögel, worauf der Name Vogelbeere Bezug nimmt. Im frühen Herbst sind sie noch unauffällig in der Farbe und werden erst später leuchtend rot. Auf diese Weise wird ein vorzeitiger Fraß vor der Vollreife vermieden. Von der Eberesche gibt es einige Sorten, die in der Farbe der Früchte oder der Blattfiederung variieren.

Die Eberesche kommt sowohl in Laub- als auch in offenen Nadelwaldbeständen vor. Sie wächst aufrecht, leicht kegelförmig, die Krone älterer Bäume ist eher unregelmäßig rund gewölbt.

RINDE
Glatt und glänzend grau oder silbergrau, an älteren Bäumen braun, mit schuppigen Leisten an der Stammbasis.

Speierling

Sorbus domestica

Blätter unpaarig gefiedert (mit Endfieder), wechselständig, bis 25 cm lang, oft etwas hängend. Fiedern 3 – 6 cm lang, länglich, das obere Drittel der Fieder gezähnt, unteres Drittel ganzrandig. Oberseite dunkel gelbgrün, unterseits heller, weiß behaart.

Blüten in großen, flachen, rispigen Blütenständen, 10 – 14 cm im Durchmesser. Einzelblüten 1,3 – 1,8 cm, mit weißen Kronblättern.

Früchte 2,5 – 3 cm groß, apfel- oder birnenförmig, rotbraun oder grün und rot gefleckt.

Triebe auf der Oberseite braun, unterseits grün. Knospen bis 1 cm lang, eiförmig, glänzend grün, mit vielen Schuppen.

sommergrün, 15 – 25 m

Der Speierling ist in einem Gebiet ausgehend vom Südwesten Frankreichs, östlich durch Südeuropa bis zum Kaukasus und in die Türkei beheimatet. Er kommt auch in Marokko und Algerien in Nordafrika vor. Er liebt wärmere Regionen und bevorzugt mäßig trockene, steinige Standorte. Man kann ihn sehr leicht mit der Eberesche (S. 240) verwechseln. Die Fiederblätter sind ausgesprochen ähnlich. Erst bei genauerem Hinsehen fallen die Unterschiede auf. Die Fiedern an den Blättern des Speierlings sind nur im oberen Drittel gezähnt, im unteren Drittel ganzrandig und insgesamt etwas breiter oval. Am besten kann man beide Arten im fruchtenden Zustand unterscheiden. Der Speierling besitzt recht große, birnenförmige Früchte, die zu zwei bis mehreren an einem Stiel zusammenstehen. Sie sind nicht einheitlich gefärbt, sondern rotfleckig. Wie die Früchte der Kultur-Birne enthalten sie harte Steinzellen. Anfangs sind die Früchte bitter, im vollreifen Zustand allerdings süß und schmackhaft. Der Speierling war früher ein beliebtes Wildobst und ist leider etwas in Vergessenheit geraten. Über die Nutzung seiner Früchte hinaus lohnt sich eine Anpflanzung auch wegen seiner cremeweißen Blütenpracht im Frühjahr. Am Mittelrhein pflanzt man ihn häufig in Weinbaugebieten. Mancherorts ist er verwildert.

Der Speierling bildet einen mittleren bis hohen Baum mit einer kuppelförmig gewölbten Krone und abspreizenden Ästen. Man findet ihn bevorzugt in Laubwäldern.

RINDE
An jungen Bäumen anfangs hellbraun oder braun und orange. An älteren Bäumen rissig und rechteckig gefeldert.

Gewöhnliche Esche

Fraxinus excelsior

Blätter un-
paarig ge-
fiedert, ge-
genständig,
20 – 35 cm
lang. 9 – 13
Fiedern,
schlank,
spitz, 5 – 12 cm
lang, 2 – 3 cm
breit, ungestielt, an
der Basis asymmetrisch
keilförmig, Endfiederbasis symmetrisch
keilförmig. Oberseite dunkelgrün, Unterseite heller, mit vorstehenden, behaarten
Blattnerven.

Triebe grünbraun, an
und hinter den run-
den, schwarzen
Knospen abgeflacht.

Früchte in dichten
Büscheln, reifen im ersten
Herbst, Einzelsamen mit
gekerbtem, ca. 3 cm lan-
gem Flügel.

Blüten grün und purpurn, erscheinen im März an den Seitenknospen der letztjährigen Triebe. Blüten getrenntgeschlechtlich.

sommergrün, 20 – 30 m

Die Gewöhnliche Esche ist in England, Norwegen,
Schweden, südlich bis in den Norden Spaniens,
östlich über Mittel- und Südeuropa bis zur Türkei und
den Kaukasus beheimatet. Sie kommt als eine der
wenigen hochwüchsigen Laubbäume auch in höheren Gebirgslagen vor und verträgt nährstoffarme
Böden. Die stattlichsten Exemplare findet man in Auenwäldern auf nährstoffreichen, feuchten aber gut drainierten Böden. Sie wird in Parks, seltener auch als
Straßenbaum angepflanzt. Ihr Holz ist wertvoll, hell und elastisch, man verwendet
es für Fachwerk, Vertäfelungen und Bodenbeläge. Eschenholz gehört zu den wenigen Holzsorten, die auch im frischen Zustand ohne lange vorherige Trocknung
brennen. Die Blätter mit ihren vielen Fiedern lassen das Sonnenlicht gut durch die
Krone hindurchtreten, so dass die Esche wenig Schatten wirft.

Die Gewöhnliche Esche hat eine Vielzahl an Kultursorten hervorgebracht, auch
einige trauerweidenähnliche Formen mit überhängenden Zweigen. Die Sorte 'Ja-
spidea' präsentiert sich mit goldfarbenen Zweigen. Die kurioseste Form ist 'Diversi-
folia', mit nur einem oder selten drei bis fünf Fiederblättchen. Eschen kann man
leicht an ihren charakteristischen runden, schwarzen Knospen erkennen. Neben
den Hauptknospen besitzen sie noch kleinere Nebenknospen.

Die Gewöhnliche Esche ist weit verbreitet in Gebüschsäumen, Wäldern
und entlang von Flussufern. Ihre
Krone wirft wenig Schatten, aber sie
verfügt über ein ausgedehntes, ober-
irdisches Wurzelgeflecht, das eine
Ansiedlung anderer Pflanzen als Unterwuchs nicht zulässt. Die Wurzeln
der Esche laugen den Boden aus und
entziehen anderen Pflanzen die
Ernährungsgrundlage.

RINDE
Grau oder graubraun, glatt
an jungen Bäumen, später
an älteren Exemplaren mit
einem Netzwerk an Leisten
überzogen.

Blumen-Esche, Manna-Esche

Fraxinus ornus

Blätter gegenständig, unpaarig gefiedert, 20 – 30 cm lang, mit fünf bis neun Fiedern, diese 5 – 10 cm lang, 2 – 4 cm breit. Fiedern variabel in der Form, von lanzettlich bis eiförmig, an der Spitze abgerundet oder in eine schlanke Spitze ausgezogen, an der Basis keilförmig oder rund. Blattrand fein gezähnt. Oberseite matt dunkelgrün, Unterseite heller, mit erhabenen, braun behaarten Blattnerven.

Blüten an der Seite und am Ende belaubter Triebe, erscheinen im späten Frühjahr, mit weißen bis cremeweißen Kronblättern.

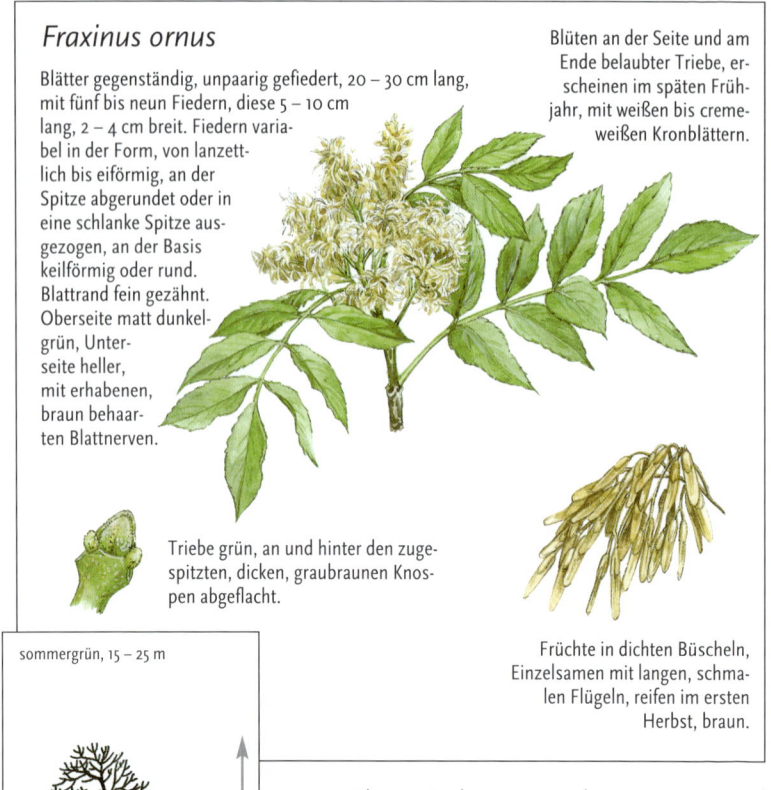

Triebe grün, an und hinter den zugespitzten, dicken, graubraunen Knospen abgeflacht.

Früchte in dichten Büscheln, Einzelsamen mit langen, schmalen Flügeln, reifen im ersten Herbst, braun.

sommergrün, 15 – 25 m

Die Blumen-Esche ist im Südosten Europas und rund um die Mittelmeer- und die türkische Schwarzmeerküste beheimatet. Ihr natürliches Vorkommen beschränkt sich auf Gebiete mit heißen, trockenen Sommern und feuchten Wintern. Sie gehört zu einer kleinen Gruppe innerhalb der Gattung *Fraxinus*, deren Vertreter sich durch den Besitz von Blütenkronblättern auszeichnen. Die Blumen-Esche trägt ihren Namen zu Recht. Im Frühjahr erscheinen ihre Zweige übersät mit weißen Blütenständen, die einen angenehmen Duft verströmen. Dieser Aspekt hebt sie von anderen Eschenarten erfreulich ab. Im unbelaubten Zustand ist sie eindeutig an ihren graubraunen, runden, aber deutlich zugespitzten Knospen zu identifizieren.

Die Blumen-Esche wird wegen ihres zuckerhaltigen Saftes angezapft. Man ritzt die Rinde des Stammes an und fängt den austretenden Blutungssaft auf. Er enthält einen Zucker, Mannitol, der in der Heilkunde als mildes Abführmittel eingesetzt wird. Das Holz der Blumen-Esche ist von gleicher Qualität wie das der Gewöhnlichen Esche. Die Blumen-Esche wird im Volksmund auch als Manna-Esche bezeichnet. Sie lieferte allerdings nicht das legendäre Manna zur Speisung des Volkes Israel in der Wüste, denn sie kommt nachweislich in diesem Gebiet nicht vor.

Die Blumen-Esche ist im Frühjahr, wenn sie mit ihren cremeweißen Blüten übersät ist, besonders auffällig. Die Krone ist kuppelförmig.

RINDE
Dunkelgrau und glatt, später an der Stammbasis leicht gefurcht.

Schmalblättrige Esche

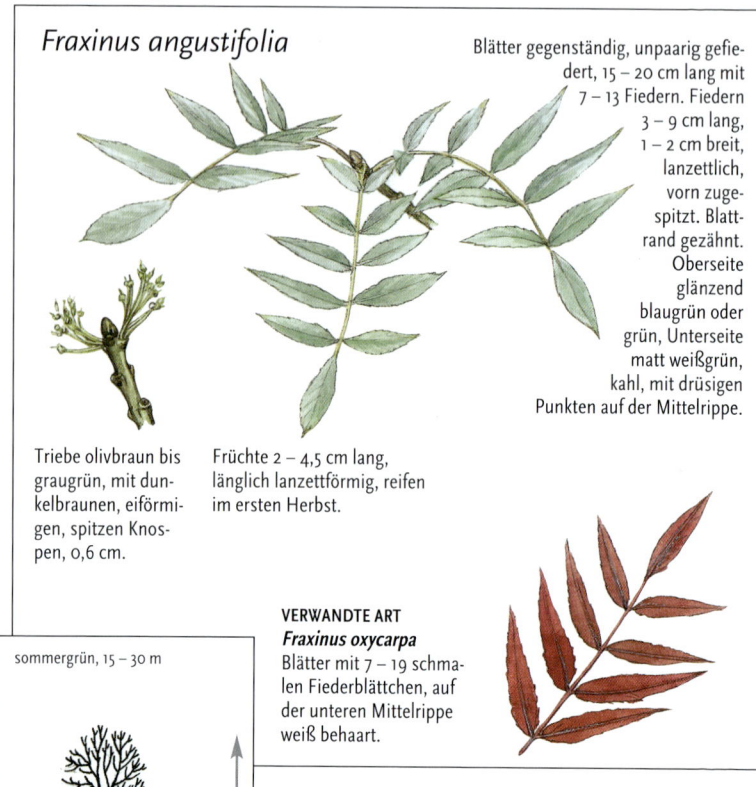

Fraxinus angustifolia

Blätter gegenständig, unpaarig gefiedert, 15 – 20 cm lang mit 7 – 13 Fiedern. Fiedern 3 – 9 cm lang, 1 – 2 cm breit, lanzettlich, vorn zugespitzt. Blattrand gezähnt. Oberseite glänzend blaugrün oder grün, Unterseite matt weißgrün, kahl, mit drüsigen Punkten auf der Mittelrippe.

Triebe olivbraun bis graugrün, mit dunkelbraunen, eiförmigen, spitzen Knospen, 0,6 cm.

Früchte 2 – 4,5 cm lang, länglich lanzettförmig, reifen im ersten Herbst.

VERWANDTE ART
Fraxinus oxycarpa
Blätter mit 7 – 19 schmalen Fiederblättchen, auf der unteren Mittelrippe weiß behaart.

sommergrün, 15 – 30 m

Die Schmalblättrige Esche stammt ursprünglich aus den westlichen Mittelmeerregionen, Südeuropa, Marokko und Algerien. Die schlanken, gefiederten Blätter mit ihren schmalen Fiederblättchen verleihen der Krone eine aufgelockerte Struktur. In ihrer großen Anzahl sorgen sie jedoch für dichten Schatten unter dem Baum. Der Stamm älterer Bäume kann sehr knorrig werden, was sie von der Gemeinen Esche unterscheidet. Ein wichtiges Unterscheidungsmerkmal sind auch die purpurbraunen, grau behaarten Knospen. Die Anordnung der Blätter am Trieb und die dicken, dunklen Knospen erleichtern allgemein die Abgrenzung der Eschen von anderen Gehölzen mit gefiederten Blättern, z. B. der Eberesche (S. 240). Deren Blätter sind am Trieb wechselständig angeordnet, die Eschenblätter immer paarig (oder zu dritt) gegenständig. Die Kultursorte 'Velthamii' besitzt ein außergewöhnliches Fiederblatt, bei dem die Anzahl der Fiedern auf eine einzige reduziert ist.

Die systematische Stellung von *F. oxycarpa* ist umstritten. Sie gleicht der Schmalblättrigen Esche ungemein und wird von manchen Botanikern als identisch angesehen. Sie besitzt eine glatte, graue Rinde und eine dicht belaubte, runde Krone. Ihre Blätter färben sich im Herbst pflaumenblau, während andere Eschen bestenfalls ein schwaches Gelb entwickeln.

Die Schmalblättrige Esche besitzt eine dichte, runde Krone und sehr kleine Fiederblättchen. In Gärten pfropft man sie manchmal auf die Gewöhnliche Esche, so dass der Kontrast der Rindenstruktur beider Arten betont wird. Sie erreicht eine Höhe bis zu 30 m.

RINDE
Dunkelgrau bis schwarz, tiefrissig werdend, rechteckig gefeldert. Sehr alte Bäume werden häufig knorrig.

Echte Walnuss

Juglans regia

Triebe kräftig, dunkelbraun, längsrissig, das Mark regelmäßig und feldrig gekammert. Knospen dick, eiförmig, spitz mit zwei äußeren Schuppen.

Früchte kugelig, mit dicker, grüner, hartfleischiger Hülle. Platzt im Herbst auf und entlässt die holzig beschalten Samen (Steinfrüchte).

Blätter unpaarig gefiedert, wechselständig, 20 – 45 cm lang, mit fünf bis sieben (selten 13) Fiedern. Fiedern oval, 20 cm lang, 10 cm breit, zur Blattspitze hin größer. Blattrand ungezähnt. Oberseite dunkelgrün, Unterseite glänzend hellgrün mit weißen Haarbüscheln in den Blattnervenachseln.

Männliche Blütenkätzchen 5 – 10 cm lang, erscheinen mit dem Laubaustrieb. Weibliche Blüten an der Spitze der Jahrestriebe, unscheinbar.

VERWANDTE ART
Juglans nigra
Blätter 30 – 60 cm lang, mit neun bis elf Fiedern, 6 – 13 cm lang, Blattrand fein gezähnt.

sommergrün, 15 – 25 m

Die Echte Walnuss ist möglicherweise vom Südosten Europas östlich bis Zentralasien, den Himalaja und bis in den Südwesten Chinas beheimatet. Sie blickt auf eine lange Geschichte ihrer Kultivierung zurück, denn sie wurde in vielen Regionen wegen ihrer wohlschmeckenden Früchte angebaut. In Gebieten der ehemaligen Sowjetunion, z. B. in Aserbaidschan, kommt sie in ausgedehnten Reinbeständen vor und ist vermutlich auch dort beheimatet. Sie wurde bereits sehr früh in Europa eingeführt. Aus den Samen presst man ein wertvolles Speiseöl. Neben den Samen wird die Echte Walnuss auch wegen ihres dunkelbraunen, reich gemaserten Holzes angepflanzt, das ein sehr schönes Furnier liefert. Die Blätter und die Rinde sind gerbstoffhaltig und finden in der Pflanzenheilkunde Verwendung. Um 1709 wurden die Walnussbestände in Europa durch einen strengen, frostigen Winter stark dezimiert. In den Folgejahren ersetzte man sie durch eine verwandte Art, die Schwarze Walnuss. Die Schwarze Walnuss (*J. nigra*) stammt aus Nordamerika und kommt dort von Neu-England und South Dakota südlich bis Florida und Texas vor. Ihre Blätter sind größer als die der Echten Walnuss und fein gezähnt. Ihr Holz ist von ebenso guter Qualität und wird im Möbelbau sehr geschätzt. Sie wird gern in Parks und Gartenanlagen angepflanzt.

Die Echte Walnuss bildet eine kuppelartig gewölbte Krone mit breit abstehenden Ästen. Der Stamm ist kurz und kräftig. Sie produziert Substanzen, die das Wachstum anderer Pflanzen in ihrer Nähe hemmen.

RINDE
An jungen Bäumen glänzend, grau und glatt, später an älteren Exemplaren mit breiten Leisten und tiefen Furchen, braungrau.

Kaukasische Flügelnuss

Pterocarya fraxinifolia

Triebe glatt und braun. Mark regelmäßig gekammert. Knospen mit winzigen Blättern, ohne Schuppen.

Blätter unpaarig gefiedert, wechselständig, 20 – 50 cm lang, mit 15 – 21 Fiedern. Fiedern 5 – 12 cm lang, 4,5 cm breit, länglich und zugespitzt. Am vorderen Ende des Blattes am größten. Blattrand unregelmäßig gezähnt. Oberseite matt grün, Unterseite glänzend hellgrün, mit schwarzen Drüsen gesprenkelt.

Männliche Blütenkätzchen gelb, 5 – 12 cm lang, erscheinen mit den neuen Blättern im Frühjahr. Früchte hängend, 25 – 50 cm lang. Samen mit zwei schmalen Flügeln.

VERWANDTE ARTEN
Pterocarya stenoptera
Blätter fein gezähnt, Blattstiel zwischen den Fiederpaaren mit breiten Flügeln oder Flanken.

sommergrün, 20 – 35 m

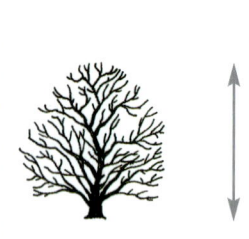

Carya ovata
Blätter mit fünf Fiedern, diejenigen am Blattende größer. Männliche Kätzchen zu dritt an einem gemeinsamen Stiel. Früchte an vier Nähten aufbrechend.

Die Kaukasische Flügelnuss ist in den Gebirgsregionen des Kaukasus bis in den Norden des Irans beheimatet. In Europa wird sie als Zierbaum in Parkanlagen angepflanzt, man findet sie teilweise auch als Straßen- und Alleebaum. Sie wächst sehr rasch und bildet ein brauchbares Holz. Auf feuchten Böden gedeiht sie sehr gut, ist winterhart, aber sehr anfällig für Spätfröste, die nach dem Laubaustrieb die frischen Blätter stark schädigen können. Der Name Flügelnuss bezieht sich auf die Früchte. Die kleinen Samen sind an zwei Seiten schmal geflügelt und stehen etwas spitznasig vor. Die Bezeichnung *fraxinifolia* weist auf die Ähnlichkeit der Blätter mit denen der Eschen (*Fraxinus*) hin.

Die Chinesische Flügelnuss (*P. stenoptera*) stammt aus China und kommt bis in den Norden Vietnams vor. Sie besitzt längere und schmalere Flügel an den Samen und bildet keine Schösslinge. Der Namensbestandteil *carya* weist auf die Verwandtschaft mit den Arten der Gattung *Carya* hin. Die Hickorynüsse, wie der Schuppenrinden-Hickory (*Carya ovata*), sind in China und Nordamerika beheimatet. Anders als bei den Flügelnüssen hängen dessen Kätzchenblüten zu dreien an einem gemeinsamen Stiel. Das Hickoryholz ist außergewöhnlich stoßfest und wird zur Herstellung von Stielen an Werkzeugen, wie Äxten und Beilen verwendet.

Die Kaukasische Flügelnuss bildet an der Stammbasis zahlreiche Schösslinge. Sie ist das ganze Jahr über ausgesprochen dekorativ, im Sommer mit ihren lang herabhängenden Fruchtständen, im Herbst beeindruckt sie mit ihrem gelben Laub.

RINDE
Dunkelgrau, glatt an jungen Bäumen, später an älteren Exemplaren ein Zickzackmuster aus flachen Leisten und Furchen bildend.

Lack-Sumach

Rhus verniciflua

Blätter wechselständig, unpaarig gefiedert, 30 – 60 cm lang. 7 – 19 Fiedern, 10 – 20 cm lang, 5 – 10 cm breit, breit eiförmig mit einer schlanken Spitze. Blattrand glatt. Oberseite leuchtend frisch grün, Unterseite samtig behaart, besonders auf den 16 – 30 Paar Blattnerven.

Triebe kräftig und hellgrau, rau durch vorstehende Atemporen. Knospen 1 cm, eiförmig und nussbraun.

Früchte 0,8 cm lang, leuchtend hellbraun bis gelb, abgeflacht, mit einer festfleischigen Hülle.

VERWANDTE ART
Rhus hirta
Blattfiedern lanzettlich mit scharf gezähntem Blattrand. Blüten und Früchte in dichten, roten Büscheln an den Zweigenden.

sommergrün, 15 – 20 m

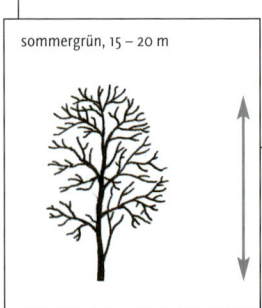

Der Lack-Sumach kommt natürlich entlang des Himalajas von Indien östlich bis China vor. Er wächst an trockenen Standorten.

Der Baum enthält einen Saft, der in China und Japan zur Herstellung eines Lackes verwendet wird, den man als Politur für Möbel einsetzt. Man gewinnt ihn, indem man die Rinde v-förmig einritzt und den austretenden, milchigen Blutungssaft sammelt. Die Abbildung auf der gegenüberliegenden Seite zeigt Bäume in einem Gebiet im Südosten Tibets, die systematisch „beerntet" werden. Der Saft des Lack-Sumachs enthält eine Anzahl verschiedener giftiger Substanzen. Sie werden über die Haut sehr rasch absorbiert und attackieren die Körperzellen. Nach etwa einer Woche treten erste Vergiftungserscheinungen auf, die sich in Form eines schmerzhaften Ausschlages äußern.

Der Essigbaum (*R. hirta*) ist im Osten Nordamerikas zu Hause. Er wächst zu einem kleinen Baum bis zu einer Höhe von 5 – 10 m heran. Meist entspricht seine Breite der Höhe. Seine Äste sind sparrig verzweigt und er bildet beständig Ausläufer, die große Distanzen rund um ihren Ursprungsbaum erobern. Er ist aufgrund seiner intensiven, leuchtend orangeroten Herbstfärbung als Zierbaum sehr beliebt und gedeiht anspruchslos auf allen Böden.

Der Lack-Sumach bildet eine kuppelartig gewölbte Krone. Junge Bäume
sind kegelförmig, spitz geformt. Im
Herbst verfärben sich die Blätter in
ein brillantes Rot.

RINDE
Dunkelgrau bis hellbraun,
später gefurcht und leicht
schuppig an älteren Bäu-
men. Die Schnitte in der
Rinde des abgebildeten Baumes dienen zum Abzapfen
des Saftes, aus dem man einen Lack gewinnt.

Chinesischer Götterbaum

Ailanthus altissima

Blätter unpaarig gefiedert, wechselständig, 30 – 60 cm, teilweise bis 90 cm lang, mit 11 – 41 Fiedern. Fiedern 7 – 15 cm lang, 3 – 7 cm breit, eiförmig bis länglich, mit gedrehter langer Spitze. Blattrand durchscheinend, glatt, mit ein bis drei Paar Drüsen nahe am Blattgrund. Oberseite glänzend dunkelgrün, Unterseite heller, weißlich grün. Blätter beim Zerreiben unangenehm riechend.

Triebe sehr kräftig, anfangs samtig behaart, später kupferbraun. Gewölbte, rotbraune Knospen, kleiner als 0,5 cm.

Männliche und weibliche Blüten auf getrennten Bäumen, weibliche Blüten weißgrün, in Büscheln an den Enden der Jahrestriebe. Männliche Blüten riechen faulig.

Früchte in 30 cm großen Fruchtständen, Samen in der Mitte eines gedrehten, leuchtend roten oder grünen Flügels.

sommergrün, 15 – 30 m

Der Chinesische Götterbaum stammt aus dem Norden Chinas, wird aber in Europa wegen seiner dichten Belaubung weit verbreitet angepflanzt. Er ist anspruchslos und widerstandsfähig, gedeiht auf nährstoffarmen Böden und ist unempfindlich gegen Luftschadstoffe. Wenn er fruchtet, wirkt er sehr attraktiv, denn seine Samen sind mit dekorativen, leuchtend roten Flügeln ausgestattet. Er bildet recht aggressive Ausläufer, seine Äste sind etwas brüchig, das Holz weich.

Die Arten der Gattung *Ailanthus* sind in Indien und China, südlich durch Südostasien bis Australien beheimatet. Der deutsche und der wissenschaftliche Name leiten sich beide vom molukkischen Artnamen ab, der übersetzt „sehr groß" oder „bis zum Himmel reichend" bedeutet. Die Blätter des Götterbaumes sind an der Basis mit Drüsen besetzt. Dabei handelt es sich um so genannte extraflorale, also sich außerhalb der Blüte befindende Nektarien. Diese Drüsen produzieren Nektar als Lockstoff für Ameisen, die den zuckerhaltigen Saft ernten und als Nahrungsquelle nutzen. Als Gegenleistung halten die Ameisen Raupen oder andere blattfressende Schädlinge vom Baum fern. Die Blätter, Triebe und Blüten des Chinesischen Götterbaumes besitzen einen unangenehmen, üblen Geruch.

Der Chinesische Götterbaum bildet eine runde Krone auf einem dicken Stamm. Er wird in Gärten, Parkanlagen oder als Straßenbaum angepflanzt.

RINDE
Glatt, graubraun bis dunkelbraun, mit weißen Streifen an jungen Bäumen, später mit flachen, hellbraunen oder grauen Furchen.

Eschen-Ahorn

Acer negundo

Fiederblätter gegenständig angeordnet, bis 20 cm lang und 15 cm breit, mit drei, fünf oder sieben Fiedern, jede bis zu 10 cm lang und 6,5 cm breit. Blattrand grob gezähnt. Oberseite hellgrün, matt, auf der Unterseite mehr oder weniger stark behaart, mit vorstehenden Blattnerven.

Triebe oft anfangs wachsig bereift, teilweise behaart, über mehrere Jahre gleichmäßig grün bleibend. Knospe eiförmig, ca. 0,5 cm lang.

Früchte zu mehreren in rispigen Fruchtständen hängend, je zwei Früchte paarig, spitzwinkelig zueinander angeordnet, mit schmalen Flügeln.

VERWANDTE ART
Acer griseum
Fiederblätter mit drei Fiedern, 10 cm lang, 14 cm breit, an schlanken, anfangs behaarten, dunkelbraunen Trieben sitzend. Knospen schokoladenbraun, spitz. Früchte hängen jeweils in Büscheln zu drei Paaren. Samen rund, mit dicker, behaarter Hülle und sehr großem Flügel.

sommergrün, 10 – 15 m

Der Eschen-Ahorn ist in Nordamerika von der Atlantikküste bis nach Kalifornien beheimatet. Sein volkstümlicher Name bezieht sich auf die Blätter, die denen der Eschen (*Fraxinus*) gleichen. Er ist zweihäusig, männliche und weibliche Blüten findet man auf verschiedenen Bäumen. Besonders attraktiv wirken im Frühsommer die männlichen Bäume, wenn ihre Blütenstände an den noch unbelaubten Ästen herabhängen. Die Belaubung ist nicht allzu spektakulär, es gibt allerdings einige panaschierte, bunte Formen, die als Strauch recht ansehnlich wirken.

Der Zimt-Ahorn (*A. griseum*) stammt aus Zentralchina. Er bildet einen hübschen, kleinen Baum von 6 – 8 m Höhe. Gedeiht er an einem geschützten, nährstoffreichen Standort, kann er allerdings durchaus höher werden. Seine Rinde ist rotbraun, kupferfarben oder haselnussbraun. Wenn sie sich in dünnen, papierartigen Fetzen ablöst, erscheint ein oranger Untergrund. Das Abschälen der Rinde beginnt in einem Alter von drei bis vier Jahren am Stamm und setzt sich bis in die Krone fort. Im Herbst färben sich die Blätter karminrot, rot oder orange, was diesen Ahorn zu einem beliebten Zierbaum in Gärten und Parks macht. Er gedeiht an verschiedenen Standorten, wächst jedoch insgesamt sehr langsam.

Der Eschen-Ahorn bildet in der Regel eine flache Krone mit abstehenden Ästen. Die Belaubung einiger Formen ist dekorativ vielfarbig.

RINDE
Graubraun und glatt, später dunkler, mit schmalen Rissen und flach, plattig gefeldert.

Johannisbrotbaum

Ceratonia siliqua

Blätter wechselständig, 12 – 30 cm lang, paarig gefiedert mit zwei bis vier, selten bis zu sechs Fiederpaaren ohne endständige Einzelfieder. Fiedern länglich, 2 – 8 cm lang, 1 – 5 cm breit, derb. Blattrand wellig, nicht gezähnt. Oberseite glänzend grün, Unterseite mattgrün.

Blüten braun, in Blütenständen zu 20 – 60 vereint an älteren Ästen oder am Stamm sitzend, von Juli bis November blühend. Männliche und weibliche Blüten auf getrennten Bäumen.

Triebe grau, schlank und anfangs behaart.

Frucht eine längliche Hülse, 10 – 30 cm lang, 1,5 – 3,5 cm breit, im reifen Zustand braun. Mit süßem, geleeartigem Fruchtmark und 10 – 16 glänzend braunen Samen.

immergrün, bis 10 m

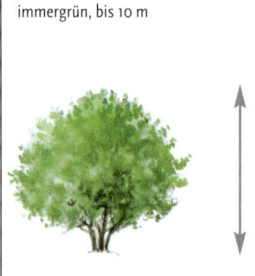

Der Johannisbrotbaum wächst weit verbreitet an den Küsten des Mittelmeeres. Seine ursprüngliche Heimat ist nicht genau bekannt, vermutlich stammt er aus dem östlichen Mittelmeerraum, speziell der Türkei und Palästina. Er wurde weit über die Grenzen dieses Gebietes hinaus kultiviert und angepflanzt. Er gedeiht an heißen, trockenen Standorten und verträgt das winterkalte Klima Nordeuropas leider nicht. Das fleischige Fruchtmark der Hülse, in das die Samen eingebettet sind, ist von süßem Geschmack und essbar. Es wird als Viehfutter verwendet. Aus den Samen gewinnt man einen kakaoähnlichen Grundstoff (Carob), der als Ersatzstoff für Schokolade verwendet wird. Wegen des überaus präzisen, gleichmäßigen Gewichts der Samen wurden diese früher als Gewichtseinheit im Warenhandel eingesetzt. Die Reinheit von Gold oder der Wert eines Diamanten wird heute noch in „Karat" angegeben. Die aus dem Griechischen „keras", übersetzt Horn, abgeleitete Bezeichnung *Ceratonia* bezieht sich vermutlich auf die harte, dicke Schale der Samen. Unsere Fingernägel bestehen aus Keratin, einem Stoff auf der gleichen chemischen Basis.

Der Johannisbrotbaum wächst in unserem Klima nicht sehr hoch und eignet sich daher für Gärten und Terrassen.

Der Johannisbrotbaum bildet eine flache, ausgebreitete Krone.

RINDE
Braun und gefurcht, Blüten oder Früchte sitzen oft direkt am Stamm (Cauliflorie = Stammblütigkeit).

Robinie, Gewöhnliche Scheinakazie

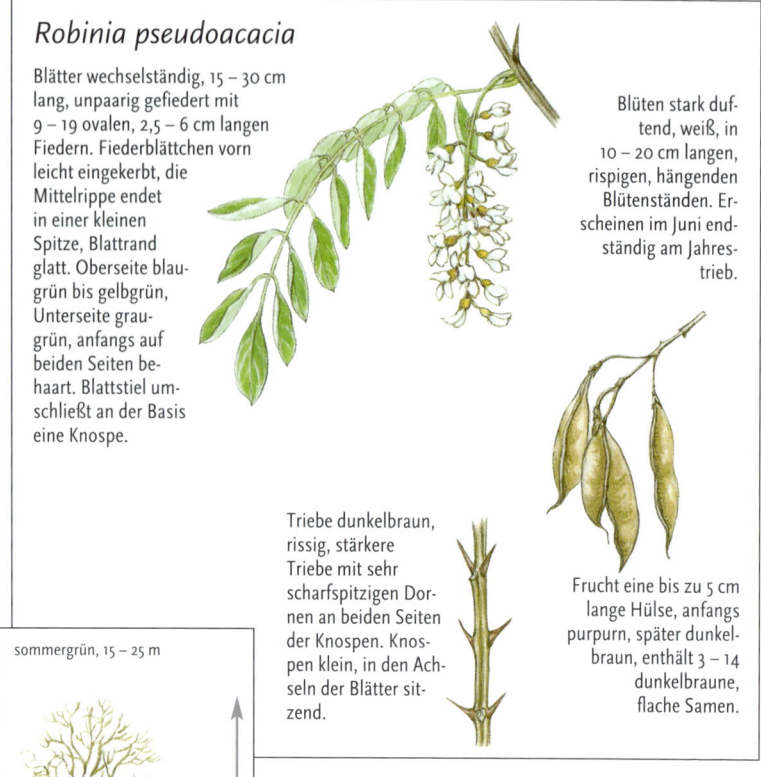

Robinia pseudoacacia

Blätter wechselständig, 15 – 30 cm lang, unpaarig gefiedert mit 9 – 19 ovalen, 2,5 – 6 cm langen Fiedern. Fiederblättchen vorn leicht eingekerbt, die Mittelrippe endet in einer kleinen Spitze, Blattrand glatt. Oberseite blaugrün bis gelbgrün, Unterseite graugrün, anfangs auf beiden Seiten behaart. Blattstiel umschließt an der Basis eine Knospe.

Blüten stark duftend, weiß, in 10 – 20 cm langen, rispigen, hängenden Blütenständen. Erscheinen im Juni endständig am Jahrestrieb.

Triebe dunkelbraun, rissig, stärkere Triebe mit sehr scharfspitzigen Dornen an beiden Seiten der Knospen. Knospen klein, in den Achseln der Blätter sitzend.

Frucht eine bis zu 5 cm lange Hülse, anfangs purpurn, später dunkelbraun, enthält 3 – 14 dunkelbraune, flache Samen.

sommergrün, 15 – 25 m

Die Robinie ist in Nordamerika beheimatet. Ihre natürliche Verbreitung beschränkt sich auf ein Dreieck zwischen Pennsylvania, Ohio und Alabama und einen Streifen von Südmissouri bis in den Osten Oklahomas. Sie gedeiht auf leichten Sandböden, verträgt aber auch schwerere Böden, vorausgesetzt sie sind gut wasserdurchlässig. Sie bevorzugt Regionen mit warmem Sommerklima. Die Robinie besitzt Triebe, die mit Paaren scharfer, spitzer Dornen an der Basis der Blätter und Knospen bewehrt sind. Sie sind ein auffälliges Merkmal und leiten sich von Nebenblättern ab. Nebenblätter oder Stipeln sind kleine Blättchen an der Basis der eigentlichen Laubblätter. Sie kommen nicht bei allen Laubbäumen vor. Solche Stipeln findet man besonders häufig bei Arten der Gattungen *Betula*, *Carpinus* und *Tilia*. Oft fallen sie früh ab. Manchmal bleiben sie auch dauerhaft erhalten, wie bei der Sal-Weide (*Salix caprea*).

Die Robinie wird auch als Scheinakazie bezeichnet, abgeleitet von ihrem wissenschaftlichen Namen. Sie gehört in die Gruppe der Hülsenfrüchtler (*Leguminosae*), die sich durch den Besitz von Bakterien in den Wurzeln auszeichnen. Sie fixieren Stickstoff aus der Luft und versorgen den Baum auf diese Weise mit lebensnotwendigen Stickstoffverbindungen.

Die Robinie wächst rasch zu einem hohen, stattlichen Baum mit einer lichten, mächtigen, kuppelförmigen Krone heran.

RINDE
Braun und glatt an jungen Bäumen, bald jedoch rau und dunkelgrau, an älteren Exemplaren mit groben, tiefen Furchen und Leisten.

Japanischer Schnurbaum

Sophora japonica

Blätter wechselständig, 15 – 25 cm lang, unpaarig gefiedert mit 9 – 15 Fiederblättchen. Fiedern eiförmig, 3 – 6 cm lang, 2 – 3,5 cm breit. Blattrand glatt. Oberseite mattgrün, unbehaart, Unterseite bläulich oder weißlich grün, mit weißen, feinen Haaren.

Triebe über viele Jahre gleich bleibend grün. Knospen klein, an der Basis der verbreiterten Blattstiele sitzend.

Blüten endständig an den Jahrestrieben, in breiten, rispigen Blütenständen im August/September erscheinend. Einzelblüten cremeweiß, ca. 1,5 cm, schmetterlingsblütig.

Frucht eine behaarte, 5 – 8 cm lange Hülse, zwischen den ein bis sechs Samen deutlich eingeschnürt.

sommergrün, 15 – 25 m

Der Schnurbaum ist ursprünglich in Nordchina zu Hause. Von dort gelangte er vermutlich erst mit der Einführung des Buddhismus nach Japan. Der englische Name Pagoda Tree weist auf seine Bedeutung als Schattenspender in der Nähe von Tempeln und Pagoden hin. Im 18. Jahrhundert gelangte er schließlich von Japan aus nach Europa. Er gehört zur Familie der Schmetterlingsblütengewächse, deren Blüten sehr typisch und unverwechselbar gestaltet sind. Von den fünf Kronblättern bilden zwei ein so genanntes Schiffchen, das von zwei Flügeln flankiert und von einer Fahne überdacht wird. Die Robinie (*Robinia pseudoacacia*, S. 262) und der Judasbaum (*Cercis siliquastrum*, S. 202) gehören ebenfalls zu dieser Familie. Der deutsche Name leitet sich von der Form der Hülsenfrucht ab, in der die Samen wie auf einer Schnur aufgezogen erscheinen.

Der Japanische Schnurbaum benötigt zur Entwicklung der Blütenknospen einen heißen, sonnigen Sommer. Nach kalten, feuchten Sommern blüht er nicht oder besitzt nur wenige Blüten. Er wird in Parks und Gärten vor allem aufgrund seiner späten Blüte gepflanzt. Seit einiger Zeit findet man ihn wegen seiner Trockenresistenz auch als Straßenbaum. Er gedeiht gut auf lehmigen Böden, vorausgesetzt sie sind gut durchlüftet.

Die kuppelförmige Krone des Schnurbaums bildet im Spätsommer einen kontrastreichen Hintergrund für die cremeweißen Blüten.

RINDE
Dunkelbraun oder grau, runzelig oder gefurcht.

Lederhülsenbaum

Gleditsia triacanthos

Blätter wechselständig, in Form und Größe sehr variabel. In der Regel einfach gefiedert mit 14 – 36 etwa 2,5 – 4 cm langen, 1 – 1,5 cm breiten Fiederblättchen. Häufiger doppelt gefiedert mit acht Primärfiedern, die ihrerseits wieder elf Paar kleine, 2 cm lange Fiederblättchen besitzen. Blattoberseite hell- bis mittelgrün, im Herbst leuchtend gold verfärbend.

Triebe anfangs grün, bald braun oder grau verfärbend, zum Teil mit Dornen. Knospen klein, orangebraun, zapfenförmig.

Blüten gelbgrün, in hängenden, traubigen Blütenständen. Männliche und weibliche Blüten auf getrennten Bäumen.

Frucht eine dunkelbraune, gedrehte Hülse, 15 – 40 cm lang. Enthält eine Vielzahl flacher, brauner Samen, eingebettet in einem süßen Fruchtfleisch.

sommergrün, 15 – 25 m

Der Lederhülsenbaum stammt aus Nordamerika. Sein nördliches Verbreitungsgebiet umfasst Süd-Dakota, den Süden Oregons bis nach Pennsylvania. Im Süden kommt er von Nordflorida bis Texas vor. Er ist wegen seiner fiederblättrigen Belaubung, die einen lichten, gesprenkelten Schatten erzeugt, sehr beliebt. Die Wildform ist mit scharfen, spitzen Dornen bewehrt, die bis zu 20 cm lang sein können und zu dreien zusammenstehen, worauf sich die wissenschaftliche Bezeichnung *triacanthos* bezieht. Sie werden an den Trieben und direkt am Stamm gebildet und stellen bei Anpflanzungen in Parks oder als Straßenbaum ein beachtliches Sicherheitsrisiko dar. Durch Züchtung ist es gelungen, dornenfreie Sorten, wie die Varietät 'Inermis' zu kultivieren. Das süße, fleischige Fruchtmark, in das die Samen eingebettet sind, ist von verbreitungsbiologischer Bedeutung. Die derbe Hülle der Hülsen öffnet sich nicht, um die Samen zu entlassen, vielmehr werden die Früchte von größeren Tieren verzehrt. Bei der Passage durch den Verdauungstrakt werden die Samen frei, jedoch nicht verdaut und unversehrt ausgeschieden. Diese als Zoochorie bekannte Samenverbreitung durch Tiere sorgt dafür, dass sich eine Pflanzenart über große Distanzen ausbreiten und weit entfernt vom elterlichen Standort etablieren kann.

Der Lederhülsenbaum wirft früh seine unteren Zweige ab, so dass er sehr hochstämmig erscheint. Die Herbstfärbung ist mit ihren Goldtönen ausgesprochen attraktiv.

RINDE
Grauschwarz oder purpurgrau und rau an jungen Bäumen, später plattig, mit langen, schmalen Furchen. An älteren Bäumen mit starren, in Dreiergruppen angeordneten Dornen besetzt.

Mimose

Acacia dealbata

Blätter 10 – 15 cm lang, 4 – 6 cm breit, zweifach gefiedert. Fiederblätter erster Ordnung 3 – 4 cm, zu ca. zwölf Paaren an der Blattspindel sitzend. Diese wiederum mit ca. 50 Paar 0,3 cm großen Fiederblättchen zweiter Ordnung. Blätter graugrün, seidig behaart. Frische Blätter goldfarben.

Blüten entwickeln sich im späten Winter aus im Vorjahr angelegten Blütenknospen. 0,5 cm große Einzelblüten, zu 7 – 15 in großen, rispigen Blütenständen vereint. Blüten duftend, leuchtend gelb.

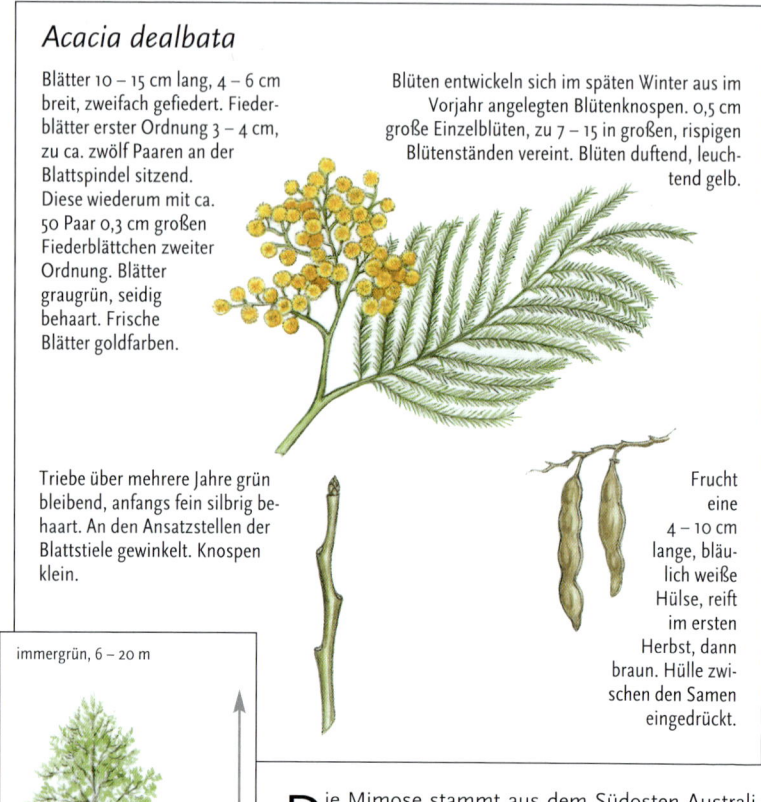

Triebe über mehrere Jahre grün bleibend, anfangs fein silbrig behaart. An den Ansatzstellen der Blattstiele gewinkelt. Knospen klein.

Frucht eine 4 – 10 cm lange, bläulich weiße Hülse, reift im ersten Herbst, dann braun. Hülle zwischen den Samen eingedrückt.

immergrün, 6 – 20 m

Die Mimose stammt aus dem Südosten Australiens und von Tasmanien. Als ein im Winter blühender Baum wird sie in milden Klimazonen Europas oft kultiviert. Schneidet man sie nach frostigen Wintern zurück, so treibt sie an der Stammbasis wieder aus, vorausgesetzt sie ist nicht gänzlich frostgeschädigt. Die Mimose gehört, wie man an ihren Früchten erkennen kann, zu den Hülsenfrüchtlern. Zu dieser Gruppe gehören auch die Johannisbrotgewächse wie der Lederhülsenbaum (*Gleditsia triacanthos*, S. 266) und der Johannisbrotbaum (*Ceratonia siliqua*, S. 260) sowie die Schmetterlingsblütler wie der Schnurbaum (*Sophora japonica*, S. 264) und die Robinie (*Robinia pseudoacacia*, S. 262). Sie unterscheiden sich jeweils im Aufbau der Blüten. Das Auffällige an den Mimosenblüten sind nicht die Kronblätter, sondern die zahlreichen, filigranen Staubblätter.

Die Gattung *Acacia* umfasst etwa 1.200 verschiedene Arten, überwiegend in Australien und Afrika beheimatet. Sie sind typische Vertreter der offenen Savanne und ihre Dornen stellen einen effektiven Schutz vor Fraßfeinden dar. Sie sind bestens an trockenes Klima angepasst und vertragen lang anhaltende Dürreperioden, in denen sie zum Schutz vor Verdunstung keine neuen Blätter ausbilden, sondern grüne Triebe, die die Fotosynthese übernehmen.

Die Mimose beeindruckt besonders im späten Winter mit ihren leuchtend gelben Blütenständen, die von den zartgrünen Fiederblättern untermalt werden. Sie bildet einen kegel- oder säulenförmigen Baum.

RINDE
Glatt und blaugrün an jungen Bäumen, später längsrissig und schokoladenbraun, an alten Bäumen grau oder schwarz.

Rispiger Blasenbaum

Koelreuteria paniculata

Blätter bis 45 cm lang, unpaarig gefiedert mit fünf bis sechs Paar Fiederblättchen, die teilweise wiederum gefiedert sind. Junge Blätter rosa, rötlich oder gelblich.

Blüten in 20 – 40 cm großen, endständigen Blütenständen, erscheinen im August. Einzelblüten gelb, mit länglichen Kronblättern.

Fiederblättchen eiförmig, bis 8 cm lang und 5 cm breit. Blattrand mit großen, rundlichen Zähnen. Oberseite dunkelgrün, Unterseite heller.

Junge Triebe kupferbraun, später hellbraun. Knospen 0,6 cm, kegelförmig, grün und braun.

Frucht eine dreikantige, papierartige, aufgeblähte Kapsel, im Inneren einen einzelnen schwarzen oder schwarzbraunen, erbsengroßen Samen beinhaltend.

sommergrün, 10 – 20 m

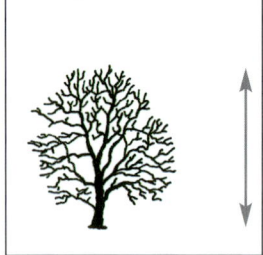

Der Rispige Blasenbaum stammt aus China, Japan und Korea. Er wurde im 18. Jahrhundert in Europa eingeführt und als Zierbaum in Parks und Gärten gepflanzt. Sein deutscher Name beruht auf den eigenartigen Kapselfrüchten, deren papierartige, dünne Hülle, wie eine Blase oder ein Lampion aufgebläht, den Samen in ihrem Inneren verbirgt. Der Gattungsname wurde zu Ehren von J. G. Kölreuter gewählt, einem deutschen Botaniker, der die Fortpflanzung bei Blütenpflanzen intensiv studierte.

Der Rispige Blasenbaum entwickelt seine goldgelben, bis 50 cm großen, rispigen Blütenstände erst spät im Jahr. Er blüht erst im August, wenn andere Gehölze bereits verblüht sind, was seine Beliebtheit als Zierbaum erklärt. Er benötigt jedoch für eine üppige Blütenbildung einen langen, heißen Sommer und man sollte ihn an einen nicht beschatteten, vollsonnigen Standort pflanzen. Seine großen, gefiederten Blätter erinnern an Eschenblätter, weshalb er regional auch als Blasenesche bezeichnet wird. Die Blätter verfärben sich im Herbst über purpurgrün und braun zu einem dekorativen Gelb. Die auffälligen, roten Früchte werden durch den Wind verbreitet und entlassen nach Auflösung der Hülle ihren erbsengroßen, dunkelbraunen oder schwarzen Samen.

Der Blasenbaum bildet eine rundliche Krone aus strahlig abstehenden
Ästen an einem kurzen Stamm. Die
gefiederten Blätter spenden nur
wenig Schatten.

RINDE
Braun oder purpurbraun,
rau, mit schmalen Längsfurchen auf orangem Grund.

Gemeine Rosskastanie

Aesculus hippocastanum

Viele Blüten zusammen in aufrechten, bis zu 30 cm hohen, kerzenförmigen Blütenständen, endständig am Jahrestrieb. Einzelblüten weiß, mit gelben oder roten Malen. Blüten erscheinen im April/Mai.

Blätter handförmig gefingert, mit fünf bis sieben ovalen bis verkehrt eiförmigen Teilblättern. Diese mit leicht abgerundeter Spitze, an der Basis keilförmig. Blattrand grob gezähnt. Oberseite mattgrün mit eingesenkten Blattnerven, Unterseite hellgrün, anfangs dicht rotbraun behaart, bald verkahlend.

Triebe kräftig, dunkelbraun oder rosabraun, mit hufeisenförmigen Narben an den Ansatzstellen der Blattstiele. Knospen sehr groß, spitz, bis 2,5 cm, mit klebrigen Drüsen.

Frucht eine stachelige Kapsel, enthält einen oder zwei bis 5 cm große Samen, reifen im ersten Herbst. Samen kastanienbraun mit einer seitlichen, hellen Narbe.

sommergrün, 20 – 35 m

Die Gemeine Rosskastanie stammt ursprünglich aus einem kleinen Areal im Norden Griechenlands und Südalbaniens, einem Rückzugsgebiet, in dem sie die jüngste eiszeitliche Periode überdauert hat. Um 1500 wurde sie im restlichen Europa eingeführt und hat sich seitdem in weiten Bereichen erfolgreich etabliert. Der Name bezieht sich auf die glänzend braunen Samen, die in geringen Mengen an Tiere verfüttert werden können. Für den Menschen sind sie bitter und ungenießbar. Eine andere Namenserklärung beruht auf dem an der Basis verbreiterten Blattstiel, der wie ein Hufeisen geformt ist und nach dem Blattfall eine hufeisenförmige Narbe an den Trieben hinterlässt. Die Rosskastanie ist als Park- und Alleebaum sehr beliebt. Im Frühjahr, wenn die großen, aufrechten Blütenstände erscheinen, wirkt sie ausgesprochen dekorativ. Die Einzelblüten tragen Saftmale, auffällig gefärbte Muster im Inneren der Blüten, die dazu dienen, Bestäuber anzulocken. Nur Blüten mit gelben Saftmalen produzieren Nektar und locken Bienen und Hummeln an. Sind die Blüten bestäubt, färben sich die Male rot und es wird kein Nektar mehr gebildet. Da Bienen nachweislich rotblind sind, fliegen sie diese Blüten nicht mehr an. Das Holz der Rosskastanie ist weich und von geringer Qualität, da es leicht splittert.

Die Rosskastanie besitzt eine stattliche, kuppelförmige Krone. Im Frühjahr ist sie förmlich überladen mit großen, aufrechten Blütenrispen. Ihre Herbstfärbung variiert von rot, gold, orange bis hellbraun.

RINDE
Rotbraun oder graubraun, glatt an jungen Bäumen, an älteren Exemplaren dick grobplattig und an der Stammbasis tief gefurcht.

Chinesische Hanfpalme

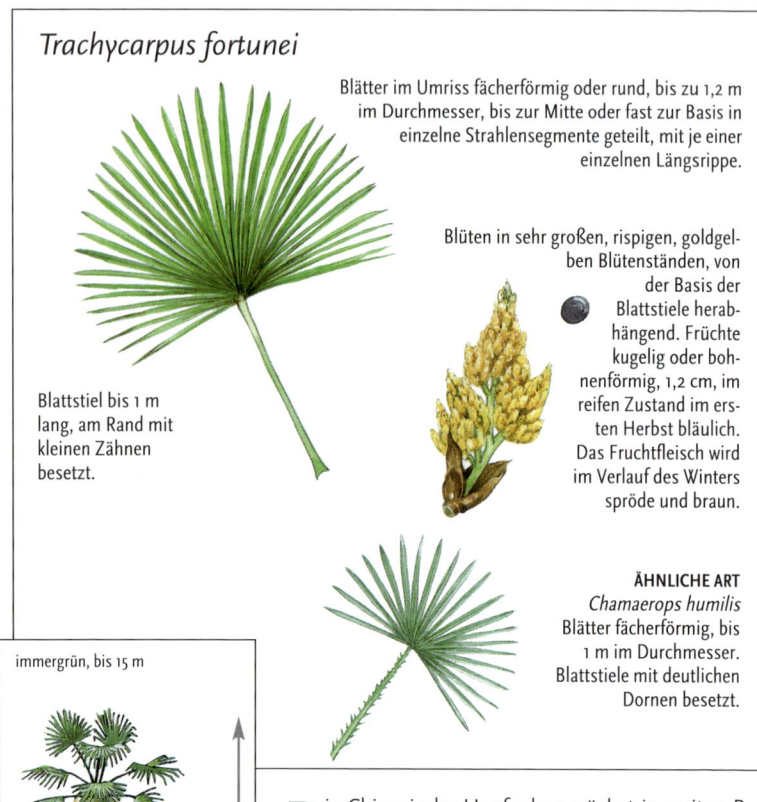

Trachycarpus fortunei

Blätter im Umriss fächerförmig oder rund, bis zu 1,2 m im Durchmesser, bis zur Mitte oder fast zur Basis in einzelne Strahlensegmente geteilt, mit je einer einzelnen Längsrippe.

Blüten in sehr großen, rispigen, goldgelben Blütenständen, von der Basis der Blattstiele herabhängend. Früchte kugelig oder bohnenförmig, 1,2 cm, im reifen Zustand im ersten Herbst bläulich. Das Fruchtfleisch wird im Verlauf des Winters spröde und braun.

Blattstiel bis 1 m lang, am Rand mit kleinen Zähnen besetzt.

ÄHNLICHE ART
Chamaerops humilis
Blätter fächerförmig, bis 1 m im Durchmesser. Blattstiele mit deutlichen Dornen besetzt.

immergrün, bis 15 m

Die Chinesische Hanfpalme wächst in weiten Bereichen Südchinas bis in den Norden Vietnams und Burmas, ist allerdings nicht im gesamten Gebiet ursprünglich beheimatet. Sie wird seit Jahrhunderten wegen der faserigen, mattenartigen Manschetten angepflanzt, die den Stamm unterhalb der Blätter umhüllen. Sie können abgezogen und unverarbeitet als natürliches Gewebe verwendet werden. Die Bewohner der Provinz Yunnan nutzen es als natürlichen Regenumhang. Die Fasern aus den Blättern und Blattstielen werden ebenfalls genutzt und zu Stoffen verwoben. Ältere Chinesische Hanfpalmen sind robust, junge Exemplare hingegen recht empfindlich.

Die Zwergpalme (*Chamaerops humilis*) ist in den westlichen Regionen des Mittelmeergebietes beheimatet, wo sie als ein Bestandteil der immergrünen Buschvegetation entlang der Westküste Italiens und den Küsten Südspaniens und Nordafrikas wächst. Wild formt sie selten einen größeren Baum, sondern bleibt eher buschig. In Kultur erreicht sie eine Höhe von maximal 9 m. Obwohl sie der Chinesischen Hanfpalme gleicht, kann man sie an ihrem strauchförmigen Wuchs mit mehreren, unverzweigten Stämmen und den deutlich dornig gezähnten Blattstielen gut unterscheiden.

RINDE
Von faserigen, rötlich braunen bis dunkelbraunen Matten an den Basen der Blattstiele bedeckt. Rinde darunter grau und mit narbigen Malen von abgestorbenen Blättern.

Die Chinesische Hanfpalme besitzt einen einzelnen Stamm, an dessen Ende die Blätter einen dichten Schopf bilden. Die abgestorbenen alten Blätter hängen am Stamm herab.

Kanarische Dattelpalme

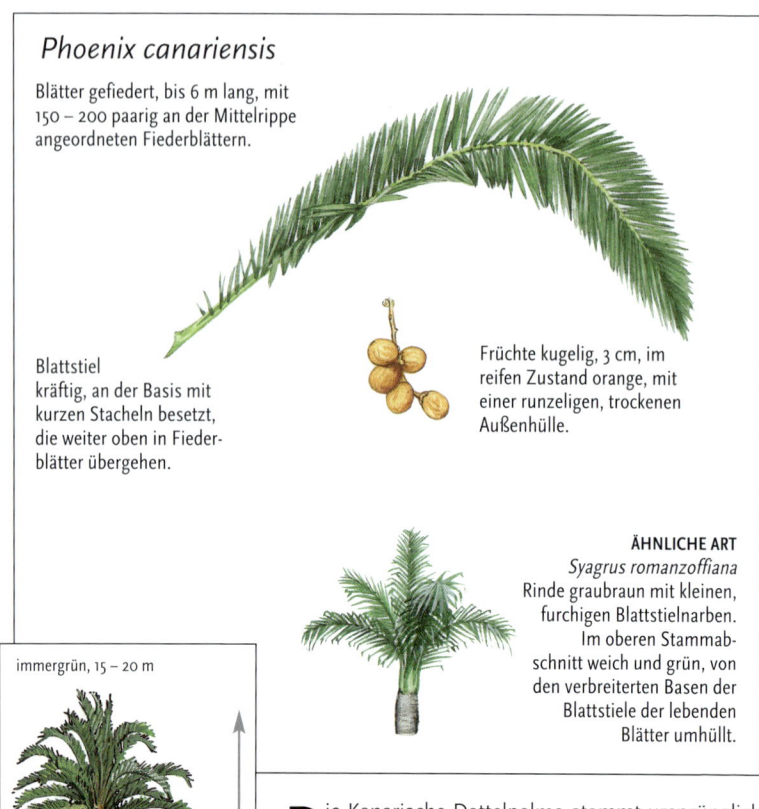

Phoenix canariensis

Blätter gefiedert, bis 6 m lang, mit 150 – 200 paarig an der Mittelrippe angeordneten Fiederblättern.

Blattstiel kräftig, an der Basis mit kurzen Stacheln besetzt, die weiter oben in Fiederblätter übergehen.

Früchte kugelig, 3 cm, im reifen Zustand orange, mit einer runzeligen, trockenen Außenhülle.

ÄHNLICHE ART
Syagrus romanzoffiana
Rinde graubraun mit kleinen, furchigen Blattstielnarben. Im oberen Stammabschnitt weich und grün, von den verbreiterten Basen der Blattstiele der lebenden Blätter umhüllt.

immergrün, 15 – 20 m

Die Kanarische Dattelpalme stammt ursprünglich von den Kanarischen Inseln und wird heute im gesamten Mittelmeergebiet als Zierbaum angepflanzt. Sie wächst zu einer stattlichen Höhe heran und kann einen Stammdurchmesser von 1 m erreichen. Ihre Früchte sind nicht genießbar, wie die der Echten Dattelpalme (*P. dactylifera*, S. 278). Palmen gehören zur Klasse der einkeimblättrigen Pflanzen (Monokotyledonen). Sie entwickeln nur ein einziges Keimblatt, während die zweikeimblättrigen Pflanzen (Dikotyledonen) zwei ausbilden. Ein charakteristisches Merkmal der einkeimblättrigen Gehölze ist ihr fehlendes sekundäres Dickenwachstum. Während bei den zweikeimblättrigen Gehölzen beständig neue Lagen Holz gebildet werden und der Stammumfang nach und nach zunimmt, wird bei den einkeimblättrigen der endgültige Stammdurchmesser bereits während des Höhenwachstums festgelegt. Auf diese Weise ist es durchaus möglich, dass unter ungünstigen Wachstumsbedingungen der Stamm schlanker bleibt als in folgenden Perioden und manche Palmen in einzelnen Stammbereichen dicker sind als darunter oder darüber liegenden Abschnitten.

Syagrus romanzoffiana ist in Brasilien beheimatet und wird nur in besonders bevorzugten, warmen Klimaregionen als Zierbaum angepflanzt.

Die Kanarische Dattelpalme besitzt einen Schopf aus langen, fein gefiederten Blattwedeln auf einem kräftigen Stamm.

RINDE
Anfangs von den faserigen Manschetten der Blattstielbasen verdeckt, wenn diese abfallen, erscheint sie grau und rau.

Echte Dattelpalme

Phoenix dactylifera

Blüten cremegelb, in langen Blütenständen unter dem Blattschopf erscheinend.

Blätter bis 4 m lang, gefiedert mit einer Vielzahl bläulich grüner, derber, paarig an der Mittelrippe angeordneter Fiederblätter. Blattstiel kräftig, an der Basis mit Zähnen besetzt.

Früchte eiförmig oder länglich oval, 2,5 – 8 cm, mit einer dicken, zuckerhaltigen, fleischigen Hülle, einen länglich spitzen Samen umschließend.

immergrün, 15 – 30 m

Die Echte Dattelpalme stammt aus dem Nahen Osten. Sie wird schon seit Jahrhunderten kultiviert, so dass ihr natürliches, ursprüngliches Vorkommen nicht mehr zu bestimmen ist. Sie ist an heiße, trockene Klimate angepasst und gedeiht gut, wenn ihre Wurzeln mit ausreichender Bodenfeuchte in Kontakt kommen. Ihre Früchte, die Datteln, sind sehr schmackhaft und seit Jahrhunderten ein Grundnahrungsmittel im arabischen Raum. Sie können getrocknet werden und sind mit einem Zuckergehalt von etwa 50% lange Zeit haltbar. Die Blätter werden als Dachbedeckung verwendet, der Stamm als Holzlieferant. Frisch gefällte Stämme sondern einen süßen Saft ab, der zu Palmwein vergoren werden kann.

In Europa wird die Echte Dattelpalme in den südlichen Regionen des Mittelmeerraums als Zierbaum kultiviert und in einem kleineren Areal im Südosten Spaniens zur Dattelproduktion plantagenmäßig angepflanzt. Sie gleicht der Kanarischen Dattelpalme (*P. canariensis*, S. 276), ihr Stamm ist allerdings wesentlich schlanker und erreicht nur einen maximalen Durchmesser von ca. 0,3 m. Die Blätter sind weniger zahlreich, so dass der Blattschopf nicht so dicht und üppig erscheint, wie bei der verwandten Art.

Die Echte Dattelpalme bildet einen schlanken, hohen Stamm, der oft von Schösslingen umgeben ist.

RINDE
Anfangs bedecken die faserigen Blattbasen den Stamm. Fallen die Blätter ab, erscheint die graue und raue, durch Blattstielnarben gezeichnete Rinde.

Sträucher und strauchartige Bäume

Lavendel-Weide
Salix elaeagnos
sommergrün, selten bis 16 m
strauchartiger, kleiner Baum

Kennzeichen   Junge Triebe anfangs mit dichten, grauen oder weißen Haaren besetzt, später gelb oder rotbraun gefärbt. Blätter 5 – 13 cm lang, 0,3 – 2 cm breit, fein gezähnt, anfangs beidseitig dicht behaart, Oberseite verkahlend. Die Kätzchenblüten erscheinen mit dem Laub.
Verbreitung   In Mitteleuropa von Frankreich und Spanien bis zur Türkei und zur Ukraine beheimatet; an feuchten Standorten.

Purpur-Weide
Salix purpurea
sommergrün, bis 5 m
Strauch, kleiner Baum

Kennzeichen   Sie wird zur verstärkten Produktion dünner, elastischer, rötlicher Triebe für die Korbflechterei oft auf den Stock gesetzt (über der Stammbasis abgeschnitten). Blätter sehr schlank, 3 – 12 cm lang, 0,3 – 1 cm breit. Die Kätzchenblüten erscheinen im Frühjahr vor dem Laub.
Vorkommen   In Europa und Nordafrika weit verbreitet, östlich bis nach Asien und China; an feuchten Standorten.

Mandel-Weide
Salix triandra
sommergrün, bis 10 m
strauchartiger Baum

Kennzeichen   Triebe unbehaart, leuchtend grünbraun oder rotbraun. Blätter 4 – 11 cm lang, 1,5 – 2,5 cm breit, grob gezähnt, auf der Oberseite glänzend grün, blaugrün auf der Unterseite. Die männlichen Kätzchenblüten erscheinen mit dem Laub und besitzen drei (*tri*) Staubblätter (*andra*).
Vorkommen   In Europa und Asien, jedoch nicht in den äußeren nördlichen oder südlichen Regionen; entlang der Flussufer.

Korb-Weide
Salix viminalis
sommergrün, bis 10 m
strauchartiger Baum

Kennzeichen   Junge Triebe flaumig grau behaart, später gelbgrün oder olivgrün gefärbt. Blätter sehr dicht, 10 – 25 cm lang, 0,5 – 2,5 cm breit, mit 20 – 35 Paar Blattnerven. Blattrand eingerollt, nicht gezähnt. Kätzchenblüten erscheinen im Frühjahr vor dem Laub.
Vorkommen   Beheimatet in Mitteleuropa, weit verbreitet angepflanzt für die Korbflechterei; an feuchten Standorten.

Gewöhnlicher Sanddorn
Hippophae rhamnoides
sommergrün, bis 13 m
Strauch, kleiner Baum

Kennzeichen Die starren Triebe sind silbrig grau und enden in einem scharfen, spitzen Dorn. Blätter 2,5 – 7,5 cm lang, 0,3 – 1 cm breit, glattrandig, mit einem dichten Überzug silbrig grauer Schuppen. Blüten auf getrennten Bäumen. Früchte sehr saftig, orange bis rot, 0,5 – 1 cm.
Vorkommen Von Großbritannien östlich bis Westchina; an den Küsten auf Dünen oder an sandigen und kiesigen Flussufern.

Schwarzer Holunder
Sambucus nigra
sommergrün, bis 10 m
Strauch, selten kleiner Baum

Kennzeichen Triebe kräftig, innen mit weißem Mark. Blätter gegenständig, gefiedert mit fünf oder sieben Fiederblättchen, 4,5 – 7 cm lang, 3 – 5 cm breit. Blüten in großen, doldigen Blütenständen endständig an den Trieben, erscheinen im Sommer. Früchte schwarz. Aus Blüten und Früchten kann man Wein oder Likör herstellen.
Vorkommen In Europa, Nordafrika und Westasien weit verbreitet.

Kornelkirsche
Cornus mas
sommergrün, bis 15 m
Strauch, kleiner Baum

Kennzeichen Die schlanken, behaarten Triebe sind grün oder rötlich rosa. Blätter gegenständig am Trieb angeordnet, 4 – 10 cm lang, 2 – 4 cm breit, glattrandig. Die gelben Blüten erscheinen im späten Winter. Die länglichen, 1 – 2,5 cm großen Früchte reifen im Spätsommer. Ihre fleischige Hülle kann man zu Marmelade verarbeiten.
Vorkommen Der Baum wächst u. a. in Südeuropa und Ostasien.

Gewöhnlicher Goldregen
Laburnum anagyroides
sommergrün, bis 10 m
kleiner Baum

Kennzeichen Die Triebe sind graugrün gefärbt und seidig grau behaart, Blätter wechselständig, gefiedert, Fiedern 3 – 8 cm, glattrandig, anfangs fein behaart. Leuchtend gelbe Blüten in lockeren, rispigen, hängenden Blütenständen, 10 – 30 cm lang. Die Hülsenfrüchte enthalten schwarze Samen, die giftig sind.
Vorkommen Der Baum ist in Mittel- und Südeuropa beheimatet.

Kahle Felsenbirne
Amelanchier laevis
sommergrün, bis 8 m
Strauch, kleiner Baum

Kennzeichen   Die Triebe sind schlank, anfangs
olivbraun und dunkeln im zweiten Jahr nach. Blätter 2,5 – 5,5 cm lang, 1,5 – 3,5 cm breit, mit dreieckigen, scharfen Zähnen umrandet. Die weißen
Blüten erscheinen in traubigen Blütenständen im
Frühjahr mit dem Laub. Die 0,5 cm kleinen, pur-
purschwarzen Früchte reifen im Juni/Juli.
Vorkommen   Im Osten Nordamerikas beheimatet, in Europa eingebürgert.

Eingriffliger Weißdorn
Crataegus monogyna
sommergrün, 8 – 15 m
kleiner Baum

Kennzeichen   Triebe schlank, oft mit scharfen,
geraden Dornen. Die Blätter sind tief gelappt,
1,5 – 5 cm lang, 2 – 5 cm breit. Die weißen Blüten
erscheinen im Mai in 9 – 18-blütigen, doldigen
Blütenständen endständig an den belaubten Trieben. Die Früchte sind rot, mehlig-fleischig und
besitzen einen einzelnen Samen.
Vorkommen   Von Europa bis in den Westen
Asiens beheimatet.

Echte Mispel
Mespilus germanica
sommergrün, 5 – 8 m
Strauch, kleiner Baum

Kennzeichen   Triebe anfangs dicht weiß behaart, später braun und oft mit Dornen besetzt.
Blätter 5 – 15 cm groß. Die im Mai/Juni erschei-
nenden Blüten sitzen einzeln an den belaubten
Trieben. Die birnenförmigen Früchte (2 – 3 cm)
sind im vollreifen Zustand recht süß.
Vorkommen   Beheimatet vom Südosten Europas bis in den Iran; in Mitteleuropa eingebürgert,
weit verbreitet.

Echte Quitte
Cydonia oblonga
sommergrün, 5 – 8 m
kleiner Baum

Kennzeichen   Triebe anfangs locker mit wolligen
Haaren bedeckt, später schokoladenbraun gefärbt. Blätter 5 – 10 cm lang, 4 – 9 cm breit, glattrandig. Blüten weiß oder rosa, endständig an
kurzen, belaubten Trieben. Die birnenförmigen,
2,5 – 12 cm langen, 2 – 8 cm breiten, goldgelben
Früchte duften und schmecken köstlich.
Vorkommen   In Südeuropa und östlich bis nach
Westasien beheimatet.

Kirschlorbeer, Lorbeer-Kirsche
Prunus laurocerasus
immergrün, bis 15 m
Strauch, kleiner Baum

Kennzeichen   Triebe im ersten Winter grün, später graubraun gefärbt. Blätter sehr groß, 8 – 20 cm lang, 3 – 8 cm breit, auf der Oberseite glänzend grün, unterseits heller. Die weißen Blüten öffnen sich im späten Winter an den vorjährigen Trieben. Früchte reifen im Herbst purpurschwarz und schmecken bitter.
Vorkommen   In Südosteuropa, der Türkei und Georgien beheimatet.

Zwetschge, Pflaume
Prunus domestica
sommergrün, 6 – 10 m
kleiner Baum

Kennzeichen   Triebe anfangs behaart, manchmal mit Dornen besetzt, ohne endständige Knospe. Blätter 3 – 8 cm lang, 1,5 – 5 cm breit, mit gezähntem Blattrand. Die weißen Blüten stehen einzeln, zu zweit oder dritt am Trieb und erscheinen vor dem Laub.
Vorkommen   In der Kaukasusregion beheimatet, weltweit wegen der Früchte als Obstbaum kultiviert.

Kirschpflaume
Prunus cerasifera
sommergrün, 8 – 12 m
kleiner Baum

Kennzeichen   Triebe im ersten Winter grün, später braun. Blätter 4 – 6 cm lang, 2,5 – 3 cm breit, mit gezähntem Blattrand. Blüten gestielt, meist einzeln am Trieb, weiß, bei purpurblättrigen Sorten rosa, erscheinen vor dem Laub. Früchte reifen im Spätsommer, gelb oder rot.
Vorkommen   Ihre Heimat ist unbekannt, sie stammt vermutlich von einer Wildform auf dem Balkan ab.

Lorbeer
Laurus nobilis
immergrün, bis 20 m
Strauch oder Baum

Kennzeichen   Triebe grün oder purpurn. Blätter 5 – 13 cm lang, 2 – 5 cm breit, mit gewelltem Blattrand, sehr derb, Oberseite glänzend grün, Unterseite heller. Sie duften aromatisch und werden als Gewürz verwendet. Früchte blauschwarz, glänzend. In der Antike wurden hochgestellte Personen mit geflochtenen Lorbeerkränzen geehrt.
Vorkommen   Im gesamten Mittelmeergebiet weit verbreitet.

Register